휴먼 피치

휴먼 피치

허진석

프롤로그

내가 이 책을 쓰려고 마음먹은 날은 2015년 1월 30일
이다. 이 날은 대한민국 축구 대표 팀이 호주에서 열린
2015년 아시아축구연맹(AFC) 아시안컵 결승을 하루 앞
둔 날이었다. 아시안컵 결승 진출은 브라질월드컵에서 참
담한 결과를 얻고 돌아온 대표 팀에게서 기대하지 않았던
결과였다. 불공평하다는 비판을 받은 선수 선발, 전문가
도 아마추어도 동의하기 어려울 만큼 내용이 빈곤한 경기
등으로 인해 대표 팀에 대한 신뢰가 땅에 떨어져 있었다.
그렇기에 이 팀을 수습해 홈팀 호주와 아시아 정상을 다
투고 있는 울리히 슈틸리케(Ulrich Stielike) 감독에 대한 축
구팬들의 호감은 최고조에 이르렀다.

그래서 처음에는 슈틸리케 감독의 이야기를 쓰고 싶었
다. 한손에 쏙 들어가는 소책자를 만들면 좋겠다고 생각
했다. 대표 팀에 대한 기대가 극적인 반전을 이루면서, 적

어도 이 순간의 분위기는, 슈틸리케 감독에 대해서라면 무엇을 쓰든 읽히리라는 확신을 해도 좋을 정도였다. 그의 말 한 마디 한 마디에 축구팬들은 공감하거나 열광했다. 만약 2015년 1월 31일에 우리 대표 팀이 우승을 했다면 '슈틸리케 신드롬'은 2002년의 '히딩크 열풍'을 무색케 했을 것이다. 당분간, 아니 적어도 내 생애 안에 대한민국 축구가 월드컵 4강에 다시 들 수 있으리라는 상상은 하기 어렵다. 그만큼 한국축구에 관한 한 거스 히딩크(Guus Hiddink)의 업적은 신성불가침의 가치를 지닌다. 슈틸리케는 히딩크만한 업적을 쌓지 않고도 신드롬을 일으킨 이해하기 어려운 경우에 속한다. 이 현상을 어떻게 설명해야 할까.

나는 슈틸리케의 말과 행동을 통하여 키워드를 추출해내고, 그 가운데 무언가 교훈이 될 만한 내용을 중심으로 서술해볼 생각을 했다. 그러나 결론부터 말하자면 나는 이런 일에 재능이 없다. 예를 들어 2015년 2월 22일자로 포털에 게재된 프로축구 성남FC 구단주의 인터뷰 같은 기사에는 넌덜머리를 낸다. 이 인터뷰의 제목은 "팀 조직해 값진 승리 따내는 과정… 축구도 정치다."이다. 이런 제목을 발견하면 속에서 뭐가 확 치밀고 올라온다. 분노라기보다는 혐오감에 가까운 거부반응인데, '옷차림도 전략' 같은 잇속 빠른 세태를 반영하려는 미디어의 몸부림에 심한 불편을 느끼는 것이다. 더구나 인터뷰 기사는 '희망 찾은 시민축구단, 공정 기회 보장하니 목숨 걸고 뛰어' 같은 십이지장충 회쳐먹을 소리로 부제를 달았기 때문에 나로서는 '읽어보나마나'라고 생각할 수밖에 없는 것이다. 축구에 무슨 놈의 목숨을 건다는 건가. 누구를 위해? 정 목숨을 어디다가 걸고 싶다면 다른 기회를 찾아보는 게 현명한 행동이다.

이러한 사정에도 불구하고, 오랫동안 스포츠 기자로 일했고, 스포츠와 체육을 연구하는 학자로서는 구술사와 미시사에 관심이 있는 내가 슈틸리케에 대해 흥미를 느끼지 않는다면 이상한 일이다. 본문에서 언급하겠지만 나는 우리 축구 최초의 외국인 지도자라고 할 수 있는 에크하르트 크라우춘(Eckhart Krautzun)에 대해 연구해 논문을 발표한 경험도 있다. 슈틸리케라는 인간과 그의 언행은 대단히 흥미로웠다. 그러나 거기서 교훈을 추출하고 개인의 발전이나 기업의 경영과 전략 수립에 도움이 될 만한 가르침을 제공할 수 있는(따라서 잘만 하면 돈벌이가 됨직한) 책을 쓸 능력은 없다. 나는 다만 슈틸리케에 대해 호기심을 느꼈고, 그를 통하여 우리 축구와 세계 축구를 생각해보고 이야기하기를 원했다.

나는 이 책에서 슈틸리케에 대해, 또는 슈틸리케를 통하여 축구 이야기를 쓰려 한다. 이 축구는 대한민국에서 태어나 자란 사나이의 경험 속에 깃들인 축구이고, 2002년 이전까지 세계 축구의 중심이란 그저 신의 영역으로 받아들일 수밖에 없는 열등감으로 똘똘 뭉친 축구 후진국의 축구이며, 그렇기에 순정을 간직한 가슴에 숨겨둔 불씨와도 같이 언제든 화염을 뿜어낼 꿈을 꾸는 그런 축구다. 또한 1976년 9월 12일 서울운동장(동대문운동장)에서 5분 만에 세 골을 넣고 훗날 독일에서 '차붐'이라는 전설로 남는 차범근을 노래로 숭배하던 서울 소년의 축구다. 이 책에서 우리 축구에 대한 사랑을 노래할 이유는 없다. 나는 우리 축구를 사랑하는지 모르겠다. 확신할 수 없다. 그러나 내가 응원해 마땅한 유일한 팀, 대안 없는 선택으로서 내 영혼을 볼모로 잡힌 붉은 축구에 대한 고백이 허물은 아니리라.

이 축구는 대한민국에서 태어나
자란 사나이의 경험 속에 깃들인 축구이고,
2002년 이전까지 세계 축구의 중심이란
그저 신의 영역으로 받아들일 수밖에 없는
열등감으로 똘똘 뭉친 축구 후진국의 축구이며,
그렇기에 순정을 간직한 가슴에 숨겨둔 불씨와도 같이
언제든 화염을 뿜어낼 꿈을 꾸는 그런 축구다.
또한 1976년 9월 12일 서울운동장(동대문운동장)에서 5분 만에 세 골을 넣고
훗날 독일에서 '차붐'이라는 전설로 남는
차범근을 노래로 숭배하던 서울 소년의 축구다.
이 책에서 우리 축구에 대한 사랑을 노래할 이유는 없다.
나는 우리 축구를 사랑하는지 모르겠다.
확신할 수 없다.
그러나 내가 응원해 마땅한 유일한 팀,
대안 없는 선택으로서 내 영혼을 볼모로 잡힌
붉은 축구에 대한 고백이 허물은 아니리라.

붉은 축구에 대한 고백

66

한국축구는

2010년에 사상 처음으로 나라 밖에서 벌어진

월드컵에 참가해 16강 진출을 이루었다는 점을

위안 삼으면서 나름대로 만족한 가운데 철수했다.

그러나 이후 소용돌이가 기다리고 있으리라고는

상상도 하지 못했을 것이다.

99

1

슈틸리케는 한국축구, 더 정확하게 말하자면 대한축
구협회가 찾아낸 인물이다. 슈틸리케가 부임하기 전까
지 한국축구는 참담한 실패의 후유증을 감내해야 하는
어려운 시간을 보냈다. 이 시기는 허정무 감독이 이끈 대
표 팀이 2010 남아공월드컵에서 16강 진출 목표를 달성
한 뒤에 시작되었다. 남아공월드컵 16강 진출이 진정 성
공이었느냐 그렇지 않으냐 하는 문제는 논쟁의 여지가
있다. 이 논쟁에는 대한민국의 대표 팀이 8강 진출도 가
능했으리라는 아쉬움과 1승 1무 1패(그리스 2:0 승리, 아르

헨티나 1:4 패배, 나이지리아 2:2 무승부)라는 허정무 팀의 조
별리그 성적이 16강을 성공으로 자랑할 수 있을 만큼 인
상적이었느냐는 회의가 버무려진다.

이보다 4년 전인 2006년 독일월드컵에서 딕 아드보카
트(Dick Advocaat, 본명은 Dirk Nicolaas Advocaat) 감독이 이
끄는 한국 대표 팀은 토고–프랑스–스위스를 맞아 1승
1무 1패(토고 2:1 승리, 프랑스 1:1 무승부, 스위스 0:2 패배)를
기록했다. 허정무 팀이 기록한 조별리그 전적과 같았지
만 결과는 탈락이었다. 아드보카트 팀은 세 골을 넣고 네
골을 잃었다. 반면 허정무 팀은 다섯 골을 넣고 여섯 골을
잃었다. 우루과이에 1:2로 진 16강전 전적을 포함하면
승률과 득실차가 더 나빠진다. 어찌 됐든 한국축구는
2010년에 사상 처음으로 나라 밖에서 벌어진 월드컵에
참가해 16강 진출을 이루었다는 점을 위안 삼으면서 나
름대로 만족한 가운데 철수했다. 그러나 이후 소용돌이
가 기다리고 있으리라고는 상상도 하지 못했을 것이다.

2010년 7월 20일, 대한축구협회가 조광래를 차기 국

가대표 팀 감독에 내정했으며, 조 감독은 이를 수락했다
는 사실이 여러 언론매체를 통하여 보도되었다. 2010년
7월 21일에는 축구협회에서 공식적으로 조광래를 대표
팀 감독에 선임하고 그의 대표 팀 감독과 경남FC 감독
겸임을 허용했다.[01] 축구협회의 이회택 기술위원장은
"선수와 지도자로 경험이 풍부하고, 프로 무대에서 좋은
성적을 거둬 검증이 된 조 감독을 적임자라고 판단했
다."고 선임 배경을 설명했다. 기술위원회는 조광래 감독
이 지속적인 공부를 통해 세계축구의 흐름을 잘 파악하
고 있으며 어린 유망주들을 조기에 발굴해 육성하는 능
력에 높은 점수를 주었다고 한다. 이 위원장은 "안양 LG
감독 재직 시 김동진, 이청용 등 어린 선수를 조기 발굴
해 육성했고, 경남에서도 어린 유망주 위주로 K리그에
서 좋은 성적을 올리는 점에서 높은 점수를 줬다."고 설
명했다. 이어 "잉글랜드, 독일, 브라질 등에서 연수를 받

---

01 조광래는 경남FC에서 새로운 감독을 선임할 때까지 감독직을 수행하
   겠다고 밝혔으나, 2010년 7월 28일에 구단과 합의를 거쳐 사임했다.

으며 세계 흐름을 잘 익혔다는 점도 기술위원들로부터 호평을 받았다."고 덧붙였다.

조광래는 누구보다도 성취욕이 강한 인물로서 자의식과 자존심이 강하고 책임감도 남다르다. 적어도 내가 만나본 조광래는 투지가 강하고 지적이며 유연성도 겸비한 지도자다. 적절한 지원과 행운이 따라 주었다면 그와 한국축구의 운명도 많이 달라졌을 것으로 생각한다. 그러나 그에게는 운이 따르지 않았고, 강한 성격은 적을 만들고 부채가 되어 돌아왔다. 나는 조광래가 지도자로서나 선수로서나 일류였다고 생각한다. 내가 보기에 조광래는 1986년 멕시코월드컵에 참가한 한국 대표 팀의 미드필더 가운데 가장 뛰어난 선수였다. 기술과 시야라는 면에서 조광래는 당시 대표 팀의 미드필더들 가운데 최고였다. 팀에 대한 헌신이라는 면에서는 허정무와 난형난제일 만큼 정신력이 강했다. 1986년 6월 10일 콰테목 경기장에서 벌어진 이탈리아와의 경기에서, 조광래가 후반 37분 기록한 자책골은 점수 차를 1:3으로 만들고 끝내는 2:3으로 패하는 빌미가 된 결승골이었다. 그러나 이 장면은 이미 두 골을 넣은 이탈리아의 골잡이 알레산드로 알토벨리(Alessandro Altobelli)가 골 정면으로 쇄도하는 장면에서 끝까지 포기하지 않고 따라붙은 결과 파생된 불운한 결말이었을 뿐이다. 이 장면에서 한국의 중앙 수비 정용환은 이미 월패스로 자신을 지나쳐 가버린 이탈리아의 페르난도 데 나폴리(Fernando De Napoli)의 등허리를 정신없이 바라보고 있을 뿐이다. 오직 조광래만이 끝까지 어떻게 해보겠다고, 골문을 향해 쇄도하는 알토벨리를 그냥 놔둘 수 없어서 악착같이 따라붙고 있는 것이다.

허정무가 후반 43분에 넣는 골은 승부를 뒤집는 데 아무 영향도 미치지 못한다. 이 장면은 매우 재미가 있다. 이탈리아 진영, 약간 오른쪽으로 치우친 미드필드에서 얻은 프리킥을 조광래가 오른발로 차올리고, 최순호가 벌칙지역 왼쪽에서 헤딩으로 연결해 골문 오른쪽 앞으로 떨어지는 공을 허정무가 달려들어 수비수 세 명 사이에서 오른발로 차 넣는다. 이 장면에서 이탈리아 선수들은 서로를 꾸짖으며 수비 실수를 자책한다. 반면 한국 선수들은 한데 어울려 기뻐하고 있다. 최순호, 김종부, 조광래 등이 보인다. 요즘의 잉글랜드 프로축구 경기라면 경기 종료까지 2분, 지연시간을 포함해 5분 가까운 시간을 남기고 한 골 차로 지고 있는 팀의 선수들이 골을 축하하느라 시간을 보내는 장면을 상상하기 어려울 것이다. 허정무는 만세를 부르며 동료의 품을 찾을 일이 아니라 골 안으로 달려 들어가 공을 들고 나왔어야 옳다. 이렇게 태도를 문제 삼는다면 아르헨티나와의 경기에서 0:3으로 뒤진 후반 28분 박창선이 만회골을 넣었을 때 우리 선수들의 행동도 비난을 피할 수 없다. 경기는 아직 17분이나 남았고, 멕시코의 고원에서는 무슨 일이 벌어질지 모른다. 경기를 포기할 시간이 아닌 것이다.

유럽 굴지의 리그로 인정받는 독일의 분데스리가에서

전설을 쓰고 있는 차범근을 대표선수로 발탁하느냐를 놓고

논쟁을 벌이던 시기,

차범근이 상대 수비 한둘을 달고 다니며 만들어내는 공간이

얼마나 많은 기회를 자신들에게 제공하는지

알지도 못했고 알고 싶지도 않았던 시절이다.

2

하지만 당시는 그런 시대였다. 유럽 굴지의 리그로 인정받는 독일의 분데스리가에서 전설을 쓰고 있는 차범근을 대표선수로 발탁하느냐를 놓고 논쟁을 벌이던 시기, 차범근이 상대 수비 한둘을 달고 다니며 만들어내는 공간이 얼마나 많은 기회를 자신들에게 제공하는지 알지도 못했고 알고 싶지도 않았던 시절이다. 1986년 멕시코월드컵의 제왕 디에고 마라도나(Diego Maradona·아르헨티나)가 4년 뒤 이탈리아월드컵에서 한 역할을 상기하면, "차범근이 멕시코월드컵에 무임승차해 한 일이 대체 뭐냐.”고 떠드는 일이 얼마나 축구에 대한 이해를 결하고 있으며 인격적으로는 야만에 가까운지를 알 수 있다. 적어도 2015년 현재까지 대한민국에 차범근에 필적할 선수는 없다. 박지성? 세계 최고의 리그에서 뛰었고 챔피언스리그에서 우승했으니 대단한 업적이기는 하다. 박지성이 지금의 차범근 나이가 되었을 때, 그러니까 앞으로 30년쯤 지났을 때 누군가 흥분을 가라앉히고 찬찬히 비교를 할 것이다. 나는 2008년 5월 4일자 ‘중앙일보’에 이런 글을 쓴 적이 있다.

단지 선수로서 비교할 때 박지성은 아직 차범근과 비교할 만큼 뛰어난 선수가 아니다. 시간이 지나고 경험이 쌓이면 차범근을 능가할 만한 업적을 남길지도 모른다. 또한 차범근을 뛰어넘는 경기력을 발휘할지도 모른다. 그러나 박지성은 지금 주전 자리도 굳히지 못했고, 그래서 심심찮게 후보 명단에서도 제외된다. 이런 선수를 유럽에서 ‘전설’의 반열에 오른 차범근과 같은 탁자에 이름을 올리기란 쉽지 않다.

차범근이 활약할 때 독일 분데스리가는 유럽의 톱 리그

였다. 세계 최고 수준의 경기가 벌어진 곳이다. 그 위상은 지금의 프리미어리그 이상이었다. 최고의 리그에서 뛴다는 점에서 차범근과 박지성이 처한 환경은 비슷하다. 하지만 근본적인 차이점이 있다.

당시 분데스리가는 한 팀에서 외국인 선수를 두 명만 기용할 수 있도록 했다. 그래서 프랑크푸르트 시절 차범근은 오스트리아 출신의 수비수 브루노 페차이와 함께 부동의 외국인 듀오를 이뤘다. 상상하기도 어려운 경쟁을 뚫고 주전 선수가 된 것이다. 프리미어리그에는 외국인 선수에 대한 제한이 없다. 박지성은 감독이 믿고 기용하는 선수지만 주력이라고 보기 어렵다.

차범근의 업적은 눈부시다. 두 번이나 유럽축구연맹(UEFA)컵을 들어올렸다. 1980년 프랑크푸르트 소속으로, 1988년 바이엘 레버쿠젠 소속으로. 프랑크푸르트에서 뛴 1981년엔 독일 컵에서 우승했다. 분데스리가 308경기에서 98골, 독일컵 27경기에서 13골, UEFA컵 37경기에서 10골을 넣었다. 국가대표로는 135경기에서 58골을 기록했다.

박지성은 PSV에인트호번(네덜란드·2002~2005년)과 맨유를 거치는 동안 리그와 컵 대회를 포함, 170경기에서 25골을 기록했다(4월 27일 현재). 맨유에서는 79경기 8골. 국가대표로 출전해서는 69경기에서 7골을 넣었다. 물론 차범근은 공격수, 박지성은 미드필더라는 포지션의 차이를 감안할 수 있다. 하지만 독일축구 전문 사이트(www.weltfussball.de)의 차범근에 대한 평가를 주목하자.

"날개로 뛰든 중앙공격수로 뛰든, 헤딩이든 슈팅이든 문제가 되지 않았던 차(범근)…(Egal ob auf den Flugeln oder im Zentrum, der kopfball- und schuβ starke Cha…)."

그러면 박지성은 도저히 차범근을 뛰어넘을 수 없다는 말인가? 단정할 수 없다. 박지성은 아직 젊고, 또한 성장하고 있다. '두 개의 심장' '산소 탱크' 같은 별명은 박지성이 그저 체력만 좋은 선수라는 뜻으로 들린다. 하지만 박지성이 경기를 할 때 늘 중계 화면에 모습을 보인다는 사실은 축구에 대한 그의 재능을 방증한다. 경기의 줄거리를 놓치지 않는다는 뜻이다. 또한 박지성은 차범근이 이루지 못한 업적을 이룸으로써 부분적으로 차범근을 극복할 수 있다.

챔피언스리그 우승은 차범근도 이루지 못했다. 차범근이 들어올린 UEFA컵의 가치는 챔피언스리그 우승컵의 권위를 능가하지 못한다.[02] 챔피언스리그는 챔피언(또는 챔피언급) 클럽의 경기지만 UEFA컵은 그보다 못한 팀들의 경기다. 박지성은 챔피언스리그를 제패한 첫 한국 선수가 될 수 있다. 그러므로 지금 박지성은 생애 최고의 순간 앞에 서 있는 셈이다.[03](후략)

아무튼, 허정무가 한국 팀을 위안하는 골로 2:3으로 만들었을 때 조광래도 달려들어 함께 기뻐한다. 이들의 기쁨이 부도덕하거나 속없는 짓이었다고는 생각하지 않겠다. 허정무는 많이 뛰면서 헌신적인 축구를 했고, 그가 넣은 골은 그에 따른 정당한 보상이었다. 반면 조광래는

---

02 챔피언스리그 VS UEFA컵 : 유럽 최고의 클럽대항전인 챔피언스리그에는 유럽 각국 리그의 상위팀이 출전한다. 각국 리그의 유럽 내 랭킹에 따라 챔피언스리그나 UEFA컵에 출전하는 팀의 수도 다르다. 2007~2008시즌 유럽의 3대 리그는 리가프리메라(스페인)·세리에 A(이탈리아)·프리미어리그(잉글랜드)다. 세 리그의 1~2위는 챔피언스리그 32강에 직행하고, 3~4위는 3차 예선부터 참가한다. 반면 리그 랭킹 최하위인 산마리노(53위)의 경우 1차 예선부터 참가한다. 1955년 시작된 '인터 시티스 페어스 컵'이 UEFA컵의 전신이다. UEFA컵에는 기본적으로 각국 리그의 컵대회 우승팀과 리그 5~6위팀이 출전한다. 여기에 UEFA 페어플레이 랭킹 1~3위팀, UEFA 인터토토컵의 3라운드 승자 11개 클럽, UEFA 챔피언스리그의 3차 예선과 조별예선에서 탈락한 팀 등 다양한 방식으로 참가 팀을 정한다.

03 박지성이 활약한 기간 동안 맨체스터 유나이티드는 세 번 챔피언스리그 결승에 진출했다. 박지성은 2008년 5월 21일 러시아의 루즈니키 경기장에서 맨체스터 유나이티드가 첼시를 승부차기 끝에 누르고 우승할 때는 경기에 뛰지 못했다. 그가 선발 출장한 두 경기(2009년 5월 27일 로마 올림피코, 2011년 5월 29일 런던 뉴 웸블리)에서 맨체스터 유나이티드는 스페인의 FC바르셀로나에게 져서 준우승에 머물렀다.

이탈리아와의 경기에서 한국이 넣은 모든 골에 관여했다. 1:1을 만드는 최순호의 오른발 슛은 조광래가 미드필드에서 길게 뿌려준 정확한 패스를 받아 두 번 드리블한 다음 오른발로 차 넣어 만들었다. 조광래의 어시스트다. 허정무의 추격 골도 조광래의 프리킥에서 시작됐다. 그리고 조광래의 자책골.

뿐만 아니라 조광래는 1986년 6월 5일 에스타디오 올림피코 우니베르시타리오(멕시코시티)에서 열린 불가리아와의 경기에서 0:1로 뒤진 후반 25분 김종부가 터뜨린 동점골도 어시스트했다. 그의 헤딩 패스를 김종부가 가슴으로 받아 떨어뜨린 다음 돌아서면서 오른발로 차 넣음으로써 대한민국 축구는 월드컵 출전 사상 처음으로 '승점'을 얻을 수 있었다. 모름지기 조광래는 대한민국 축구팀의 두뇌였고 살림꾼이었으며 가장 헌신적인 파이터였다. 그래서 "그때 조광래가 자살골만 안 넣었어도 16강에 갔을 것."이라는 주장에 동의하지 않는다. 그런 주장은 경기를 주의해서 보지도 않고 감정만 앞세워 하는 말이다. 조광래처럼 헌신적이고 투혼으로 가득 찬 전사(戰士)가 듣기에는 지나치게 치사한, 모욕적인 말이다.

　2010년 7월 22일자 '동아일보'의 보도에 따르면 조광래의 계약기간은 2년, 성적에 따라 월드컵까지 맡는 조건이었다. 물론 이회택 위원장은 "조 감독이 차기 월드컵 감독이다."라고 했다. 그러나 축구협회는 2년 단위로 감독 계약을 했고, 조광래 역시 2년 동안 대표 팀을 지휘한 뒤 재평가를 받고, 재계약여부에 따라 월드컵 도전 자격이 결정될 운명이었다. 기술위원회가 2011년 카타르에서 열린 아시안컵의 결과에 연연하지 않겠다고 방침을 밝힌 점은 조광래 입장에서 여러 가지로 좋은 신호였다. 이회택 위원장은 "아시안컵은 성적이 중요한 대회이긴 하지만 그 대회에서 성적이 좋지 않다고 감독을 해임하지는 않을 생각이다. 어차피 월드컵을 겨냥한 감독 선임이기 때문에 월드컵 예선전을 치를 때까지 기술위가 전폭적으로 지원할 참이다."라고 설명했다.

　나는 '국가대표 감독 조광래'를 꽤 좋은 선택이라고

생각했다. 여기에는 개인적인 기호가 끼어들었을 수 있다. 나는 서울운동장[04]에서 '박스컵', 곧 대통령배국제축구대회가 열릴 때 언제나 국가대표 A팀[05]의 미드필드를 굳게 지킨 조광래를 좋아했다. 우리 미드필드를 지킨 훌륭한 선수가 많이 있었지만 나는 조광래와 이영무가 좋았다. 나중에 기자가 되어 '임마누엘'이라는 팀의 감독을 하는 이영무를 효창운동장에서 만났을 때는 정말 기뻤다. '임마누엘'은 개신교를 믿는 선수들로 구성되었는데 자금이 넉넉하지는 않았다. 가끔 선수가 다쳐서 열 명이 뛰어야 할 형편이 되면 이영무 감독이 유니폼을 바꾸어 입고 들어가 뛰기도 했다. 이영무는 엄청난 운동량으로 나를 감탄하게 만들었을 뿐 아니라 경기가 시작되기 전이나 경기가 끝난 다음, 자주 있는 일은 아니었지만 골

---

04 훗날 '동대문운동장'이라는 이름으로 불리다가 끝내는 철거의 비운을 피하지 못한 그곳. 대한민국 세속정치의 야만성과 추악한 미의식을 노골적으로 드러내는 바로 그곳!

05 한때는 '화랑'이라고 불렸다. 어떤 때는 다른 이름 없이 '대한민국 축구 대표 팀'이었고.

을 넣은 다음에 두 손을 맞잡고 열렬히 기도하는 모습이 너무나 인상적이어서 팬도 많았다. 조광래를 좋아한 이유는 이영무를 좋아한 이유와 달랐다. 그는 공을 정말 맵시 있게 찼고, 그가 축구를 할 때 보면 누구보다도 머리가 좋은 선수인 것 같았다. 그의 움직임은 자주 상대편 수비수나 골키퍼를 속여서, 예상하지 못한 결과를 만들기 일쑤였다. 나는 이 글을 쓰기 위해 자료를 찾다가 다음과 같은 인터뷰 기사를 발견하였다. 대한축구협회 기술정책 보고서인 'KFA 리포트' 2011년 1월호 '나의 선수시절' 코너에 실린 인터뷰 기사다. 제목은 '조광래, 중원을 호령하던 컴퓨터 링커', 인터뷰 진행자는 이상헌이다. 2011년 1월 12일자로 인터넷에 게재되었다. 재미있는 대목이 자주 보인다.

- 경남 진주에서 자란 조광래는 진주봉래초 4학년 때부터 본격적으로 축구를 시작했다. 경남의 축구 강호였던 봉래초에서도 조광래는 주장으로 활약하며 최고 선수로 각광받았다. "초등학교 1~2학년 시절부터 동네에서 항상 축

구를 하면서 하루를 보냈었죠. 그러다가 4학년 때부터 축구부 활동을 정식으로 시작했는데 주장을 하면서 경남에서 제일 축구를 잘한다는 소리도 들었어요.(웃음)"

- 공부에도 소질이 있었다. 조광래는 시험을 쳐서 명문 진주중에 입학했고 중학교 3년간 축구부 활동을 하지 않은 채 공부만 했다. 그 결과 역시 명문인 진주고에 진학했다. "진주남중과 진주중을 놓고 고민했는데 진주남중은 축구부가 있었고 진주중은 축구부가 없는 대신 경남 최고 명문이었어요. 둘 다 욕심이 나서 고민을 하고 있었는데 제 친구 중 하나가 진주중 시험을 친다고 자랑하는 바람에 저도 오기가 생겨 시험을 쳐서 합격을 했던 겁니다. 진주고 역시 시험을 쳐서 들어갔습니다. 경남에서 공부 잘하는 학생들이 가는 학교로 유명했었죠."

- 축구를 접었던 조광래는 진주고에서 운명처럼 축구와 마주한다. 그와 봉래초에서 함께 축구를 하던 친구들 대부분이 진주남중을 거쳐 진주고에 체육특기생으로 진학했다. 그 친구들이 축구부 감독에게 그를 추천했다.

- 진주고에서 이름을 떨친 조광래를 원하는 대학들은 많았다. "원래 건국대를 가려고 했었어요. 당시 건국대에서 저를 데려간다는 조건으로 진주고에 많은 편의를 제공했었거든요. 제가 진주고 숙소를 새로 지어달라고 해서 그것

까지 약속을 받은 상황이었습니다." 그런데 연세대 선배한 명과 김지성 연세대 감독이 진주로 내려가 조광래를 서울로 데려갔다. "어느 날 새벽훈련을 나가려고 준비하고 있는데 누가 문을 두드리더라고요. 그래서 나갔더니 잠시차에 타라고 해서 탔는데 그 길로 연세대 숙소로 직행했어요.(웃음) 그리고 입학식까지 거기서 지내야 했죠. 저 말고도 허정무, 박종원, 최종덕, 박성화 같은 또래 선수들은 다 이런 일을 겪었어요. 연세대 말고 다른 학교들도 이런 방법을 썼던 겁니다."

- 조광래는 연세대 1학년 때부터 주전을 차지했다. 1학년 말이었던 12월에는 또래인 허정무, 박성화, 최종덕, 박종원, 김강남-김성남 형제 등과 함께 대표 팀 세대교체의 기수가 되었다. 당시 대표 팀은 1974년 테헤란 아시안게임에서 실패한 뒤 세대교체로 미래를 도모했다. 1975년 박스컵(박대통령컵)부터 대표 팀에 몸담은 조광래는 1986년 아시안게임을 끝으로 은퇴할 때까지 11년 동안 대표 팀에서 활약했다.

- 대표 팀에서 생활할 때 조광래가 가장 감탄한 인물은 차범근이었다. 조광래는 차범근의 축구에 대한 성실성에 놀라움을 금치 못했다. 주로 오른쪽 미드필더를 맡은 조광래는 오른쪽 윙이었던 차범근과 호흡을 자주 맞췄다. 이들

은 팀 훈련 외에도 개인훈련을 함께 하는 등 유대감을 키웠다. "차범근 선배가 프랑크푸르트 감독에게 저에 대해 이야기를 했다고 들었어요. 그래서 뭔가 보여주겠다면서 엄청나게 열심히 훈련했죠.(웃음) 그런데 개인훈련을 하다가 허벅지 근육을 다쳤어요. 독일에 진출할 수 있는 기회를 놓쳐 아쉬웠죠."

- 조광래와 대표 팀은 1986년 멕시코월드컵에 도전한다. 첫 경기 상대는 아르헨티나였다. 디에고 마라도나를 막기 위해 주전 미드필더 조광래 대신 김평석이 선발로 나갔다. "18분 만에 2골을 내주자 감독님이 저보고 빨리 나가라고 하시더군요." 대표 팀은 불가리아와의 2차전에서 수중전을 펼치며 1:1 무승부를 기록했다. 조광래는 폭우 속에서도 사람이라고는 믿겨지지 않을 정도로 엄청나게 뛰어다녔다. 전 대회 우승팀 이탈리아를 상대로도 선전했지만 전력의 차이를 극복하지는 못했다. 조광래는 1:2 상황에서 측면에서 연결된 패스를 슬라이딩으로 막으려다가 자책골을 기록하기도 했다. "뒤에서 이탈리아 공격수가 따라오는 상황이었기 때문에 골이나 다름없었어요. 처음에는 이탈리아의 골로 인정됐다가 나중에 자책골로 변경됐더군요."

- 멕시코월드컵을 마친 조광래에게 마지막 목표는 1986년 서울 아시안게임이었다. "아시안게임을 앞두고 혼자 결

심을 했죠. 금메달을 따고 그 자리에서 은퇴 선언을 하겠다
는 다짐을 했습니다. 끝날 때까지 일요일에 쉬는 것을 제외
하고는 절대 훈련을 쉬지 않겠다는 목표도 세웠죠. 장기 합
숙이었기 때문에 정말 힘들었지만 이겨냈어요."

- 결국 조광래와 대표 팀은 아시안게임 금메달을 목에
걸었다. 특히 조광래는 인도네시아와의 준결승전과 사우
디아라비아와의 결승전에서 연이어 결승골을 터뜨리며 우
승의 주역이 되었다. "정말 정성을 다해 준비했고, 그 결과
로 선물을 받은 것이었어요. 경기가 끝나고 나서 인터뷰를
하는데 바로 대표 팀 은퇴를 선언했죠. 지도자 공부를 위해
서 체력이 남아있을 때 외국에 나가 뛰면서 공부를 하고 싶
다."

- "소속팀(대우)에서는 상의도 없이 발표했다고 난리 났
었어요.(웃음)" 대우에서는 계약금을 다시 주겠다며 만류
했지만 그의 고집을 꺾지는 못했다. 조광래는 김우중 회장
의 배려로 독일과 프랑스로 축구 유학을 떠났다.

- "제가 어렸을 때 조지 베스트(북아일랜드·맨체스터 유나
이티드의 전설적인 선수)를 정말 좋아했습니다. 그의 경기 영
상이 담긴 비디오를 보고 깜짝 놀랐고, 어린 마음에 흥분해
서 축구를 저렇게 할 수도 있구나 하고 감탄했었어요. 그
덕분에 저도 기술훈련에 더 매진했죠."

- 조광래가 꼽은 가장 호흡이 잘 맞는 선수는 이태호였다. "이태호는 기술이 좋고 영리한 선수였어요. 스루패스가 들어갈 때 문전에서 볼을 터치해서 골을 넣는 능력은 정말 예리했죠. 제가 패스하기 전에 이태호를 슬쩍 쳐다보면 바로 알아채요. 그리고 공간으로 움직이면 제가 발밑으로 찔러주고, 이런 과정이 정말 재미있었죠. 제 의도를 가장 빨리 알아채는 선수가 이태호였습니다."

- "선수 시절에는 대표 선수가 되는 것이 첫 번째 꿈이었죠. 대표 선수 생활을 하면서는 지도자가 되는 것이 꿈이었고, 최종적으로는 대표 팀 감독이 되는 것이 꿈이었어요. 이런 과정들을 위해 항상 연구하고 준비해왔습니다. 프로 팀 감독까지는 충분히 가능하다고 봤지만, 대표 팀 감독은 어떻게 될지 모르겠다고 생각했는데 지금 이렇게 하고 있습니다. 지도자를 마치고 나면 구단 행정을 하는 것이 목표입니다."

조지 베스트는 축구 역사에 남을 만큼 절륜한 테크닉과 경기에 대한 영향력으로 영국은 물론 세계 축구팬들의 기억에 남아 있는 별이다. 조광래가 베스트를 좋아했음은 기술적인 축구를 추구했다는 점에서 사실로 확인할 수 있다. 물론 조광래의 축구는 베스트와 아주 달랐지만. 인터뷰에 따르면 조광래는 베스트를 좋아해서 그의 헤어스타일도 따라했다고 한다. 나는 조광래가 어디서 조지 베스트에 대한 정보를 구했는지 정말 궁금했다. 조지 베스트는 1946년생, 조광래는 1954년생이다. 한편 조광래가 축구인으로서 간직한 꿈 가운데, 그 한복판에 축구 대표 팀의 감독이라고 말한 대목에서 가슴 찡한 아픔도 느낀다. 대표 팀 감독 조광래는 그 가슴 속에 이글거리는 불꽃을 다 태우지 못하고 지휘봉을 내어놓았다고 생각하기 때문이다.

"

스포츠, 특히 축구에 관한 한 우리의 감정과 시야는

아직 '극일'의 주변을 전전하고 있다.

한국 선수가 차는 축구공은 일본이 관련되면

보통 축구공이 아니다.

한반도 불법 강점, 독도 침탈, 종군위안부, 강제징용,

창씨개명 강요, 문화재 강탈 등

너무나도 많은 것이 공 하나에 담긴다.

"

3

축구협회와 기술위원회의 계획이나 평가란 선언(宣言)
에 그치기 일쑤고, 이를 비난만 할 수는 없다. 한 나라의
축구 대표 팀은 사물(私物)이 아니며, 우리 축구는 대중
(즉 국민)과 호흡하고 교감하는 매우 정서적인 일면을 지
녔다. 대한축구협회의 회장이든 임원이든, 대표 팀을 이
용해 목적을 이루려 하거나, 대표 팀에 사적 감정을 반영
하려는 인물의 시도는 성공한 사례를 찾기 어렵고 역효
과를 낳기 일쑤였다.

여론이란 첫눈에 우매해 보이기도 하지만 시간의 조

탁을 거쳐 진리에 도달하는 법이다. 설령 현실 속에서 부도덕과 이기심이 승리를 거두는 경우에도 순간적이거나 단기간에 그칠 뿐이다. 대중은 아무리 긴 시간이 걸릴지라도 참과 거짓을 구분하고 사실 속에서 진실을 적출해 낸다. 특히 축구에 대해 정치적 목적을 가지고 접근하려는 인간에 대해서는 강한 혐오감을 표현하며 그릇된 시도에 대해 대가를 치르게 만든다.

허정무 후임으로 대표 팀을 맡은 조광래는 잇따라 어려움에 봉착했다. 월드컵이 끝나자마자 대표 팀의 세대교체가 당면과제로 떠올랐다. 가장 큰 문제는 2002년 월드컵 이후 한국축구의 상징이었으며 세 차례 월드컵에 출전해 매번 골을 넣고 대표 팀의 중심역할을 해낸 박지성의 은퇴를 전후로 발생했다. 박지성이 은퇴하겠다고 했을 때, 한국축구는 아직 그 없이 축구를 할 준비가 되어 있지 않았다. 나는 조광래도 마찬가지였으리라고 생각한다.

박지성은 2008년에 국가대표 팀 주장이 되었고, 국가

대표로서 은퇴할 때까지 완장을 지켰다. 2010년 남아공 월드컵 아시아 예선에서 다섯 골을 넣어 대표 팀 선수 가운데 최다득점을 기록했다. 그의 활약은 대표 팀이 3승 3무로 본선에 진출하는 데 크게 기여했다. 2010년 남아공월드컵에서 박지성은 그리스와의 조별리그 첫 경기에서 골을 넣었고, 이 경기의 '맨 오브 더 매치(Man of the match)'에 선정되었다. 그의 골은 2002년 한일월드컵과 2006년 독일월드컵에 이은 월드컵 3개 대회 연속골이었다. 이로써 아시아 선수로는 처음으로 월드컵 본선 3개 대회 연속 골을 기록했으며 안정환이 갖고 있던 아시아선수 본선 최다 골(3골)과 타이를 이루었다.

박지성은 2011년에 열린 아시아축구연맹(AFC) 아시안컵 대회 준준결승인 일본과의 경기에서 자신의 국가대표 경기 100번째 출장 기록을 채워 대한민국 선수 중 여덟 번째로 센추리 클럽에 가입했다. 박지성 외에 홍명보(136경기) 이운재(132경기) 이영표(124경기) 유상철(123경기) 차범근(121경기) 김태영(104경기) 황선홍(103경기)

등이 센추리클럽에 들어간 한국 선수이다. 일본과의 아시안컵 경기가 박지성의 마지막 국가대표 경기였다. 박지성은 우즈베키스탄과의 아시안컵 3, 4위전에는 출전하지 않았고, 아시안컵이 끝난 뒤에는 이미 선언했던 대로 대표 팀에서 물러났다.

남아공월드컵 16강 진출의 견인차인 박지성이 아시안컵을 앞두고 대표 팀 은퇴를 예고하자 축구팬들은 큰 충격을 느꼈다. 그러나 그가 대표 팀과 한국축구를 위해 헌신해왔으며 만성적인 무릎 부상을 안고 있다는 사실을 잘 알기에 대체로 박수 속에 보내는 입장이었다. 그러나 대표 팀의 경기력 차원에서 보면 단기간에 회복하기 어려운 손실이 발생했다. 이는 대표 팀의 감독 조광래에게도 심각한 도전에 봉착하게 만들었다.

과장하자면, 대표 팀 감독으로서 조광래의 임기는 '포스트 박지성'의 발굴과 '포스트 박지성 시대'를 돌파하기 위한 시도들로 점철했다. 조광래는 국가대표 감독으로서 뛰어나지 않았을지 몰라도 수준 이하는 결코 아니었다. 후임자들과 비교하면 돋보이기까지 한다. 조광래의 임기에 대표 팀은 12승 6무 3패를 기록했다. 후임자 최강희는 7승 2무 5패, 홍명보는 5승 4무 10패였다. 가장 승률이 높다. 그의 시도는 가능성을 배태하고 있었지만 몇 가지 극복하기 어려운 변수가 작동했다. 대표 팀을 이끄는 동안 기록한 3패 중에 1패를 일본에 당했는데, 이 패배가 치명적이었다. 2011년 8월 10일 일본 삿포로에서 열린 일본과의 정기전에서 0:3으로 패한 것이다. 이 패배로 대표 팀은 일본 원정 11년 무패 기록에 종지부를 찍었다. 1974년에 열린 정기전에서 일본에 1:4로 패한 후 37년 만에 당한 패배였다.

스포츠, 특히 축구에 관한 한 우리의 감정과 시야는 아직 '극일'의 주변을 전전하고 있다. 한국 선수가 차는 축구공은 일본이 관련되면 보통 축구공이 아니다. 한반도 불법 강점, 독도 침탈, 종군위안부, 강제징용, 창씨개명 강요, 문화재 강탈 등 너무나도 많은 것이 공 하나에 담긴다. 그러므로 절대 져서는 안 된다. 이 강박관념은 앞으로도 변함이 없을 것이다. 과거에 그랬듯이.

굴욕적인 경기가 끝난 뒤 조광래는 해외파 선수들의 경기 감각 저하와 선수들의 부상 교체를 참패의 원인으로 꼽았다. 그는 "해외파 선수들이 최근 경기를 많이 뛰지 못해 경기 감각이 떨어진 것을 염려했는데 실전에서 그대로 나타났다. 게다가 전반 중반에 왼쪽 풀백인 김영권이 발목을 다치고 대신 출전한 박원재마저 부상으로 빠지면서 수비 균형이 무너져 큰 혼란이 오고 말았다."고 했다. 또한 "많은 성원을 보내준 팬들에게 좋은 경기를 보여주지 못해 죄송스럽다. 2014년 브라질월드컵 3차 예선을 앞두고 좋은 보약이 됐다."고 평가했다. 그러나 중계방송을 시청한 축구팬들은 수긍하지 않았다. 경기 내용이 지나치게 무기력한데다 일본에 비해 수준이 떨어졌기 때문이다. 오히려 차두리의 인터뷰 내용이 상식에 가까웠다. 차두리는 "부상, 이런 건 다 핑계다. 점수부터 해서 패스 플레이 모두 안 됐다. 반면 일본은 원하는 패스 플레이를 했다. 완패를 인정한다. 우리 팀은 전체적으로 둔했다. 모두 체력적으로 문제가 있었고 앞으로 나가다가 많이 빼앗겼다. 크게 반성해야 한다."고 했다.

아시안컵 탈환에 실패한 데 이어 일본에 참패를 당하자 축구팬들은 조광래의 능력을 불신하기 시작했다. 특히 대한민국의 축구팬들은 일본에 졌을 때 분명한 책임감을 느끼지 않는 듯한 모습을 보이는 감독에게 매우 가혹하며 그의 애국심을 의심한다. 이 사실을 모르지 않았을 조광래가 정기전 패배 이후 "월드컵 예선을 앞두고 좋은 보약이 됐다."고 말한 장면은 크나큰 패착이었다. 물론 조광래는 2014년 브라질월드컵에서 참패한 홍명보가 "우리 선수들이 월드컵이라는 큰 무대에서 좋은 경험을 했을 것."이라고 했다가 뭇매를 맞은 것만큼 비판받지는 않았다. 조광래는 축구팬=국민이라는 등식이 엄연한 가운데 국가대항전(절대로 져서는 안 되는)에서 패했지만, 일단 한 경기 패배였다. 딛고 일어설 일말의 기회는 남아 있었다. 하지만 홍명보의 '경험론'은 가뜩이나 실망한 축구팬들의 비위를 건드렸다. 이해하는 축구인은 없었다. KBS의 해설위원으로서 중계방송 석에서 홍명보의 인터뷰 내용을 듣던 이영표는 "월드컵은 경험하는 무대가 아니다. 월드컵은 최고의 실력으로 증명해 보이는 대회다."라고 꼬집었다. 선수들의 생각도 홍명보와는 달랐다. 골키퍼 김승규는 "월드컵은 경험을 쌓으려는 게 아니라 완벽한 무대로 최고의 성적을 내야 한다. 오늘 경기가 제 경험이 아니라 실패했다고 생각하겠다. 다음에 월드컵에는 최고의 컨디션으로 다시 나가고 싶다."고 했다. 축구팬들은 "홍명보의 인터뷰가 더 기분 상한다."거나 "리더의 자질이 의심스럽다.", "경험은 친선경기에서 끝내야 하는 것 아닌가?"와 같은 반응을 보였다. 여기서 홍명보는 돌아올 수 없는 다리를 건넜다. 인천공항을 통해 귀국했을 때 대표선수단의 발 앞에는 '엿'이 쏟아졌다. 손흥민은 슬픈 표정으로 "엿을 먹어야 하나요?"라고 물었다. '의리축구'의 종말은 비참했다.

66

홍명보의 낙마가 안타까웠다.

누구나 인생의 한 시점에 어려움을 겪고,

때로는 의지와 무관하게 그릇된 판단도 한다.

인생의 모든 국면에서 자로 잰듯

명철하게 삶의 과정을 수행해 나간다면 좋겠지만

그런 사람은 많지 않다

99

4

　홍명보는 브라질에서 참담한 실패를 했지만 감독직을
유지할 것 같았다. 엿이 날아든 날, 홍명보는 거취를 묻
는 기자들의 질문에 애매하게 대답했다. 그는 "월드컵
기간 동안 국민들께서 많은 성원을 보내주셨지만 보답
하지 못해 진심으로 죄송하다. 감독으로서 많이 부족했
고 선수들은 최선을 다했다."고 했다. 그러나 "지금 이
자리에서 거취를 말씀드리기는 어렵다. 좋은 선택을 할
것이다. 개인적으로는 생각을 하고 있고 분명 어려운 결
정이다. 쉽지 않은 선택이다."라는 그의 말은 사퇴를 염

두에 둔 것 같지 않았다. 그의 임기는 2015년 아시안컵까지였다. 주목할 부분은 ┐의 '유체이탈' 화법이다. 홍명보는 "분명 좋지 못한 성적을 거뒀지만 실패로만 남는 월드컵은 아니다. 선수들이 많은 경험을 했고 미래도 있기때문에 선수들이 소속팀에 돌아가 많이 노력해줬으면 좋겠다."고 요구했다. 또한 "아시안컵에 대해 아직 생각해보지 않았다. 중요한 것은 선수들이 이번 월드컵 참가를 통해 부족한 점을 파악해야 한다는 것이다. 전체적으로반성할 건 반성하고, 잘된 점은 인지해야 한다."고 했다.요컨대 '선수들이' 반성하고 노력해야 하며, 자신의 감독역할에 대해서 엄중한 의식은 아직 없다는 뜻이다.

홍명보의 이러한 태도는 '난들 어쩌란 말인가'라는 반감과, '나는 내가 원해서 대표 팀의 감독이 되지 않았으며 어려운 가운데 선수들을 이끌었기 때문에 이해를 해줘야 한다'는 희망을 반영한다. 그의 태도는 조광래의 후임으로 대표 팀 사령탑에 오른 최강희가 만들어 놓은 혼란을 자신이 수습했으며 이 과업만으로도 벅차서, 브라질월드컵은 자신에게도 훈련 과정일 수밖에 없었다는 호소를 간직하고 있는 것 같다. 그렇다면 그의 입장에서 "경기에 나가지 못하는 선수는 발탁하지 않겠다."고 선언해 놓고도 경기에 나가 뛰기는커녕 몸담을 팀도 찾지 못하던 박주영을 브라질월드컵에 데려가 '의리축구'라는 비아냥거림을 자초한 이해하기 어려운 결정도 축구 팬들의 이해가 필요한 부분이었을 것이다. 홍명보에게는 안된 일이지만 여론은 그의 편이 아니었고, 그의 유임을 시사한 허정무 축구협회 부회장은 집중포화를 맞고 자리에서 물러나야 했다, 허정무는 "국민들의 희망이 되겠다고 굳게 다짐하고 브라질로 떠났지만 좋지 않은 성적을 가지고 와 머리 숙여 깊게 사과한다. 모든 질책은 겸허히 받겠다."고 했지만 사과는 여기까지였고, "이 상황이 홍명보 감독 개인의 사퇴로 매듭지어지는 것은 해결책이 아니다. 브라질에서의 실패를 거울삼아서 홍 감독이 아시안컵에서 우리 대표 팀을 잘 이끌어 줄 것으로 기대한다."며 유임 의지를 드러냈다. 나는 그의 사과가 진심이 아니라고 생각했고, 그가 남긴 말의 무게중심은 뒤편에 있다고 판단했다.

2014년 7월 10일 오전 10시, 홍명보는 서울 종로구 신문로에 있는 축구회관에서 기자회견을 열어 사퇴를 선언했다. 그는 "마음이 무겁고 가슴이 아프다. 지난 월드컵을 출발하기 전에 국민들에게 희망을 준다고 약속했지만 실망감만 드려 죄송하다. 1년 동안 많은 일이 있었다. 실수도 있었고, 저 때문에 많은 오해도 생겼다. 성숙하지 못했다는 점에서 다시 한 번 죄송하다는 말씀을 드린다."고 했다. "개인적으로 1990년 처음으로 대표 팀 선수로 발탁돼, 국가대표로 24년 간 생활을 했다. 오늘로서 이 자리를 떠나겠다."고 덧붙이기도 했다. 허정무 축구협회 부회장도 동반 사퇴한다고 발표했다. 그는 "월드컵에서 좋은 성적을 거두지 못해 진심으로 죄송하다. 하지만 분명 축구협회는 많은 노력을 하고 있다. 이번 월드컵에서 좋지 못한 성적은 전적으로 저와 홍명보 감독에 (원인이) 있었고, 책임을 통감하고 동반 사퇴하겠다."

고 했다. 결과적으로 홍명보는 '땜빵 감독' 최강희를 '땜
빵'하는 '땜빵 감독'으로 임기를 시작하고 마친 셈이다.
그렇기 때문에 나는 홍명보의 커리어가 이토록 운수 사
납게 된 데 불운도 작용했다고 믿는다. 홍명보의 야망(또
는 욕심)과는 별도로.

조광래가 떠나고 슈틸리케가 부임하기 전에 대표 팀
을 맡은 두 감독, 즉 최강희와 홍명보는 비정상적인 공백
을 메우기 위해 또는 공백을 비정상적으로 메우기 위해
발탁된 인물이라는 점에서 공통점이 있다. 내가 보기에
최강희는 정말 하기 싫었던 것 같다. 전북 팀을 맡아 좋
은 결과를 내고 있었고, 대표 팀을 맡아 월드컵에 진출하
면 본전이고 실패하면 비난을 들으리라는 사실을 너무
나 잘 알고 있었기 때문이다. 홍명보는 "까짓것 못할 것
없지."라는 심정으로 팀을 맡았으리라고 짐작한다.
2012년 런던올림픽에서 동메달을 따내 지도력을 인정
받았다고 볼 수 있고, 조광래─최강희가 마무리하지 못
한 2014년 브라질월드컵이라는 과업을 맡을 적임자가

당시로서는 딱히 없다는 사실도 알고 있었을 것이다. 오랫동안 국가대표 선수 또는 지도자로 일 해온 만큼 사명감도 있었을 것으로 본다. 다만 절실함에서, 또는 잡초와도 같은 생명력이라는 면에서 부족하지 않았는가 짐작해본다.

나는 개인으로서 홍명보의 낙마가 안타까웠다. 누구나 인생의 한 시점에 어려움을 겪고, 때로는 의지와 무관하게 그릇된 판단도 한다. 인생의 모든 국면에서 자로 잰 듯 명철하게 삶의 과정을 수행해 나간다면 좋겠지만 그런 사람은 많지 않다. 시련은 외부에서 오기도 하고, 내면에서 싹을 키우기도 한다. 대개 큰 시련에는 두 가지 이유가 모두 원인이 된다. 홍명보 정도 되는 인물을 한국 축구가 일찍 '버린 카드'로 만들면 큰 손해라고 나는 생각했다. 물론 대표 팀 감독을 뽑지 못할 정도로 우리 축구계가 황폐했다는 뜻은 아니다. 2015년 5월을 기준으로 볼 때도 국내외 무대에서 활약하는 우수한 지도자가 없지 않았다. 나는 황선홍, 최용수, 서정원 같은 지도자가 대표 팀을 못 맡아 보고 지도자 커리어를 끝내는 경우는 상상하기 어렵다고 보았다. 우리 인력풀과는 별도로, 나는 홍명보의 개성과 강한 자의식, 스포츠 인으로서의 자부심을 높이 평가한다. 나는 2014년 1월 27일에 '아시아경제'에 이런 칼럼을 썼다.

스포츠 기자로 오랫동안 일하면서 풀지 못한 숙제가 있다. 스포츠 관계자, 특히 선수의 이름을 신문에 쓰는 방법. 그들의 이름을 표기할 때 '존중'을 담고 싶다.

2004년 아테네올림픽이 열렸을 때, 조직위원회에서 자원봉사하며 내가 속한 취재 팀을 도와준 유학생이 있다. 한국인 2세로서 태어난 곳은 호주였다. 영어를 잘하지 못하는 그리스 선수나 관계자를 인터뷰할 때 통역도 했다. 그가 어느 날 내가 일하는 프레스 센터로 놀러 왔다. 내 책상에 턱을 괸 채 단말기로 국내 인터넷 기사를 검색하던 그가 깜짝 놀란 얼굴로 물었다.

"와! 윤미진, 박성현… 선수들 이름을 그냥 이렇게 써요?"

"그럼 뭐라고 쓰지?"

"'리스펙트(Respect)'가 없잖아요."

나는 약점을 찔린 듯 잠깐 머뭇거렸다.

"그러니까, 영어로 '미스터'나 '미스' 같은 단어를 붙이란 말이야?"

"아니, 뭐 꼭 그런 건 아니라도…."

"영어 신문도 다 그렇게 쓰지는 않잖아."

외국 신문에서도 알렉스 퍼거슨처럼 작위를 받은 사람이나 '알렉스 퍼거슨 경(Sir Alex Ferguson)' 식으로 쓴다. '미스터 이청용'이나 '미스터 기성용'이라고 쓰지 않는다. 그 자리에서는 그냥 그렇게 끝났다. 그러나 나는 찜찜한 기분을 끝내 지우지 못했다.

축구 대표 팀의 홍명보 감독은 고려대에 다닐 때 이미 스타였다. 기자들은 그가 편하게 인터뷰하기 어려운 선수라고 했다. 그와 대학 동기라는 후배 기자의 말이 기억에 남았다. "명보가 그러더라고요. '기자들이 왜 나한테 반말을 하는지 모르겠다'고요." 후배 기자의 말은 대못이 되어 내 가슴에 박혔다. 선수의 이름을 쓸 때, 나는 지금도 2004년 아테네에서 만난 자원봉사학생과 고려대학교 축구선수 홍명보(이번에도 나는 이렇게 쓴다)를 떠올리곤 한다.

신문을 보라. 사회면에 범죄자의 이름을 쓸 때도 직함이나 최소한 '- 씨'를 붙인다. 그런데 스포츠나 연예 면에서는 그냥 '박지성', '싸이'다. 어떻게 해야 좋을까?

66

나는 이 시점에서 외국인 감독을

한 번 더 기용했으면 좋겠다는 생각을 했다.

국내 지도자들에게 물으면

백이면 백 "이제는 우리 감독들의 수준이 높아져서

굳이 외국인 감독을 부를 필요가 없다.

능력 있는 감독을 기용해 충분히 지원하면

외국인 감독 이상으로 실적을 낼 것이 다." 라고 대답했다.

99

5

2011년 12월 7일 조광래를 국가대표 팀 사령탑에서 내린 축구협회로서는 외국인 감독을 선임하지 않는 한 최강희 발탁이 불가피했다. 이제 여론은 더 이상 축구협회가 결정하면 그런 줄 알고 입을 다물지 않았다. 정당한 발탁인지, 능력은 검증되었는지 알려고 했고 축구협회에서 얼버무린다 싶으면 스스로 검증해냈다. 조광래가 지휘봉을 놓은 시점은 2011년 11월 15일 베이루트에서 열린 브라질월드컵 예선에서 레바논에게 1:2로 진 다음이다. 언론 보도를 종합하면 과도한 차출로 인한 해외파 선수들의 소집 거부와 잦은 장거리 이동에 따른 컨디션 저하가 문제였고 선수단 장악력이 떨어진다는 이유도 발견된다. 대한축구협회는 이런 상황에서는 브라질월드컵 진출을 확신할 수 없다는 위기감을 느낀 것 같다.

축구협회의 입장과는 별개로 조광래가 기술위원회와 갈등했으며, 특히 위원장을 맡은 이회택과 관계가 편치 않다는 보도가 잇따랐다. 언론을 짧게 인용하면 조광래는 "대표 팀 감독의 고유 권한인 선수 선발권에 대해 과거 어떤 대표 팀에서도 자행된 적이 없는 사태가 벌어졌다. 대표 팀 코칭스태프가 국가대표 경기(A매치) 차출 대상 선수 명단을 전달하는 자리에서 위원장이 이를 받아 내팽개쳤다. 감독을 떠나 축구인의 한 사람으로서 용납할 수 없는 행동"이라고 분통을 터뜨렸다. 2011년 5월 23자 인터넷 언론들의 보도 내용인데, 이에 대한 이회택의 반응도 있다. 그는 축구협회 정관을 들어 "선수 선발은 기술위원회가 충분히 할 수 있다. 그동안 감독 의견을 존중해 수렴했을 뿐이지만 이번에는 올림픽 예선 준비 시간이 부족해 조 감독에게 '홍명보 올림픽 대표 팀 감독에게 좀 베풀라'는 메시지를 전했다."고 했다. 물론 "조 감독이 보여준 명단을 집어 던진 일도 없다."는 해명도 있었다. 어느 쪽의 주장이 옳든 논란의 수준에는 높은 점수를 주기 어렵다. 조광래는 축구협회 내부에서 벌어진 일을 미디어에 고자질하는 듯한 인상을 주었다. 그렇지만 조광래가 아무 이유 없이 이회택과 기술위원회를 음해했다고 상상하기는 어렵다.

조광래의 운명은 정해졌고, 축구협회가 가야 할 길은 분명했다. 축구팬들의 관심은 후임 감독 인선에 모였다. 'YTN'의 2011년 12월 8일자 보도에 최강희가 등장한다.

대한축구협회가 월드컵대표 팀을 이끌어 온 조광래 감독을 전격 경질했습니다. 후임 감독이 누가 될지에 관심이 모아지고 있습니다. (중략) 대표적 지한파인 압신 고트비 감독이 1순위에 올라있습니다. 2002 한일월드컵에서 비디오분석관으로 월드컵대표 팀과 인연을 맺은 고트비는 이란대표 팀과 클럽 팀 감독까지 역임해 한국축구뿐만 아니라 중동

축구에도 해박하다는 것이 최대 강점입니다. 올림픽대표
팀의 홍명보 감독이 월드컵대표 팀을 동시에 이끄는 방안
도 검토되고 있습니다. 지난 20009년에 이어 올해 K-리그
에서 막강한 공격력을 앞세워 전북을 우승으로 이끈 최강
희 감독도 지도력을 인정받아 후보군에 든 것으로 알려졌
습니다.[06]

나는 이 시점에서 외국인 감독을 한 번 더 기용했으면
좋겠다는 생각을 했다. 국내 지도자들에게 물으면 백이
면 백 "이제는 우리 감독들의 수준이 높아져서 굳이 외
국인 감독을 부를 필요가 없다. 능력 있는 감독을 기용해
충분히 지원하면 외국인 감독 이상으로 실적을 낼 것이
다."라고 대답했다. 이러한 태도는 축구협회 내부에 있는
인물이나 이른바 축구계의 '야당 인사'들이나 마찬가지
였다. 협회 임원을 맡은 허정무와 '평생 반골' 김호가 같
은 생각을 한다는 점이 흥미로웠다. 나는 그들이 '밥그

---

06 YTN 보도, 2011년 12월 8일.

릇'만을 의식해서라거나 실력은 형편없으면서 주제를 몰라서 그러한 태도를 보인다고 생각하지 않는다. 나는 누가 대표 팀을 맡아야 할지를 놓고 논쟁하고 싶은 생각은 전혀 없었다. 오직 우리 축구가 중요했다. 대표 팀은 반드시 브라질에 가야 했다. 나는 2011년 12월 13일자 '중앙일보'에 다음과 같은 칼럼을 썼다. 제목은 '무조건 월드컵 가야 … 외국인이든 한국인이든 이기는 감독 뽑아라'였다.

비펠슈테트는 독일의 작은 도시다. 브레멘에서 올덴부르크를 거쳐 빌헬름스하펜에 이르는 29번 도로를 자동차로 한 시간은 달려야 도착한다. 거기 축구장 두 면이 딸린 스포츠 호텔이 있다. 한겨울에는 눈이 무릎까지 쌓인다. 1993년 2월. 내가 도착했을 때 눈을 밀어낸 축구장의 푸른 잔디가 오후 햇살에 반짝거렸다. 조광래는 땀투성이 얼굴로 선수들을 훈련시키고 있었다. 그는 프로축구 대우(현재 부산 아이파크)의 코치였다.

그는 정열적인 사나이다. 뤼베크·올덴부르크·보훔 같은 독일 팀과 경기할 때 골을 내주기라도 하면 피를 토할 듯 고성을 지르며 선수들을 독려했다. 진주 억양이 강해 알아듣기 어려웠다. 하지만 그가 지닌 정열의 데시벨은 충분히 느꼈다. 그는 트레이닝 일지를 영어로 썼다. 내가 흘끗 들여다보면 "뭐 하노?"라며 공책을 접었다. 절대 보여주지 않았다.

하지만 코치는 경기장에서 자신을 드러내야 한다. 아니, 증명해야 한다. 나는 조광래가 대표 팀 감독으로서 최선을 다했으리라고 믿는다. 결과가 나빴던 점은 안타깝다. 일본에 0:3으로, 여러 수 아래로 평가되는 레바논에 1:2로 지면서 조광래는 벼랑 끝에 몰렸다. 절차를 생략한 축구협회의 결정은 유감이다. 하지만 해임하라는 축구 팬의 여론도 없지는 않았다.

그가 지난 9일 서울 시내의 호텔에서 기자회견을 했다. 폭탄선언을 하나 싶어 긴장했다. 그러나 그는 "축구 팬들을 실망시켜 죄송하다."고만 했다. "대표 팀이 완성 단계였기에 아쉬움이 크다."는 대목에서 서글픔을 느꼈다. 조광래답지 않은 말이다. 그는 '우는 소리'를 못 참는다. 분명한 점은 조광래가 경기를 통해 자신을 훌륭하게 드러내고 증명하지 못했다는 사실이다.

대표 팀 사령탑이 비었다. 월드컵 지역예선은 쿠웨이트와의 경기(2012년 2월 29일)만 남았다. 지면 최종예선에 못 나갈 수도 있다. 패장은 한국축구 몰락의 주범으로 몰릴 것이다. 언제 칼날이 떨어져 내릴지 모를 단두대. 여기에 머리를 집어넣을 코치는 없다. 있다면 한국축구를 진정 사랑하거나, 별 볼 일 없는 인물이리라. 특히 후자를 경계한다. 도박을 하듯 태극마크를 줄 수는 없다.

조광래를 경질한 과정은 잘못됐다. 그러나 돌이킬 수 없다. 만회하는 길은 한 가지다. 적절한 인물을 절차에 맞게 기용하라. 무조건 월드컵에 가야 한다. 외국인 감독이냐 국내 감독이냐는 중요하지 않다. 꿩 잡는 게 매고, 희든 검든 쥐를 잘 잡으면 훌륭한 고양이다.

우리가 다 아는 대로 최강희가 조광래의 후임을 맡았다. 그런데 최강희는 대표 팀을 맡으면서 스스로 시한부 감독임을 천명해 화제와 논란을 동시에 불렀다. 대표 팀을 맡는 감독이 취임할 때 포부나 각오, 계획을 밝혀야 상식이다. 최강희가 대표 팀을 맡을 때처럼 그가 못 박은 퇴진 시점이 화제가 되는 경우는 드물다. 최강희는 국가 대표 팀 감독 취임 기자 회견에서 FIFA 월드컵 본선에 진출하면 스스로 물러나겠다고 밝혔다. 2011년 12월

22일 서울 종로구 신문로 축구회관에서 열린 감독 취임 기자회견서 최강희는 "대표 팀을 8회 연속 월드컵 본선 무대에 올리는 것까지가 나의 소임이다. 세계와 겨루기에는 내가 여러 모로 부족하다. 본선에 가더라도 대표 팀 감독직을 사양하겠다."고 했다. 이어 "축구협회에 계약 기간을 2013년 6월까지 해달라고 했다. 협회에서 이 조건을 받아들이지 않으면 계약하지 않을 방침"이라고 덧붙였다. 그는 "대표 팀 사령탑은 절대적으로 외국인 감독이 맡아야 한다는 생각을 갖고 있다."고 첨언하기도 했다. 그는 2013년 6월18일 대표 팀의 지휘봉을 내려놓고 열흘 뒤인 2013년 6월 28일 전북 현대와 계약함으로써 대표 팀 감독에 부임할 때 공언한 대로 국내 리그로 복귀했다.

"

'봉동 이장'이라는 인상적인 별명이 말해주듯이,

최강희는 클럽에 속해 비교적 많은 권한을 부여받고

오랫동안 팀을 꾸리면서 자신의 축구 세계를 만들어갈 때

능력을 발휘하는 인물로 보인다.

"

6

  한 지도자의 능력과 무관하게, '어울리는 옷'이 있다
고 나는 믿는다. 나는 국가대표 팀이 최강희에게는 맞지
않는다고 생각한다. '봉동 이장'이라는 인상적인 별명이
말해주듯이, 최강희는 클럽에 속해 비교적 많은 권한을
부여받고 오랫동안 팀을 꾸리면서 자신의 축구 세계를
만들어갈 때 능력을 발휘하는 인물로 보인다.[07] 이와 흡
사한 인물로 나는 그의 스승이라고 할 수 있는 김호를 꼽

---

07 최강희는 전북 현대 모터스의 클럽 하우스 및 훈련장이 있는 전라북도
  완주군 봉동읍의 지명을 따서 '봉동 이장'이라는 별명을 얻었다.

겠다. 최강희가 뛰어난 축구선수로 성장하는 데, 또한 지도자로서 경력을 쌓고 현재의 위치에 도달하는 데 김호만큼 영향을 끼친 인물은 없다고 나는 믿는다. 두 사람은 고졸 학력으로 국가대표 선수와 국가대표 팀의 감독을 맡았다는 공통점이 있다. 하지만 김호는 동래고등학교 재학생 시절에 이미 뛰어난 경기력을 인정받아 청소년 대표까지 지낸 엘리트였다. 반면 최강희는 우신고등학교를 졸업할 때까지 인상적인 커리어를 쌓지 못했다. 최강희의 축구는 김호가 감독을 맡은 한일은행에 입단한 뒤 싹을 틔운다. 김호가 프로축구 팀인 울산 현대 호랑이의 감독으로 부임한 뒤 최강희도 프로선수가 되어 한 팀에서 인연을 이어간다. 이 시기에 최강희의 잠재력이 폭발한다.

나는 1990년부터 두 시즌 동안 축구 기자로서 현대 호랑이 축구단을 출입했다. 현대가 울산공설운동장을 홈구장을 사용하던 그 시절, 김호의 마지막 임기와 차범근의 첫 임기를 지켜보았다. 이 시기에 최강희는 엄청난

체력으로 그라운드 곳곳을 누비며 공격과 수비의 연결
고리 역할을 했고, 정신적으로는 팀의 리더 역할을 했다.
매우 성실한 사람인데, 성격은 주변에서 일어나는 일들
가운데 아주 작은 부분까지 놓치지 않을 만큼 섬세했다.
다소 예민한 면도 있었는지, (다시 구단 프런트로 일하
던 정 아무개로부터 듣기로는) 외국으로 전지훈련을 갈
때 베개를 챙겨 갔다. 자신에게 딱 맞는 베개를 여행 가
방에 넣고 다녔는데 아마 그래야 푹 잘 수 있고, 숙면을
취한 다음 좋은 몸으로 운동을 할 수 있었을 것이다. 그
는 아내와의 금슬도 남달랐다. 기독교 신앙이 독실한 최
강희의 아내가 열심히 남편과 가정을 위해 기도하던 모
습이 기억에 남는다. 내 경험에 비추어 보면, 스포츠 인
으로서 성공한 남성들은 대개 결혼생활도 성공적으로
해냈다. 지금과는 시대가 달랐기 때문이겠지만 1990년
대만 해도 운동선수의 안사람들은 전업주부가 대부분이
었다. 그들은 대개 성품이 원만하고 남편과 가족에게는
헌신적이었다.

최강희의 커리어는 선수로서 종착지에 가까워질수록 빛이 났다. 그는 1985, 1986, 1988, 1991년 프로축구 베스트 11에 뽑혔고 만 스물아홉 살에 1988년 서울올림픽 대표 팀에 들어갔다. 1990년 이탈리아월드컵에 이회택이 이끄는 대표 팀의 주전 수비수로 출전해 조별리그 세 경기를 모두 뛰었다. 현대의 선수로서 우승트로피를 들어 올리지 못한 점은 아쉽다. 그러나 최강희가 현대 선수로 뛰던 시절은 대우 로얄즈의 전성기였다. 조금 과장을 하면 분데스리가의 유일한 강호 바이에른 뮌헨처럼 한국 프로축구 리그에 대우를 이길 팀은 한동안 없었다. 공격수 김주성, 수비수 정용환이 중심축을 이룬 대우는 다른 팀에 비해 차별적으로 강했다. 최강희는 현대의 오른쪽 풀백이나 수비형 미드필더, 스토퍼와 스위퍼를 활용하는 3-5-2 전형에서는 스위퍼로도 기용됐다. 그는 현대 소속으로 184경기에 출전해 열 골을 기록했다.

최강희는 1992년 시즌이 끝난 다음 은퇴했다. 그의 은퇴를 둘러싸고 당시 현대의 감독을 맡은 차범근과 불화

한 데서 원인을 찾는 시각이 적지 않다. 대체로 "차범근 감독의 강압적인 지도 방식에 저항하다가 갈등을 해소하지 못하고 은퇴했다."는 내용이다. 우리 축구의 엘리트 중에서도 최고라고 할 수 있는 차범근과 질경이처럼 굳센 생명력으로 온갖 시련을 이기고 살아남아 국가대표까지 된 최강희는 근본적으로 종류가 다른 인간이었다. 그리고 막 독일에서 커리어를 끝내고 돌아온 새내기 지도자와 클럽 안에서 입지를 굳히고 기존 체제 안에서 형성된 질서에 익숙한 베테랑 사이에 갈등이 없었다고 하면 거짓말일지 모른다. 그러나 1992년 말을 기준으로 만서른세 살, 우리 나이로 서른네다섯 살은 적지 않았을 뿐아니라 은퇴를 생각하기에도 어색하지는 않은 나이였다. 나는 이 무렵 최강희가 현대 안에서 더 이룰 수 있는 목표가 현실적으로 없다는 판단을 했을 것으로 본다. 차범근도 현대를 끝내 우승까지 이끌지는 못했는데, 1991년 리그 준우승이 가장 좋은 성적이었다. 최강희가 은퇴하고 2년이 지난 다음 차범근도 현대의 지휘봉을 놓았

다. 현대가 첫 우승을 달성하는 시기는 1996년이다. 이
마저 극심한 판정시비 끝에 얻은 전리품이었으니까 김
정남이 지휘봉을 잡아 2005년 리그 우승, 2006년 슈퍼
컵 우승, 2006 A3 챔피언스 컵 우승, 2007년 하우젠 컵
우승 등 눈부신 업적을 쌓은 시기를 현대의 진정한 전성
기로 본다면 1992년은 우승을 원하는 구단의 입장에서
볼 때는 아직 캄캄한 터널을 벗어나지 못한 시기였다.

인터넷 기사를 몇 꼭지 검색하니 최강희가 은퇴한 다
음 독일에 가서 쾰른과 레버쿠젠에서 '연수'했다고 나온
다.[08] 베테랑 선수가 은퇴를 해서 선수 생활을 그만두거
나 지도자가 감독 또는 코치직에서 물러나 외국에서 연
수를 한다며 기자회견을 하는 경우를 흔히 본다. 해당 종
목의 경기력과 문화가 발달한 곳에 가서 앞선 지식과 정

---

08 예를 들어 스포츠동아의 2012년 6월 22일자 인터넷 판에는 최강희가
"2005년 7월 전북 지휘봉을 잡기에 앞서 독일 등지로 자비 연수를" 떠
났다는 기사가 실렸다.
http://sports.donga.com/3/01/20120621/47199152/3

보를 얻어 오는 일은 늘 필요한 법이다. '연수'에는 여러 가지 형태가 있다. 최강희가 독일축구협회(Deutscher Fußball-Bund, DFB)에서 개설한 지도자 육성 과정에 들어가지는 않았을 것이다. DFB의 지도자 육성 과정(Fußball-Lehrer/AUSBILDUNGS UND PRÜFUNGSORDNUNG)은 과정을 마치면 축구지도자 자격증을 발급하는 축구 지도자 양성기관이라고 할 수 있다. 축구를 한 선수 출신이라 해도 자격증 없이는 각급 축구 지도자로 일할 수 없기에, 독일의 축구 지도자들에게는 매우 중요한 과정이다. 나는 2005년 1월 28일에 쾰른에 있는 라인에네르기슈타디온(RheinEnergieStadion)에서 FC쾰른(FC Köln)과 SV 바커 부르크하우젠(SV Wacker Burghausen)의 경기를 관전했다. 오후 일곱 시에 시작된 이 경기에서 쾰른이 8:1로 승리했고, 루카스 포돌스키(Lukas Podolski)가 두 골과 도움 세 개를 기록했다. 경기가 시작되기 두 시간쯤 전에 윤성규 전 수원 삼성 프로축구단 단장의 소개로 에리히 루테묄러(Erich Rutemöller)를 만났는데 당시 그는 축구 지도자 교육 과정의 수석 트레이너(Ausbildungsleiter)로 일하고 있었다. 그는 한국에 관심이 많았고, 차범근이나 김호 같은 한국인 지도자들의 이름을 얘기했다. 최강희에 대해서는 얘기하지 않았다. 최강희를 만났다 해도 기억을 못했을 것이다. 한일월드컵이 끝난 지도 3년이나 지났고, 최강희가 1992시즌을 마치고 연수를 왔다면 12년 전의 일이니 루테뮐러가 기억할 리 없다.

아무튼 나는 최강희가 쾰른과 레버쿠젠에서 어떤 식으로 연수를 했는지 확인하지 못했다. 개인 자격으로 가서 사람들을 만나고 훈련을 지켜보거나 경기를 관전하면서 어깨너머 공부를 했는지, 지도자 자격증에 도전하는 독일인들 틈에 끼어 가혹한 트레이닝을 받았는지 모르는 것이다. 그러나 나는 훈련의 실체를 확인하지 않더라도 지도자가 어디서 연수를 했느냐는 사실로부터 많은 시사점을 얻을 수 있다고 확신한다. 선수를 그만두고 연수를 하겠다며 찾아간 곳이 독일이라는 데서 나는 그의 사부라고 할 수 있는 김호의 영향을 발견한다. 또한 최강희가 지도자가 되기로 결심했을 때 추구하고자 한 축구가 조직력과 개인기의 조화, 합리적인 팀 운영 등으로 정리할 수 있는 독일축구를 모범으로 삼았으리라고 짐작한다. 김호 역시 은퇴한 다음 독일에서 연수를 했고, 수원 삼성의 감독이 된 뒤에는 최강희를 불러들여 1998년부터 2001년까지 코치로 기용했다. 최강희가 독일로 연수를 가게 된 동기 중의 일부가 김호는 아닐까. 그렇다면, 이들이 생각하는 독일축구는 뭔가? 독일이 브라질월드컵에서 우승한 뒤 많은 기사가 쏟아져 성공의 비결을 설명하였다. 그 가운데 '골닷컴'의 김현민 기자가 2014년 7월 14일자로 포스팅한 기사를 잘 읽었다. 요약하면 이렇다.

"유럽축구연맹(UEFA)은 지도자의 레벨에 따라 UEFA A 자격증과 B 자격증을 부여하고 있다. 그런데 잉글리시 프리미어 리그(이하 EPL)에선 B 자격증 소지자도 팀을 지도할 수 있는 데 반해 분데스리가는 오직 A 자격증 소지자에게만 감독직을 할 수 있게 제도적으로 제한하고 있다. 그러하기에 많은 지도자들이 UEFA A 자격증을 소지하고 있다. 잉글랜드의 A 자격증 소지자는 1161명에 불과한 데 반해 독일은 5500명 이상의 지도자들이 A 자격증을 보유하고 있다. 이것이 가능한 이유는 DFB의 지원이다. 잉글랜드에서 UEFA A 자격증을 획득하기 위해선 평균 7595파운드(한화 약 1324만원)가 필요하지만 독일에서는 530유로(73만원)면 충분하다. 요즘 독일에선 30대 중후반에서 40대 초반의 유능한 젊은 지도자들이 대거 등장하고 있다. DFB가 노력한 결과다. 반면 잉글랜드는 유능한 지도자가 없어 고심하고 있다."

"독일은 감독 선임도 철저하게 준비한다. 대표적인 예가 요아힘 뢰브 감독이다. 뢰브는 처음으로 감독이 된 1996~97시즌 슈투트가르트에서 DFB 포칼 우승을 차지한 뒤 차세대 젊은 감독으로 기대를 모았지만 몇 차례 실패를 겪었다. 1999~2000 시즌 칼스루에 감독을 맡았지만 팀은 3부 리가로 강등됐고, 그는 오스트리아 리그 팀들을 맡으며 변방을 전전했다. 하지만 DFB 기술위원회는 뢰브의 전술적인 역량을 높게 평가했다. 2006 월드컵이 자국에서 열리자 위르겐 클린스만에게 대표 팀 감독을 맡겨 '얼굴 마담' 으로 활용하고 전술을 뢰브에게 맡겼다.[09] 독일월드컵 이후 뢰브는 자연스럽게 클린스만의 지휘봉을 넘겨받았다.

이렇듯 독일은 원활한 감독 교체를 통해 공백을 예방하고 있다."

"DFB는 인내심을 가지고 감독을 지원한다. 뢰브는 지난 8년간(기사를 작성할 무렵을 기준으로) 역대 독일 대표 팀 감독 최고 승률(68.75%)을 기록했고 매번 메이저대회 준결승에 진출했다. 그러나 EURO 2008 준우승 이후 2010 남아공 월드컵과 EURO 2012에서 연달아 준결승전에서 탈락하자 비판 여론이 있었다. 그럼에도 불구하고 DFB는 브라질월드컵을 앞두고 뢰브와 2년 연장 계약을 했다. 오토 네르츠 (Otto Nerz)가 1926년 초대 사령탑에 오른 이후 독일 대표 팀 (서독을 기준으로)을 맡은 감독은 열 명에 불과하다." [10]

09 아마도 그래서 '서니 보이' 클린스만이 그토록 자주 캘리포니아를 들락 거릴 수 있었을 것이다.

10 http://m.goal.com/s/kr/news/4957914/

■ 독일 대표 팀 역대 감독

이름	재임기간	비고
오토 네르츠 (Otto Nerz)	1926~1936년	
제프 헤르베르거 (Sepp Herberger)	1936~1942년 1950~1964년	1954년 월드컵 우승
헬무트 쇤 (Helmut Schön)	1964~1978년	1974년 월드컵 우승
유프 데르발 (Jupp Derwall)	1978~1984년	
프란츠 베켄바워 (Franz Beckenbauer)	1984~1990년	1990년 월드컵 우승
베르티 포그츠 (Berti Vogts)	1990~1998년	
에리히 리벡 (Erich Ribbeck)	1998~2000년	
루디 푈러 (Rudi Völler)	2000~2004년	
위르겐 클린스만 (Jürgen Klinsmann)	2004~2006년	
요아힘 뢰브 (Joachim Löw)	2006년~현재[11]	2014년 월드컵 우승

---

11 2016년 8월 1일 기준.

66

최강희가 퇴진하기로 결심하는 데는
'마녀사냥'에 대한 환멸과 두려움도 한몫하지 않았을까?
최근 우리 스포츠의 주요 종목 지도자들은
오랜 시간에 걸쳐 쌓은 업적과 명성을
아주 단기간에 잃어버리고 상처투성이가 되곤 한다.

99

7

　국가대표 감독으로서 최강희를 어떻게 평가해야 할까. 나는 최강희가 조광래의 경질로 공석이 된 대표 팀의 지휘봉을 그다지 흔쾌하지 않은 기분으로 넘겨받았지만 책임을 다하고 물러났다고 생각한다. 물론 그 과정이 멋지지는 않았고 특히 홈에서 이란에 당한 패배는 수치스럽기까지 했다. 그러나 애초에 내건 월드컵 본선 진출이라는 책임은 완수했다고 인정해야 옳다. 솔직히 조광래가 물러나고 새 감독을 찾는 시점에는 한국축구가 과연 브라질에 갈 수 있을지 의심스럽기까지 했다. 나는 브라질에 간 대표 팀이 참담한 실패를 경험하고 돌아왔지만 선수들의 면면이나 축적된 경기력을 감안하면 당연한 일이지 실망할 정도는 아니라고 본다. 우리 축구의 역량이 딱 거기까지였던 것이다. 홍명보가 1998년 프랑스월드컵 당시 차범근이 당한 것 이상으로 언론의 뭇매를 맞았지만[12] 그에게도 억울한 점이 있을 것이다. 늘 그렇지만 당시 홍명보도 잘못한 것 이상으로 불필요한 비난을 들었다. 최강희가 그대로 브라질에 갔다면? 나는 별 차이 없었으리라고 본다. 1무 2패 또는 3패.

최강희가 퇴진하기로 결심하는 데는 '마녀사냥'에 대한 환멸과 두려움도 한몫하지 않았을까? 최근 우리 스포츠의 주요 종목 지도자들은 오랜 시간에 걸쳐 쌓은 업적과 명성을 아주 단기간에 잃어버리고 상처투성이가 되곤 한다. 아주 인기가 있는 프로야구팀의 감독들은 팬들의 강력한 영향력 때문에 자리가 들썩거릴 정도다. 지도

---

12 나는 이 사건을 대한민국 축구 사상 최악의 전횡 사례로 본다.

하는 팀이 국가대표라면 그 강도와 빠르기가 상상을 초월한다. 아마도 인터넷이라는 여론 형성 환경이 그리 만들고 있을 것이다. 어떤 평판을 얻은 지도자라도 대표 팀에서 저지르는 실수에 대해서는 용서가 없다. 일부 팬들은 과거의 크고 작은 행적까지 정밀하게 추적하여 비판의 소재로 삼는다. 그러므로 일단 실패한 지도자는 제 아무리 설득력 있게 자기변호를 해도 마녀사냥을 면치 못한다. 2010년 남아공월드컵 사령탑 허정무 역시 그랬는데, 1998년 프랑스월드컵에서 그가 텔레비전 해설을 하면서 당시 대한민국 대표 팀의 감독 차범근을 비판한 내용과 방법을 떠올리면 공평한 결과였다는 생각도 든다. 어떤 행동이든 말이든 대가를 요구하는 법이다.

프랑스월드컵 당시 허정무의 강경한 태도는 아마도 라이벌 의식에서 시작되지 않았을까? 차범근은 자신을 라이벌로 생각하는(또는 라이벌이라고 주장하는) 허정무의 태도를 마뜩찮게 생각했을 터인데, 이 점도 허정무에게는 응어리가 됐을지 모른다. 감독 생활을 해본 지도자로

서 아직 재기의 여지가 남아 있는 사람은 현직에 있는 동
업자에 대해 매우 비판적인 경우가 자주 있다. 당시 허정
무도 그런 입장이었다. 언론 주변의 인사들도 말과 행동
을 통하여 허정무의 경쟁심을 자극한 면이 없지 않다. 사
실 차범근과 허정무를 '라이벌 관계'로 묶으려는 시도는
오래 전부터 심심찮게 있었던 일이다. 앞으로도 이와 같
은 시도는 거듭될 것으로 생각하지만 이미 결론이 난 애
기라고 본다. 나는 두 사람이 결코 라이벌이 될 수 없다
고 생각한다. 다음의 기사는 차범근과 허정무를 동일선
상에 놓고 이야기를 전개하고 있다. 나로서는 쉽게 동의
하기 어려운 내용이 많이 포함돼 있다.

유럽에 진출해서도 두 사람은 항상 비교돼왔다. 이들의
사이도 점차 냉랭해졌다. 대한축구협회가 발간한 '한국축
구 100년사'에는 "사실 1970년대 후반까지 한국축구에서
차범근의 존재는 단연 독보적이었으나 발재간이나 드리블
능력에 있어서는 허정무의 우위를 말하는 전문가도 많았
다. 차범근이 어린이부터 노인네에 이르기까지 전 연령층

에 골고루 사랑을 받았다면 허정무는 곱상한 얼굴 때문인지 여성 팬들이 많았다."고 기술돼 있다.

이들이 첨예하게 대립하며 갈라선 때는 98프랑스월드컵때였다. 당시 허 감독은 한 방송국의 축구해설위원으로 프랑스에 가있었다. 잇단 졸전에 허 감독은 비판적인 해설을 쏟아냈고 급기야 공식 인터뷰 장에서 설전을 벌이며 충돌했다. 이후 차 감독의 승부조작 발언에 대해 허 감독이 비난의 수위를 높이며 관계는 악화일로를 걸었다.[13]

허정무가 유럽무대에 진출해서 차범근과 비교될 만한 업적을 이루었는지, 기록을 보면 분명히 알 수 있다. 허정무의 유럽 경력이란 차범근의 실적과 결코 비교할 수가 없다. 그는 1980~1981시즌부터 1982~1983시즌까지 네덜란드의 PSV 에인트호번에서 일흔일곱 경기에 나가 열한 골을 넣었다. 국가대표 선수로서는 여든세 경기에 출전해 스물다섯 골을 넣었다. 이런 선수를 어떻게

13 일간스포츠 2006년 12월 1일자.
　http://article.joins.com/news/article/article.asp?ctg=14&Total_ID=2524231

분데스리가 308경기에서 아흔여덟 골, DFB-포칼 스물 일곱 경기에서 열세 골, 유럽컵 대회 서른일곱 경기에서 열 골을 넣은 차범근과 비교할 수 있겠는가.[14] 국가대표 경력 면에서도 135경기에서 쉰여덟 골을 넣은 차범근의 전과가 허정무의 두 배에 이른다. 다만 지도자로서의 경력이나 축구협회 임원 경력을 따진다면 허정무가 낫다고 보아도 틀리지 않는다. 그러나 그 허정무도 남아공월드컵에서는 이른바 '마녀사냥'의 표적이 되었으니 아이로니컬한 일이 아닐 수 없다. 그리스와의 조별리그 첫 경기에서 2:0으로 이긴 것까지는 좋았지만 아르헨티나와의 경기에서 1:4로 나가떨어지고 나이지리아와 2:2로 간신히 비겨 16강에 진출한 허정무호는 16강전에서 루이스 수아레스가 이끄는 우루과이에 0:2로 져서 탈락해 버렸다. 1998년 프랑스월드컵에서 차범근의 용병술을 비판하고 '정신상태'까지 들먹이며 비판한 그가 고심 끝에 선택한 선수들로 인해 용병술에 무능하고 연줄을 따

---

14 FUSSBALLDATEN. DE

져 기용한다는 비판에 직면한 점은 참으로 새옹지마를 떠올리게 하였다. 특히 아르헨티나에 패한 뒤 감독 허정무는 넝마가 되도록 두들겨 맞았는데 나는 그에 대한 비판이 부당하다고 생각했다. 당시 '마녀사냥'이라는 말이 유행했는데, 나도 한 마디 안 할 수 없었다. 그래서 중앙일보에 '마녀 사냥은 이제 그만, 유쾌하게 월드컵을 즐겨라'라는 제목으로 칼럼을 썼다.

'마녀 사냥'의 시대는 중세 말기에서 근대에 이른다. 유럽과 북아메리카 지역에서 행한, 마녀나 마법 행위에 대한 재판과 처벌 등 일련의 행위를 일컫는다. 현대 정치학에서는 마녀사냥을 전체주의의 산물로, 심리학에서는 집단 히스테리의 산물로 본다. 오늘날에는 사회학적 용어로 "집단이 절대적 신조를 내세워 특정개인에게 무차별한 탄압을 하는 행위"를 의미한다.(DAUM 백과사전)

마녀라고 해서 불문곡직 죽이지는 않았다. 나름대로 재판을 해서 마녀임을 입증한 다음 처형했다. 마녀를 가려내는 방법은 크게 네 가지다.

첫째, 눈물 시험. 마녀는 사악해서 눈물이 없다. 용의자는 눈물을 흘려 무죄를 입증해야 했다. 둘째, 바늘 시험. 마녀는 난교(亂交) 때문에 피가 말랐으니 바늘로 찔러도 피를 흘리지 않는다. 셋째, 불 시험. 달군 쇠로 지져서 견뎌내는지, 상처가 남는지 확인한다. 마녀는 악마가 돕기 때문에 이 난관을 통과한다. 넷째, 물 시험. 물은 깨끗한 속성을 가지고 있기 때문에 마녀가 들어오면 물 밖으로 내친다.

이 재판에서 무죄 판결을 받을 수는 없다. 생사의 기로에서 갑자기 눈물이 나오지 않을 수도 있다. 사람의 몸에 바늘로 찔러도 피가 나지 않는 부분을 찾아낼 수도 있다. 뭉툭한 바늘을 쓰면 피가 날 리 없다. 불 시험은 통과 불가능. 물 시험은 이래도 죽고 저래도 죽을 시험이다. 물에서 떠오르면 마녀임이 증명되고, 가라앉으면 익사다.

오성근이 쓴 『마녀 사냥의 역사』라는 책에는 이런 얘기도 나온다. 빗자루를 타고 날아다니는 마녀는 깃털처럼 가볍다. 그래서 저울로 가려내기도 했다. 네덜란드의 오우아데바터라는 곳은 저울 시험으로 유명했다. 여기서는 마녀의 무게를 50파운드(약 25㎏) 이하로 규정했다. 25㎏도 안되는 성인 여성은 흔치 않다. 그러나 재판관이 눈금을 속이면 방법이 없다. 요컨대 일단 마녀로 '찍히면' 십중팔구 죽는다.

현대의 마녀 사냥은 직접적으로 죽음을 동반하지는 않

는다. 그러나 견디기 어려운 공포와 죽음에 대한 충동을 불러일으킨다. 그러므로 그 속성은 오리지널과 다름없이 잔인하다. 예를 들어 스포츠팬들은 월드컵이나 월드베이스볼클래식(WBC) 같은 대회를 관전하며 열광한다. 그러나 출전한 한국 팀의 성적이 기대에 못 미치면 희생양을 찾아나선다. 한국 스포츠판(版) 마녀 사냥이 시작된다.

　WBC 결승에서 일본의 이치로에게 결승타를 맞은 임창용이 대표적이다. 임창용이 일부러 치기 좋은 공을 던졌을 리 없다. 그러나 팬들은 일본 무대에서 뛰는 그를 희생양 삼았다. 이번 월드컵도 예외 없다. 17일 한국이 아르헨티나에 지자마자 용병술과 전술을 들먹이며 허정무 감독을 볶아댔다. 그리스를 상대로 잘 싸운 차두리 대신 기용된 오범석, 자책골을 넣은 박주영도 용서하지 않았다.

　그러나 조별리그는 아직 끝나지도 않았다. 한국이 불행하게도 16강에 오르지 못해도 한두 선수의 책임은 아니다. 대표 팀의 성적은 그 나라 축구 역량을 말해준다. 팬들의 수준도 그 역량의 일부가 된다. 마녀의 사악함은 마녀를 쫓는 사람들의 흉포한 마음속에 숨었을지 모른다. 혹시 모르니 잘 찾아보자.[15]

15 http://article.joins.com/news/article/article.asp?total_id=4254804&ctg=14

솔직히 슈틸리케의 발언을 둘러싼 보도와

이에 대한 반응은 기시감을 불러일으킨다.

전혀 신선하지 않은 기사이고,

그럼에도 불구하고 휘발성이 강하다는 점에서

미디어 종사자로서 소재로 다루기에 어려움을 느끼게 한다.

8

　내가 이 책에 들어갈 원고를 본격적으로 쓰기 시작했을 즈음, 대한민국 축구 대표 팀의 감독 울리 슈틸리케는 대한축구협회와 계약을 하고 그 사실이 미디어를 통하여 알려진 이후 처음으로 부분적이기는 하지만 비난을 받고 있었다. 그 이유는 슈틸리케가 K리그에 대하여 언급한 내용 때문이었다. '골닷컴'이 2015년 2월 21일자로 업로드한 인터넷 기사의 제목은 '슈틸리케 직언 "K리그, 솔직히 수준 이하"'였다.[16] 매우 강하고 자극적인

16 http://sports.media.daum.net/sports/soccer/newsview?newsId= 20150221044703651

제목인데, 내용은 제목에 비해 평범했다. 보도에 따르면 슈틸리케는 "한국의 K리그는 솔직히 말해 강하지 않다. 그런데 반대로 대표 팀에 대한 국민들의 기대치는 상당하다. 한국 대표 팀에는 독일에서 활약 중인 선수 네 명, 잉글랜드에(서 뛰는 선수가) 두 명이 있다. 나머지는 전부 아시아 무대에서 활약 중이다. 이대로는 지속적인 수준 향상이 어렵다."고 했다.

슈틸리케를 비난하는 쪽에서는 국가대표 팀의 감독으로서 지나치게 부담감을 노출하는 한편 한국축구를 망신시킨다고 우려했다. 스포츠조선이 대표적인 경우인데, 이 매체는 '휴가 중인 슈틸리케 감독, 적절하지 못한 처사 도마'라는 제목의 기사를 통해 슈틸리케를 꾸짖었다.[17] 스포츠조선은 "슈틸리케 감독은 한 국가의 축구 대표 팀 수장으로서 말 한 마디에 신경을 써야 한다. 아무리 휴가 중이고, 한국에서 떨어져 있다고 하지만 이런 부

---

[17] http://sports.media.daum.net/sports/soccer/newsview?newsId=
20150221084706274

정적인 코멘트가 3월 태극마크를 달 선수들의 사기에 영향을 끼칠 수 있기 때문이다. 지난 5개월간 평가전과 호주아시안컵을 통해 다진 선수와 감독의 신뢰관계가 말한 마디로 깨질 수 있다."고 우려했다. 이 매체는 "A대표팀에 대한 높은 기대치는 어느 국가나 마찬가지"라고 지적한 다음 "경기력은 좋지 않았지만, 구름 위를 걸었던 호주아시안컵 준우승으로 슈틸리케호의 위상이 올라간 것이 사실이다. 슈틸리케 감독은 이에 대한 부담을 극복하는 모습을 보여줘야 한다. 자신의 부담감을 계속해서 드러낼 경우 불만으로 밖에 보이지 않는다. 뿐만 아니라 한국축구를 망신시키는 것밖에 안 된다."고 꼬집었다.

슈틸리케에 대한 옹호도 있었다. 대체로 두 가지인데, 첫 번째는 슈틸리케에 대한 보도 자체를 '흔들기'로 간주하고 "드디어 시작됐다."는 식으로 보도한 것이다. 예를 들어 '오마이뉴스'는 22일자로 '슈틸리케의 K리그 평가, 논란거리일까?'라는 제목으로 업로드한 기사에서 "외신과의 인터뷰이고 서면으로만 알려진 내용이기 때문에 슈틸리케 감독이 정확히 어떤 속내와 뉘앙스를 가지고 K리그를 언급했는지는 당장 정확하게 알 수 없다."고 전제한 다음 "슈틸리케 감독이 직접 '수준 이하'라는 표현을 쓰지 않았다."고 지적하였다.[18] 논란을 부른 '골닷컴'의 기사를 살펴보면 '수준 이하'라는 표현이 제목에만 있고 기사 중에는 없다면서 "일부 언론이 충분한 사실 확인도 없이 외신 혹은 타 매체의 내용을 그대로 받아쓰기 하거나 심지어 왜곡까지 하며 논란 아닌 논란을 키운다는 지적이다."라고 비판했다. '오마이뉴스'는 특히 미디어 비판에 날을 세우며 "대표 팀이 일시적으로 부진할 때마다 국내파나 K리그의 수준으로 모든 책임을 전가하려는 일부 냄비 여론의 행태도 문제였다. 이번 슈틸리케 감독의 인터뷰 논란은 자극적인 이슈몰이를 즐기는 일부 언론이나 팬들에게 최적화된 떡밥이었던 셈"이라고 썼다. 슈틸리케를 옹호하는 기사 가운데 두 번째

18 http://sports.media.daum.net/sports/soccer/newsview?newsId=
20150222102303156

부류는 슈틸리케의 발언 자체가 진실을 말하고 있기에 문제가 없다는 내용을 담고 있었다. 이 같은 보도의 내용이야 뻔하므로 굳이 인용할 필요도 없다.

나는 독자의 입장에서 어느 쪽에도 마음이 기울지 않는다. 신문을 만드는 종사자로서, 특히 스포츠 미디어 종사자로서 보기에 양쪽 모두 방향만 다르지 바람직스럽지 않기는 마찬가지다. '골닷컴'의 제목은 잘못되었다. 내용과 무관하기 때문에 과장이 아니라 틀린 제목이다. 바꾸어야 할 제목, 폐기해야 할 제목이다. '오마이뉴스'의 보도 방식은 다소 유감이다. 나는 미디어 종사자들이 경쟁지를 비판하면서 '일부 언론'으로 지칭하는 태도가 정정당당하지 않다고 본다. 차라리 어느 언론이라고 콕 찍어서 지적하는 것이 정직한 태도다. 기사에 사용한 '냄비', '행태', '떡밥' 같은 단어도 경쟁하는 동업자에게 쓰기에는 불편하다. "논란 아닌 논란을 키운다는 지적이다."라니, 누구의 누구에 대한 지적이라는 건가. 어법에도 맞지 않는 문장을 기사에 사용하고 있다. 신문은 인쇄 매체의 최고봉으로서 가장 고품질을 추구한다. 온라인 매체는 종이에서 모니터로 형태만 바꾸었을 뿐 신문의 임무와 책임을 고스란히 넘겨받은 매체다. 어느 곳에도 해방구는 없다. 이런 매체에서 혹시라도 비문을 남발한다면 비판을 모면할 길이 없다.

솔직히 슈틸리케의 발언을 둘러싼 보도와 이에 대한 반응은 기시감을 불러일으킨다. 전혀 신선하지 않은 기사이고, 그럼에도 불구하고 휘발성이 강하다는 점에서 미디어 종사자로서 소재로 다루기에 어려움을 느끼게 한다. 이러한 모양새는 아주 전형적이라고 보아도 무리가 아니다. 슈틸리케 이전에도 이런 기사는 심심찮게 나왔고, 슈틸리케가 어떤 결과를 남기고 떠나든 그 후임자가 면치 못할 운명이기도 하다. 또한 대표 팀 감독에 대한 요구와 기대라는 측면에서 이 엄혹한 과업을 회피해도 좋을 특권은 누구에게도 없다. 기대를 웃도는 성과, 박수칠 때 떠나는 과감하고도 현명한 처신만이 최선일지도 모른다. 결과는 최선이었지만 임무를 수행하기 시작한 초기 단계에서는 거스 히딩크도 예외 없이 사냥감 신세를 면치 못했다. 오죽하면 별명이 '오대영'이었겠는가.

각설하고, 잠시 논란의 속살을 들춰보고 지나고자 한다. 논란이 발생할 무렵 슈틸리케는 스페인에서 첫 휴가를 즐기고 있었으며, 아시안컵에서 거둔 작은 성공으로 인하여 스페인 언론의 주목을 받고 있었다. 슈틸리케가 인터뷰를 통하여 논쟁을 일으킨 기사는 2015년 2월 20일자 '아스(AS)'에 실렸다. '아스'는 스페인의 스포츠 전문지로서 축구에 많은 지면을 할애하는 매체이다. 기사의 제목은 'Uli Stielike: "Los pitos a Carlo Ancelotti fueron vergonzosos"'이다.[19] 인터뷰를 진행한 마르코 루이스(Marco Ruiz)는 주로 레알 마드리드와 관련한 내용을 묻는다. 기사가 속한 섹션 자체가 '레알

---

19 http://futbol.as.com/futbol/2015/02/20/primera/1424399996_040311.html
외국 언론의 기사를 인용해 논쟁을 벌인 기자들께서 외국어 실력을 발휘해서 번역해 주었으면 좋겠다.

마드리드(REAL MADRID)'이다. 슈틸리케는 당연히 레알 마드리드의 소속 선수와 카를로 안첼로티(Carlo Ancelotti) 감독 등에 대해 주로 말한다. 그는 안첼로티를 전임 감독인 조제 무리뉴 첼시 감독과 비교하면서, 더 현명하고 진지하며 논쟁의 소지가 적은 감독이라고 호의적으로 평가한다. 기자로서 내가 가장 흥미로운 부분은 이 대목이었다.[20]

인터뷰 내용 가운데 우리 축구와 관련된 부분은 분량이 그리 많지 않다. 그리고 슈틸리케는 우리 축구에 대해 그다지 논쟁적으로 말하지 않았다. 인터뷰 기사를 통해 보도된 슈틸리케의 발언은 맥락으로서 이해할 필요조차 없을 만큼 명징하고, 또한 논리적이다. 우리 축구의 경기력과 대표 팀의 구성성분을 검토하면 이 팀을 가지고 히딩크가 말한 것처럼 '세계를 놀라게 하기'가 얼마나 어려운 일이지를 재확인할 수밖에 없다. 슈틸리케가 대한

---

20 "Ancelotti es más sensato, más serio y menos polémico que Mourinho."

민국 축구 대표 팀의 감독으로서 아시안컵을 마치고 휴가를 얻어 스페인으로 가기 전에 보도된 영국 언론의 보도 내용을 확인하면 그의 한 말의 요지와 소위 '비판'의 소재 내지 강도를 짐작할 수 있으리라고 믿는다.

'더 가디언(The Guardian)'은 2015년 2월 4일자로 '아시아 축구는 발전 중, 그러나 여전히 아프리카에 비해 많이 처져 있다(Football in Asia: improving, but still trailing far behind Africa)'는 제목의 기사를 게재했다. 우리는 인터넷에서 이 기사를 찾아볼 수 있는데, 글을 쓴 사람은 잭 커(Jack Kerr)이다.[21] 그는 이 글에서 슈틸리케 감독의 평가를 인용해 가면서 "아시안컵 참가국 중 FIFA 랭킹 50위권에 드는 국가는 한 나라도 없다. 반면에 아프리카에는 50위 안에 드는 나라가 11개국에 달한다."면서 "이란(51위), 일본(54위)과 비슷한 순위에 있는 남아프리카공화국(52위)은 아프리카네이션스컵에서 토너먼트에도 진출하

---

21 http://www.theguardian.com/football/blog/2015/feb/05/football-in-asia-improving-but-still-trailing-far-behind-africa

99

지 못했다."고 지적했다. 아프리카의 알제리 대표 팀 선수들이 토트넘 핫스퍼, 나폴리, 발렌시아 등 유럽 리그 소속으로 뛰는 반면 아시아의 사우디아라비아 선수들은 모두 자국 리그에서 뛴다는 점을 비교하기도 했다. 일본과 중국은 축구에 대한 투자를 늘리고 있지만 경험이 부족해 갈 길이 멀다고 표현했다. 한국에 대해서는 "우즈베키스탄에 이겼지만(2 : 0) 슈틸리케 감독은 우려를 드러냈다."며 한국과 우즈베키스탄의 아시안컵 8강전을 마친 슈틸리케의 인터뷰를 인용했다. 여기서 슈틸리케는 "한국축구에는 과제가 산적했다. 특히 6~8세 때부터 기술적인 능력을 길러야 한다."고 했다. 가디언은 이 내용에 "아시아 축구가 발전 중이라고 믿는 몇몇 사람들과 달리 슈틸리케 감독은 낙관주의자가 아니다."라고 첨언했다. 슈틸리케가 스페인에서 했다는 한국축구에 대한 비판도 결국 이 정도 수준이었다.

나에게는 슈틸리케를 면담하여 그의 의견을 들을 기회가 아직 없었다. 슈틸리케는 미디어를 기피하는 인물이 아니고, 기자와 대화하는 데 거부감이 없는 편이라고 나는 판단한다. 축구가 생활의 일부가 되어 있는 유럽, 그 중에서도 열기가 뜨겁기로 따지자면 둘째가라면 서러울 독일과 스페인에서 선수 생활을 하고 여러 나라에서 지도자 생활을 한 슈틸리케가 미디어와 불편한 관계를 감수해야 할 이유는 없다. 미디어에 대한 그의 태도는 우리 대표 팀 감독으로 부임한 뒤 그가 비교적 자주 기자들의 질문에 대답했으며 규모가 큰 회견도 마다하지 않았던 데서도 확인할 수 있다. 물론 새 감독으로 부임했고, 이내 아시안컵을 맞이했으므로 기자들과 자주 접촉할 수밖에 없었으리라는 점을 감안해야 한다. 그런 점을 고려해도 슈틸리케의 코멘트 사례는 아주 풍부해서 기자가 기사를 쓰는 데 부족함이 없다.

66

"한국축구를 위해 일하는 시간 동안 최선을 다해

사람들의 마인드 변화를 끌어내고 싶다."

99

9

　문제의 인터뷰 기사가 나온 스페인으로 출발하기 전
에 슈틸리케는 국내 언론을 상대로 상당히 깊이 있는 인
터뷰를 했다. 인터뷰는 2014년 2월 4일 오전에 서울시
종로구에 있는 축구회관의 2층에서 이루어졌다. 내가 데
스크로 일하는 '아시아경제'의 스포츠 팀에서 축구 담당
으로 일하는 김홍순 기자로부터 보고받은 인터뷰 내용
은 다음과 같다. 우선 그는 "우리 팀에는 아직 기술적으
로 보완해야 할 점이 많다. FIFA 랭킹 30위에 진입하는

게 목표"라고 했다.[22] 그는 또한 '장기적인 목표'로 한국 곳곳에서 축구로 얘기꽃을 피우도록 하고 싶다고 했다. "축구가 직장과 가정에서 화젯거리가 되기 바란다."고. "축구가 더 중요해지기를, 축구 경기중계가 중간에 끊어지는 불상사가 없기를 원한다."고도 했다. 요컨대 슈틸리케는 한국에서 축구가 정치, 경제, 비즈니스만큼이나 존중받기를 원했다. 그는 한국이 아시안컵에서 가능성을 보였지만 기술적으로는 보완해야 할 점이 많다고 강조했다. 그의 태도는 국내외를 통틀어 일관성이 있다. 다소 길지만 슈틸리케의 축구를 이해하는 데 필요하다고 생각해서 인용한다.

---

22 슈틸리케는 줄곧 FIFA랭킹을 중요시하는 대도를 보였다. 이는 "랭킹과 경기력은 별개"라고 생각하는(또는 생각하고 싶어 하는) 우리 축구계 일각의 관점과 거리감이 있다. 사실 우리가 2002년 월드컵을 유치하기 위해 사력을 다할 때, 일본에 비해 낮은 FIFA랭킹은 매우 심각한 핸디캡으로 작용했다. 우리는 "랭킹 그딴 거 다 필요 없다. 일본은 우리한테 지는데 무슨 소리야!"라는 태도로 접근했다. 그렇지만 월드컵을 유치할 자격이 어느 쪽에 더 있느냐를 따지려는 쪽에서는 랭킹의 차를 '수준 차이'로 이해하고 싶어 했다.

- 아시안컵 결승 앞두고 즐기는 축구를 많이 해야 한다고 말했는데 그 이유는 무엇인가?

"간단하다. 한국축구의 미래를 위해 한 말이다. 아시안컵 경기를 하면서 기술적으로 많이 부족하다고 느꼈다. 결승전은 예외였으나 나머지 경기에서는 선수들이 정신적으로 부담이 컸다. 경기력 부분에서 공을 소유하고도 상대로부터 압박당할 때 뿐 아니라 공을 소유하고 있지 않을 때도 침착성이 떨어졌다. 유소년 축구에 대해 말하자면 감독 역할에만 치중하는 지도자가 있고 교육자와 같은 지도자도 있다. 감독의 자질만 중시하는 사람은 결과에 집착한다. 교육자적 자질을 지닌 사람은 결과를 얻으려고 어떤 방향으로 가야 하는지를 가르친다.

- 앞으로도 그런 자세를 지키겠다는 것인가. 지도자들의 변화를 요구하는 것인가.

"아시안컵에서 준우승했다고 해서 내가 다른 지도자보다 뛰어나다고 생각하지는 않는다. 그러나 내가 한국축구를 위해 일하는 시간 동안 최선을 다해 사람들의 마인드 변화를 끌어내고 싶다. 외국인지도자가 많이 있어야 한다고 생각하지 않는다. 그렇지만 해외 경험이 많은 국내 지도자가 있었으면 하는 바람이 있다. 한국 뿐 아니라 일본과 같은 주변국들도 아시아 안에서만 서로 남들이 무엇을 하는

지 신경을 많이 쓴다. 사실 축구를 선도하는 곳은 (아시아가 아니라) 유럽이다. 더 먼 곳을 바라봐야 한다. 장기적으로 생각해야 한다. 브라질도 유럽에 신경을 쓰는 실정이다. 물론 이렇게 얘기한다고 해서 스페인, 독일의 축구를 바로 한국에 이식해야 한다는 뜻은 아니다. 각 나라마다 문화적인 차이가 있다. 역량도 모두 다르다. 따라서 그대로 모방할 수는 없다. 하지만 틀림없는 사실은 세계 축구가 어떻게 움직이고 있는지 더 주목해야 한다는 점이다."

- 아시안컵에서 점유율 위주로 축구를 하겠다고 했는데 실제 경기를 보면 그 지향점과 괴리가 있었다. 대표 팀이 점유율을 완성해가는 방식으로 갈 것인지 점유율을 희생하더라도 호주와의 경기에서처럼 나갈 것인지 궁금하다. 전체적인 월드컵 예선 계획을 말해 달라.

"아시안컵에서 호주와 한 두 경기를 보자. 첫 경기에서는 우리가 볼 점유율에서 36% 뒤졌지만 이겼고 두 번째 경기에서는 볼 점유율이 대등했으나 졌다. 두 경기 중에 한 경기를 선택한다면 결승전을 고르겠다. 졌지만 조별리그에서 경기했을 때에 비해 내용이 더 좋았다. 첫 경기에서는 선수들이 긴장했지만 결승전에서는 그렇지 않았다. 초반부터 선수들이 강하게 나갔다. 나는 기술적인 지도를 하기보다는 정신적인 면에서 내 요구를 주입했다. 논리적으로 생각해 보아도 볼 점유율이 높은 팀이 더 많은 기회를 창출하고 경기를 지배한다. 우리의 큰 문제점은 볼 점유율이 높아도 위협적인 장면을 많이 창출하지 못한다는 데 있다. 보완해야 할 점이다. 월드컵과 관련해서 말하자면 우선 3월에 열리는 평가전을 잘 준비해야 할 것이다. 그때까지 K리그 경기가 많지 않으나 최대한 돌아다니며 많이 보겠다. '제2의 이정협'이 있는지 찾아보려 한다. 조 추첨을 지켜보아야 하겠고…. 대표 팀을 운영하면서 어려운 점은, 다른 나라의 대표 팀은 대여섯 명이 한 팀에 속해 있어 훨씬 일하기 수월한데 한국은 그렇지 않다는 점이다. 우리 대표 팀은 (세계 곳곳에 흩어져 다른 클럽에서 뛰다가 모이기 때문에) 시작할 때 원점에서 하는 어려움이 있다. 우리 팀이 아시안컵에서 준우승을 했으므로 좋은 모습 보여준 건 맞다. 대회가 끝난 뒤 제로베이스에서 시작하기는 불가능하다. 팬의 기대치도 올라갔다. (아시안컵 준우승을) 좋은 계기로 삼아서 나아가야 할 것 같다."

-국내 한 지도자가 지적하기를 "슈틸리케 감독의 점유율 축구가 무슨 색깔인지 모르겠다."고 했다. 감독이 추구하는 전술은 무엇인가.

"무엇을 더 어떻게 보고 싶다는 뜻인지 모르겠다. 포메이션(전술 대형)인가, 그 결과인가. 나는 남들이 다 볼 수 있는 뻔한 전술을 쓰기보다는 우리가 무엇을 했는지 우리의 카드를 알 수 없는 전술이 더 효과적이라고 생각한다. 그리고 우리 경기를 본 사람이라면 누구나 우리의 전술 대형이 4 - 2 - 3 - 1이라는 것을 알 것이다. 우리가 기본 전형을 토대로 처음부터 끝까지 추구한 전술이다. 단 하나의 변화가 있다면 박주호를 왼쪽 날개(측면 미드필더)로 결승전에 세운 것이다. 기본 포메이션은 동일하게 유지한다. 그 얘기를 한 국내 지도자가 누구인지 의도는 모르나 포메이션과 전술, 두 가지 용어를 혼동하지 않았나 싶다. 포메이션은 숫자에 불과하다. 진짜 중요한 건 숫자에 어떤 전술을 입혀서 어떤 의미를 갖게 하느냐 하는 것이다. 축구가 숫자놀이에 불과하다면, 두 팀이 똑같이 4 - 4 - 2 전형으로 경기를 할 경우 결과는 똑같이 0 : 0으로 끝나지 않겠는가."

- 선수 시절에는 경력이 화려했으나 감독으로서는 그렇지 못했다. 한국에서 마지막으로 감독직을 맡아 이루고 싶은 궁극적 목표는 무엇인가.

"우리가 아시안컵에서 5연승했기 때문에 랭킹이 많이 올라갈 것이다. 50위 안에 든다 해도 만족할 수는 없다. 장기적으로는 30위 안에 들기를 바란다. 나는 대표 팀을 이끄는 동안 항상 현실적인 목표를 세워 나가고 싶다. 기자들은 아시안컵이 열리기 전에 내가 기자회견에서 목표는 아시안컵이라고 말해 주기를 원했던 것 같다. 그러나 나는 우승하겠다는 약속을 구체적으로 할 수 없었다. 우승까지 가는 과정에는 많은 변수가 있다. 그런 걸 고려해야 한다. 그러나 나는 최선을 다해 프로답게 나라를 대표하는 마음으로 좋은 축구를 하겠다고 했다. 나는 이 약속을 지켰다고 생각하며 그런 점에서 우리 선수들을 자랑스럽게 생각한다.

감독으로서 이룩한 성과가 선수 때만 못한 점은 사실이다. 감독으로서 큰 업적을 이루기 위해서는 그만큼 큰 팀을 맡아야 한다. 감독으로서 임기를 마친 뒤에 어떤 감독으로 남고 싶으냐는 질문에 대해서는 분명히 답변할 수 있다. 나는 긍정적인 평가를 받고 싶다. 감독 생활을 하면서 거쳐간 그 어떤 구단이나 대표 팀에서도 나는 좋은 평가를 받고 있다. 지금 가도 환영받는다. 한국에서도 그런 감독으로 남고 싶다. 한 차례 그렇지 못한 곳이 있는데 스위스 프로 축구단인 시옹이다. 그때 구단주와 갈등이 있었다. 나의 문제뿐 아니라 구단주가 모든 이들과의 관계에서 원만하지 않았다. 장기적인 목표를 말하자면, 한국에서 축구라는 스포츠가 일상에서 화제가 되었으면 한다. 한국축구가 직장에서 가정에서 많은 화제가 됐으면 좋겠다. 축구가 이 사회에서 더 중요해졌으면 한다. 경기 중계가 중간에 끊어지는 불상사가 없었으면 좋겠다. 작년에 FA(대한축구협회)컵 준결

승을 봤는데 상주 상무와 FC서울의 경기는 준결승전인데
도 관중이 몇 백 명에 불과했다. 사람들이 술 한 잔 하면서
커피 한 잔하면서 정치, 경제, 자기 업무뿐만 아니라 축구
얘기를 했으면 좋겠다."

- 세계랭킹 30위권 진입이 목표라면, 그 가능성에 대해
서는 어떻게 생각하는가. 한국에 그만한 역량이 있다고 보
는가.

"그렇게 말할 수 있다. 호주에서 지켜본 결과 우리 선수
들은 충분히 규율이 잘 잡혀 있고 교육도 잘 받았다. 하고
자 하는 의지도 그렇고 정신적인 부분도 긍정적인 평가를
할 수 있다. 이를 근간으로 삼되 조금 덧붙인다면 위협적인
장면을 연출해야 한다는 것이다. 볼을 점유할 때 더 적극적
이고 공격적인 플레이를 하면 충분히 가능성이 있다."

- 아시안컵이 열리기 전부터 한국축구의 자세에 대해 문
제를 제기했다. 자세를 먼저 고쳐야 하며 대표 팀도 예외가
아니라고 했다. 그 자세가 어떤 것이었는지, 대회를 치러가
면서 변화가 있었는지 말해 달라.

"호주와 조별리그 3차전을 하기 전에는 좋은 경기력을
보여주지 못했다. 이런 점들을 호주와의 경기를 앞두고 얘
기했다. 우리가 진정한 강팀을 상대한 경기는 조별리그 3
차전부터였다. 의구심을 가지기도 했고 부담이 컸으며 두

려움도 있었다. 이런 점이 호주와 경기할 때 나타났는데, 대회를 치르면서 우리 선수들이 발전한 부분이 있다면 다시 호주와 맞붙었을 때는 시작과 동시에 처음부터 끝까지 좋은 경기를 펼쳤다는 점이다. 부담을 갖거나 두려워하는 대신 책임감을 갖고 경기를 했다. 점유율 이야기로 다시 돌아가자. 점유율 70%를 기록해도 60%가 자기 진영에서 볼을 돌린 결과라면 점유율이 높아 봐야 의미가 없다. 우리에게는 이런 문제점이 일부 있다. 골키퍼에게 백패스 하는 경우도 더러 있었다. 경기장에서 발 기술이 가장 떨어지는 선수가 골키퍼다. 그런데 골키퍼에게 백패스를 한다. 결승전을 예로 들어 보면 첫 실점 장면에서 그런 문제가 드러난다. 여러분께 질문을 하나 하겠다. 결승전 첫 실점 장면에서 무엇이 기억나나. 우리가 실점하기 정확히 42초 전에 차두리가 스로인을 했고 손흥민이 컨트롤하다가 볼을 경기장 밖으로 내보냈다. 당연히 호주에게 스로인이 주어졌고, 그 볼을 따냈는데 곽태휘가 이를 백패스 했고 골키퍼 김진현이 다시 찼는데 밖으로 나갔다. 그 다음 호주가 플레이를 통해 기회를 살려냈다. 호주가 공격할 때 기성용의 수비 가담이 조금 늦기는 했지만 그런 전술적인 부분을 논하기 이전에 실수로 볼을 두 차례나 잃어버린 점을 더 근본적인 이유로 지적할 수 있다. 감독으로서 이런 상황을 면밀히 분석해 고쳐나가야 할 것이다."

- 아시안컵에서 만난 팀들을 러시아월드컵 예선에서 만날 수도 있다. 아시아 축구에 대해 어떻게 느꼈는가. 러시아월드컵 본선 진출 가능성을 퍼센트로 얘기한다면?

"아시아 축구는 상향 평준화됐다. 이번 대회에서 우리는 한 경기도 쉽게 이기지 못했고, 연장전도 했다. 다들 보지 않았는가. 쿠웨이트가 우리 골대를 강타했고, 우즈베키스탄은 78분에 문전 3m 거리에서 골을 넣지 못했다. 대한민국이 위고 다른 나라가 밑에 있는 상황은 바뀌었다. 확실한 경기력과 골로 이기는 게 중요하다. 우리에겐 힘겹게 이긴 경기가 많았다. 무엇이 부족하냐면 특히 위협적인 장면을 만들었을 때 마지막 패스의 정교함 등이다. 측면에서 크로스를 할 때 정확히 쇄도하는 선수의 머리에 올라가는지·밖으로 나가는 게 아니라. 중원에서 양 측면에서 벌려 플레이할 때 40, 50m짜리 롱패스가 상대 진영으로 파고드는 선수의 발에 딱 닿을 만큼 정교해야 한다. 우리에게 부족한 점이 무엇인지 우리가 인식하고 개선하려 한다면 선수들이 매일 기술 연마를 해야 한다. 선수들이 소속팀에서 해야 하는 것이다. 대표 팀에서는 선수들과 비디오 미팅을 많이 하려고 한다. 이런 걸 보여줘 스스로가 채찍질을 해 발전해야 한다. 선수들이 더 생각하도록 유도하고 있다. 자신이 볼을 몇 번 잃었는지 경합에서 몇 번을 이기고 몇 번을 졌는지 생각해봐야 한다. 선수들이 개선하려고 한다면 당연히 좋은 경기력을 유지할 수 있을 것이다."

- 아시안컵을 앞두고 이동국과 김신욱이 부상해 걱정거리가 됐다. 그런 가운데 이정협이 등장해 스타로 탄생하면서 새로 스트라이커 경쟁에 합류했다. 향후 이동국과 같은 후보들과의 경쟁 구도는 어떻게 되는 건가.

"'군데렐라' 얘기가 나왔지만 경계해야 한다. 선수 자신은 스타가 됐다고 생각하지 않는다. 스타가 되려면 노력을 더 많이 해야 할 것이다. 한 가지 중요한 점은 이정협이 모든 지도자가 함께 하고 싶은 유형의 선수라는 사실이다. 이정협은 항상 자신에게 요구되는 점을 충분히 이해하고 끊임없이 노력한다. 훈련장에서 보여준 좋은 모습을 경기 때 보여주려고 노력한다. 이정협 뿐 아니라 선수 스물세 명이 모두 이런 자세를 유지했기 때문에 나는 행복했다. 호주에서도 말했지만 대회가 끝나기 3, 4일 남은 시점에서 골키퍼 정성룡은 1분도 뛰지 못한 상황인데 누가 와서 우리 훈련을 봤다면 정성룡이 넘버원 골키퍼라고 짐작할 만큼 그는 정말 열심히 최상의 훈련 자세를 보여줬다. 그게 우리 대표팀의 장점이었다. 우리가 준우승했다는 결과 뿐 아니라 이번 대회에서 가장 큰 성과라면 월드컵 이후로 많은 비난을 받은 구자철, 정성룡, 김영권 등의 선수들이 팀으로 함께 극복해 나갔다는 것이다. 부담에서도 벗어났다. 이런 점들로 인해 선수들의 사기가 높아졌다고 생각한다."

- 이정협은 어떤 선수인가. 누구와 비교할 수 있겠는가.

"우리는 아직 이정협의 최고 모습을 보지 못했다. 그는 시작도 잘했고 점점 발전하는 모습을 보여줬다. 경기력 뿐 아니라 정신적인 면에서도 그러했다. 비록 결승전에서 득점을 하지 못했으나 그의 정신력, 경기력은 최고였다. 박주영 대신 뽑힐 만한 이유를 보여줬다. 나는 이정협이 박주영보다 좀 더 직선적인 플레이에 능해 그를 선발했다. 이정협은 헤딩에 상당히 능했다. 호주와의 경기를 준비하면서 공중 볼을 장악할 능력을 우려했는데 이정협이 공중 볼 경합 때 80% 이상을 따냈다. 그런데 분명한 건 기술적인 부분은 발전을 해야 한다는 사실이다."

- 제2의 이정협이 될 만한 재목이 K리그에 보이는가? 3월에 열리는 두 차례 평가전에 새로 발굴한 선수를 투입할 생각이 있는가.

"3월 평가전은 여유를 가지고 실험할 수 있는 기회다. 제주도에서 전지훈련 할 때 유심히 지켜봤던 선수가 두세 명 있다. 그 선수가 누구인지 이 자리에서 말하면 그들이 심하게 부담감을 가질 것이다. 시즌 경기를 망칠 수도 있고, 왜

이런 선수를 불렀느냐고 할 수도 있을 것이다. 시즌이 시작
되면 이들을 집중적으로 점검할 것이다. 중요한 것은 아시
안컵 준우승에 만족하면 안 된다는 사실이다. 이것은 더 발
전하기 위한 시작에 불과하다."

- 박주영은 계속 주시할 것인가.

"주목하지 않을 이유가 없다. 계속 보고 있다. 우리 선수
들이 이번 대회를 치르면서 다치기도 했고 감기몸살에 걸
리는 등 컨디션을 관리하기가 어려웠다. 걱정도 많았고 불
평도 했다. 하지만 누구나 다 준비가 되어 있었다. 다른 사
람이 나가도 버텨낼 수 있었다는 사실은 우리가 이번 대회
에서 얻은 소득이었다. 차두리가 서른여섯 살에도 큰 대회
에서 좋은 활약을 보여줄 수 있다는 데서 희망을 보았다.
나이나 경험이 중요하지는 않고, 그때그때 상황에 맞도록
팀을 꾸려갈 것이다."

- 선수들의 경기력을 최상의 상태로 끌어내는 매니지먼
트의 노하우 가운데 핵심은 무엇인가.

"우선 감독의 노하우라고 하지만 내가 아니라 우리 코치
진이 모두 함께 일해서 나온 결과다. 난 이 자리든 어느 다
른 자리든 대한민국 축구 대표 팀 코칭스태프의 대표 자격
으로 나선다. 절대로 모든 결정을 혼자 하지 않는다. 다 같
이 논의해 결정을 한다. 이번 대회를 통해 코치진과 함께할

수 있는 시간이 많았다. 선수들과 얘기하면서 알게 된 사실은 그들이 돈을 벌기 위해 온 게 아니라 스스로 더 많은 걸 보여주고 능동적으로 적극적으로 좋은 모습 보여주려 했다는 것이다. 무엇보다 중요한 것은 선수들에게 프로다운 모습을 보여주는 것이다. 코치진이 스스로 그런 모습을 보여주어야 선수들이 따라온다. 코치들은 누구보다 열심히 일했다. 전력 분석을 하러 많이 돌아다녔고 최선을 다했다."

　- 당신의 축구에 대해 '늪축구'라고도 하고 '실리축구'라고도 한다. '갓틸리케'라는 별명도 나왔다.

　"(웃으며) 나는 환갑이 지난 사람이다. 많은 별명은 나에게 심한 부담이 될 수도 있다. 내가 주목을 받다보면 팀에 해가 되지 않을까 경계한다. 항상 선수가 주인공이 되어야 한다. 가장 바람직한 경우는 우리가 정말 좋은 경기력을 발휘해 선수가 먼저 주목받고 나중에 '이 팀의 감독이 누구지?'라고 묻게 되는 것이다. 그게 맞는다고 본다."

　- 유럽을 주시해야 한다고 했는데 독일, 스페인과 비교해 우리 축구에 접목할 부분을 든다면? 또 해외파의 경험이 대표 팀에 끼칠 영향에 대해 말해 달라.

　"해외파 경험은… 해외파라고 해도 어느 리그에서 뛰는지가 중요하다. 중동의 경우, 이번 대회 통해 이야기를 들어보니 그들 스스로가 이번 대회에 참가한 팀들의 경기력, 리듬, 자신감 등을 따라가기 힘들었다고 했다. 뛰는 리그의 수준, 리듬 등이 달라서 그렇다. 선수가 해외 나갈 때는 자신에게 (축구에 있어) 득이 되는지 체크를 해야 한다. 중요한 역할을 하는 사람이 에이전트다. 일부 에이전트는 선수의 미래보다 본인의 금전적인 이익에 신경을 쓰기도 한다. 또 다른 문제는 어린 선수들의 해외 진출이다. 열여덟 살에 불과한 선수들이 해외에 진출한다. 언제 어디서 나타났는지 모를 이런 선수들이 유명세를 탄다. 2,3개월 전 독일 팀 스카우트와 이야기했는데, 국내(한국 출장) 경기를 보고 갔느냐고 물으니 K리그가 아니라 대학 경기를 보러 갔다고 하더라. K리그에서 못 본 선수들이 해외로 나가는데 K리그에서 더 많이 봤으면 좋겠다.

독일에 대해 이야기했는데 독일과 한국은 직접적인 비교를 하기 어렵다. 독일은 체계가 잘 잡혀 있다. 확실한 건 유소년축구에 대해 협회가 영향력을 행사해야 한다는 점이다. 모두가 중고교축구나 대학축구에서 무슨 일이 일어나는지 모르고 알아도 제한적이다. 협회 주도 아래 점점 발전이 되어야 하지 않겠나."

- 2000년대 초반 독일 유소년 축구의 발전이 현재 세계 최강 독일에 긍정적 영향을 줬다는 평가가 있다. 한국축구

에 접목할 여지는 없는가.

"당시 상황을 돌이켜보면 성인대표 팀이 리베로 시스템을 썼다. 세계에서 유일했다. 로타르 마태우스가 그 자리에 있었다. 독일이 과감하게 시도한 변화 중 하나가 리베로를 빼면서 대인방어가 아닌 지역방어로 돌린 점이다.

유소년 축구 이야기를 했는데 독일축구의 상황이 한국과는 다르다. 독일은 당시 유소년에 대해 과감하게 투자를 했다. 손에 쥔 현금을 빼서 다 투자를 했다. 구체적으로 예를 들면 파주 국가대표 훈련 시설과 같은 센터를 전국 곳곳에 지었다. 훈련장을 짓고 나서는 선수를 육성할 지도자를 독일 출신으로 채웠다. 협회 산하 기관 관계자가 670만 명이라고 했다. 이들에게 줄 급여 등 돈이 있어야 한다. 한국과 비교할 수 없을 정도로 자금력이 막강하다. 그래서 가능한 면이 있다. 물론 돈이 있다 하더라도 하루아침에 변화할 수는 없다. 시간이 필요하다. 6 ~ 8년의 시간이 지났다. 중요한 건 세 가지다. 침착성(인내심)과 뚜렷한 계획, 자금력이 있어야 한다."

- 칭찬은 비난으로 바뀔 수 있다. 지나온 5개월 동안 가장 어려웠던 점은 무엇이었나.

"문화적으로 어려운 점은 선수들이 같이 이야기할 때 의견을 묻거나 결정에 대한 견해를 물을 때 눈치를 보더라.

자기주장을 하는 선수가 많지 않다. 지시를 해야 한다. 그런 게 안 돼 일하는데 어려움도 있다. 책임감을 갖고 자기 의견을 표출하면 좋겠다. 감독의 권한까지 넘보는 게 아니라 감독이 가지고 있는 생각과 스타일을 충분히 이해하고 받아들여야 한다. 그래야 선수들이 경기장에서 펼칠 수 있다. 내 의견에 동의하는지, 펼칠 수 있는지를 놓고 소통이 따라줘야 한다."

- 학원축구, 중계방송 중단 등 소식은 어떻게 접하나.

"그런 건 통역이 알려줬다. 통역 뿐 아니라 한국 스태프를 통해 느끼는 것이 많은 이유는 그들이 나보다 한국축구에 대해 더 알고 경험했기 때문이다. 한국축구의 현실과 문화 등에 대해 이야기를 해줬다. 여러 가지 경로를 통해 듣는다."

- 보여주고 싶은 축구가 있다면 이번 대회 통해 얼마나 보여줬는지?

"축구는 동적인 스포츠다. 많은 변수가 있다. 지금과 나중에 보여줄 축구의 내용이 다를 것이다. 이 팀이 2년 뒤 어떻게 변할지 모른다. 축구의 미래는 불확실하다. 제2의 이정협이 나타날 수도 있다. 지금 구체적으로 밝히긴 어렵다. 거듭 얘기하지만 아시안컵을 전반적으로는 잘 치렀으나 분명히 기술적인 면에서는 부족함이 많았다. 부족한 점을 알았기 때문에 지속적으로 보완해갈 것이다."

- 마지막으로 하고 싶은 말은.

"현재 선수들과 함께 할 수 있어 고맙다. 감독은 항상 자신이 생각하는 것을 선수가 실현해줄 때 만족스럽다. 선수들은 내가 얘기하면 항상 긍정적 피드백을 해줬다. 일하는데 긍정적이다. 경기를 거듭하면서 우리 경기의 시청률이 점점 올라갔다. 취임 무렵에 나는 텔레비전에서 중계되는 그저 그런 축구가 아니라 국민 마음에 와 닿는 축구를 하겠다고 했다. 이번 대회에서 최선을 다하면서 국민의 마음에 와 닿는 축구를 하지 않았나 싶다. 앞으로 더 발전된 모습을 보여줄 것이다. 국민과 언론의 성원과 관심에 감사하다."

66

한국이 독일을 만나는 중요한 공간 가운데 하나는 스포츠 부문이다.

독일은 전통적인 스포츠 강국으로서

체조, 핸드볼, 볼링의 종주국임을 자부한다.

그러나 뭐니 뭐니 해도 월드컵 네 차례 우승에 빛나는 축구야말로

한국인에게 가장 친숙한 독일의 스포츠이다.

99

10

　나는 슈틸리케를 만나보지 않았다. 그가 어떤 사람인지 모른다. 뒤에 쓰겠지만, 그가 어떤 사람인지 짐작할 만한 자료는 없지 않다. 하지만 사람에 대해 추론하는 일은 피곤할뿐더러, 그다지 유쾌한 일이 아니다. 눈에 콩깍지가 덮여, 밤을 새워 연인(戀人)을 상상하는 경우가 아니라면. 사람을 짐작하는데 국적이나 인종, 성별, 직업 같은 조건이 자료가 되기도 한다. 이런 것들은 대개 차별의 소재가 되거나 선망의 근거가 된다. 우리에게 국적이 한 인간의 사람됨을 짐작하게 만드는 경우는 많지 않다.

그러나 일본, 중국과 더불어 독일은 의외다 싶을 만큼 강한 선입견을 제공한다. 물론 모든 선입견에는 양면성이 있고, 우리도 그러한 사실을 잘 인식한다. 예를 들어 우리는 일본인을 '쪽발이'라고 부르고 '간사', '교활', '음란', '잔인' 등을 그들의 특징으로 떠올린다. 그러나 한편으로는 '근면', '신용', '예의', '청결', '질서' 등 그들의 뛰어난 점을 잘 알고 있다. 대학까지 마친 나 역시 두 동강난 인식을 간직하고 있다. 이는 아마도 역사적 사실과 현재를 살아가는 우리(일본인을 포함한 세대로서)의 과거를 대하는 태도에 청산 내지 정리되지 못한 응어리와 찌꺼기가 잔존하고, 불가피하게 거기 지배받는 현실을 반영할 것이다. 한국인이건 일본인이건 어지간히 공부하고 세상 물정을 아는 사람이라면 일본에 대한 분열된 인식을 자인하지 않을 수 없을 것이다. 일본에게 한국이, 일본인에게 한국인이 어떤 존재인지는 고민해보지 않았다. 하지만 구로다 가쓰히로(黑田勝弘-산케이신문 전 서울지국장)를 통해 짐작은 한다. 구로다가 잊을 만하면 염장을

지르지만 그의 입장에서는 조금도 틀린 말이 아닐 것이
다.[23]

---

23 구로다 전 지국장은 2014년 11월 일본의 월간지 'SAPIO' 12월호에 실
   린 인터뷰에서 스케이트 선수 김연아와 아사다 마오를 비교하면서 "한
   국 남자들이 여자로서 좋아하는 건 김연아가 아니라 마오"라고 아무짝
   에도 쓸모없을 것 같은 말을 했다. 이런 잡담이야 지껄인 자나 받아 적은
   자 모두 실없다고 보면 그만이지만, 분명 맥락이 있을 터이기에 가볍게
   보아 넘기기 불편하다. 구로다는 이 인터뷰에서 그가 새로 낸 책(한국인의
   연구)에 대해 말하면서 "한국에 대한 일본인들의 박탈감을 치유하기 위
   해 책을 썼다."고 했다. 그는 "최근 일본에서는 '혐한 감정'이 극에 달하
   고 있는데 과거 소니가 차지하고 있던 영광을 지금은 삼성이 차지했고,
   스포츠 종목의 한·일전에서도 한국이 승리를 거두는 사례가 늘어 상대
   적 박탈감으로 해석하는 시각이 있다."고 했다. 그러나 그는 "이것은 한
   국에 대한 과대평가다. 한국인은 초밥 집에서 일본의 연어와 아사히 맥
   주를 마시면서 아베 신조 총리를 비판한다. 한국인은 일본 내에서 위안
   부 문제를 지적하는 이들을 양심적이라고 말하는데, 정작 그들은 일제
   강점기부터 일본 맥주의 맛에 익숙해있다. 한국인은 어쩔 수 없다."고
   목청을 세운다. 더 나아가 "무라카미 하루키의 신간에 열광하는 것도 한
   국뿐이고, 히가시노 게이고의 작품은 서울대학교 도서관 대출 1위다. 김
   연아가 일본인들의 박탈감을 상징할 지도 모르지만, 실은 한국 남자들
   사이에서 여자로 인기가 있는 건 아사다 마오다. 한국인은 이른바 낮에
   는 반일, 밤에는 친일이라는 이중구조로 돼 있다."고 했다. 아시아경제.
   http://view.asiae.co.kr/news/view.htm?idxno=201411271044343108
   7

선입견이라는 면에서 볼 때 독일은 우리에게 매우 독특한 존재다. 독일이 조선과 외교관계를 수립한 시기는 1883년이다.[24] 독일 제국은 주요코하마 총영사인 칼 에두아르트 차페(Carl Eduard Zappe)를 내세웠고, 조선에서는 1882년 말 서양인으로서는 최초로 고문으로 부임한 독일인 파울 게오르크 폰 묄렌도르프(Paul Georg von Möllendorf)가 협상자로 나섰다. 이들은 곧 수정된 조약에 합의할 수 있었다. 마침내 1883년 11월 26일 민영목 외무독판과 칼 에두아르트 차페 총영사 간에 조·독 통상우호항해조약이 체결되었다. 이것으로 조선과 독일 제국 간에 공식적 외교

---

24 조선과 통상 교섭을 하려던 최초의 외교적 시도는 막스 아우구스트 스키피오 폰 브란트(Max August Scipio von Brandt)에 의해서였다. 그는 1862년에 부임한 최초의 주일 독일영사였다. 1870년 폰 브란트는 부산에 건너와서 통상 교섭을 시도했지만 조선 관리들로부터 거절당하고 다시 일본으로 돌아가야 했다. 하지만 1873년 유럽 강국들에 대해 배척적이었던 대원군의 하야와 1876년 조·일 수교 이후의 개화정책에 힘입어 폰 브란트는 1882년 (당시 그는 주청 독일공사였다) 조선 황실과 독일 간의 조약을 체결하는데 성공했다. 그러나 이 조약은 독일 정부로부터 너무 제한적이라는 이유로 비준을 얻지 못했다. 주한독일대사관 홈페이지. http://www.seoul.diplo.de

관계가 수립되기 시작한 것이다.[25] 당시 조선에서는 독일을 한자로 덕국(德國), 덕의지(德意志), 독일(獨逸), 독을(獨乙), 보로사(普魯士) 등으로 표기했다. 양국은 서로 상대국에 영사관을 상설하기로 했으며, 조선은 독일 제국과의 통상을 위해 조선 항구를 개방하고 독일인들이 항구 주변에 토지나 건물을 구입하거나 빌릴 수 있을 뿐만 아니라 일정 구역 내에서 자유롭게 왕래할 수 있도록 허락하기로 했다. 또한, 독일과 조선 사이의 해상무역에 관한 사항이 규정되었고 관세도 확정되었으며 양국 국민들이 공부를 목적으로 상대국을 방문할 시 최대한의 편의를 봐주기로 했다. 1884년 11월 18일 비준서를 교환한 후 독일 제국은 서울에 총영사관을 개설했고 비준서 교환을 위해 서울을 찾았던 오토 챔브쉬(Otto Zembsch)를 초대 총영사로 임명하였다. 1903년 총영사관은 공사관으로 승격되었으며 콘라드 폰 잘데른(Conrad von Saldern)

25 주한독일대사관 홈페이지. http://www.seoul.diplo.de

이 공사로 임명되었다. 그러나 1905년 을사조약으로 조선의 외교권이 박탈당하자 독일과 조선의 외교관계는 중단되었고, 주한 독일공사관의 업무는 주일 독일공사관에 위임되었다. 조선 정부는 1887년 9월 이래 수명의 주독 전권대신을 임명했지만 부임하지 않았고, 1901년이 되어서야 민철훈 주독 전권공사가 처음으로 부임했다. 주독 공사관도 이범진 공사를 마지막으로 1905년 폐쇄되었다.[26]

독일 또는 독일인이라는 말을 들으면 우리 머릿속에는 몇 가지 선명한 이미지가 덩어리를 이루어 떠오른다. 우선 '독일병정', '나치', '유태인 학살', '히틀러'와 같은 2차 대전 전범국(戰犯國)의 이미지이다. 이는 광복 이후 한반도를 지배하는 미국의 역사인식을 추종하고 있을 뿐 아니라 할리우드 영화를 통해 끊임없이 내면화하고 있는 한국인의 독일 이미지 가운데 하나이다. 두 번째는

---

26 대한민국 정부는 광복 후 10년이 지난 1955년 12월 1일 독일 연방 공화국과 수교하였다.

'과학기술', '철학', '예술', '메르세데스 벤츠' 등 선진국의 이미지이다. 특히 이 안에는 그들이 가진 과학 기술에 대한 신뢰가 여러 겹 쌓여 있다. 한동안 의료용어 가운데 독일어가 많이 사용되었다. 아스피린은 여전히 해열제의 대명사이다. 한국인의 독일 제품에 대한 신뢰는 엄청나다. 독일 자동차는 매우 인기가 있다. 벤츠나 BMW, 폭스바겐은 누구나 갖고 싶어 하는 자동차다.[27] 셋째는 파독 광부와 간호사라는 역사적 경험을 공유하고 있으며 그 경험이 여전히 현재의 공간 안에서 숨 쉰다는 사실이다.

한국과 독일 정부가 한국의 젊은이들을 서독 광산으로 파견하는 협정을 1963년에 체결하여 1977년까지 한

---

27 폭스바겐은 2015년에 배기가스 배출량 조작 사건이 터진 뒤 이미지에 손상을 입었다. 폭스바겐 배기가스 조작 추문, 즉 '디젤게이트'는 2015년 9월 폭스바겐 그룹의 디젤 배기가스 조작을 둘러싼 스캔들이다. 폭스바겐의 디젤 엔진에서 배기가스가 기준치의 40배나 발생한다는 사실이 드러났고, 주행시험 때만 저감장치를 작동해 환경기준을 충족하도록 엔진 제어 장치를 프로그래밍했다는 사실이 밝혀졌다.

국인 8,000여 명이 광부가 되어 독일 지하에서 노동을 했고[28], 이들의 뒤를 이어 한국인 간호사 1만여 명이 독일 병원으로 파견되었다. 1960년대에는 독일 광산의 인력 수요가 컸는데, 독일은 한국인 광부들을 통해 인력 부족을 해소하려 했다. 이로 인해 이른바 '서독 파견 한국 광부 임시 고용계획'이 탄생했다. 1963년 12월 16일 '한국 광부의 임시 고용계획에 관한 한·독 정부간의 협정'이 체결되었다. 이 협정은 이례적이었다. 독일이 유럽권 밖의 국가와 체결한 최초의 협정이었기 때문이다. 양국 간의 합의는 당시 자금이 필요했던 한국의 이해에도 부합했다. 독일에 파견된 인력들이 한국으로 송금하는 돈도 도움이 되었지만, 이 협정으로 당시 약 30%에 육박하던 한국의 높은 실업률을 해소할 수 있었다. 지원율은 매우 높았다. 100여 명을 모집하는데 최대 2,500명이 몰

---

28 '한국인 광부'라고 표기하지 않는 이유는 독일에 파견된 인력 가운데 한국에서 광부로 일한 경험이 있는 사람이 많지 않았기 때문이다. 대부분이 고학력자로서 정장을 입고 독일에 도착했다고 한다.

려들었으며, 이 가운데 고등학교 및 대학교 졸업자가 60% 이상이었다. 독일은 광부뿐 아니라 간호사도 필요했다. 독일의 여러 수도회와 한국 내 독일 가톨릭교회는 1950년대 말부터 한국 간호사들의 독일 파견을 중개했다. 광부협정에 상응하는 한국 간호사의 독일 파견에 관한 공식 협정은 1971년 7월 26일에 체결되었다. 한국인 광부들과 마찬가지로 한국 간호사들 역시 독일에서 크게 인정을 받았다. 이들은 전문적이고 친절하다는 평을 받았으며 고용계약도 연장되었다. 한국 간호사의 절반 이상이 독일에 남았다. 오늘날 한국 이주노동자의 대다수는 루르 지역이나 라인란트 지역에 거주한다. 이들은 독일 최대이자 서유럽에서 두 번째로 큰 한국 교민사회를 이루고 있다.[29]

한국이 독일을 만나는 중요한 공간 가운데 하나는 스포츠 부문이다. 독일은 전통적인 스포츠 강국으로서 체

29 외교부, 2012년 12월 기준. 가장 큰 곳은 영국이다.

조, 핸드볼, 볼링의 종주국임을 자부한다. 그러나 뭐니 뭐니 해도 월드컵 네 차례 우승에 빛나는 축구야말로 한 국인에게 가장 친숙한 독일의 스포츠이다. 한 스포츠가 대중성을 확보하기 위해서는 단지 높은 경기력만으로는 충분하지 않다. 그 스포츠에 대중의 역사가 함께하고 성 공과 실패의 스토리 라인이 교행하면서 진한 포도주와 도 같은 정체성을 확보하게 된다. 우리가 흔히 독일축구 라고 하지만, 현대 독일인이 체험하고 정체성으로 받아 들이는 축구는 서독의 축구일 것이다.[30] 하지만 2차 대 전 이후 독일이 서독과 동독으로 분단되어 냉전을 할 때 동독에서도 분명히 축구를 했다. 그들은 만만찮은 경기 력을 1974년 서독월드컵 때 보여 주었다.[31] 독일이 역사 의 변곡점 위에 서 있을 때마다 축구는 이야깃거리를 제

---

30 1950년부터 1990년까지 독일에는 서독과 동독, 두 대표 팀이 있었다.

31 헬무트 쇤 감독이 이끄는 서독은 이 대회에서 우승했지만 1974년 6월 22일 함부르크의 폴츠파르크슈타디온에서 열린 동독과의 경기에서 0 : 1로 졌다. 서독이 이 대회에서 당한 유일한 패배였다. 동독의 위르겐 슈 파바서(Jürgen Sparwasser)가 후반 32분에 결승골을 넣었다.

공했고, 독일인들은 감동할 준비가 되어 있었다. 패망의 상흔이 역력한 가운데 참가한 1954년 스위스월드컵과 라인 강의 기적을 완수하고 유럽 굴지의 경제 대국으로 우뚝 선 1974년 서독월드컵, 전쟁 없이 통일을 완수하고 애국심 충만한 가운데 출전한 1990년 이탈리아월드컵에서 우승하면서 축구는 독일의 운명이 되었다. 독일의 축구 역사에 길이 남을 장면을 고른다면 1954년 베른의 기적, 1966년 웸블리 골, 1970년 세기(世紀)의 경기(the Game of the Century)를 꼽을 수 있을 것이다. 모두 독일을 넘어 세계 축구팬의 뇌리에 선명한 기억을 아로새긴 사건이다.

“

아무도 예상하지 못한 기적 같은 우승,

베른에서 거둔 승리의 의미는

단순히 축구대회에서 우승했다는 데 그치지 않았다.

독일에서 '베른의 기적'은 심리적으로 다른 모든 스포츠에서

우승한 것 이상의 영향을 주었다.

”

11

제 5회 월드컵이 열린 스위스는 제2차 세계대전의 피
해를 거의 입지 않은 중립국이었다. 국제축구연맹(FIFA)
은 1946년 7월 25일 룩셈부르크총회에서 스위스를 개
최지로 선정하였다. 이 대회는 16개국이 참가한 가운데
1954년 6월 16일부터 7월 4일까지 19일간 열렸다. 제2
차 세계대전 이후 독일은 전범국으로서 국제무대에서
각종 불이익을 감수해야 했다. FIFA가 4년 간 국제대회
참가를 금지했기 때문에 서독과 동독은 1950년 월드컵
예선에도 나가지 못했다. 1954년 월드컵은 전범국가인

서독과 동독, 일본, 이탈리아에 대한 출전금지 조치가 해제된 뒤 열린 첫 월드컵이었다. 독일 팀의 국제경쟁력은 확신할 수 없는 수준이었다. 월드컵을 앞둔 시점에서 아무도 서독을 주목하지 않았다. 페렌츠 푸스카스(Ferenc Puskás)가 이끄는 '매직 마자르' 헝가리가 강력했고, 디디를 앞세운 브라질도 전 대회 준우승의 울분을 씻기 위해 절치부심했다. 4년 전 브라질에서 열린 대회에서 우승한 우루과이가 2연속 우승의 꿈을 품지 않는다면 이상한 일이었다. 그러나 무수한 비판 속에서도 그 존재를 여러 종목 경기장에서 증명해온 '정신력'이 독일 선수들을 지배하고 있었다. 독일은 결승전에서 헝가리를 3:2로 누르고 아무도 예상하지 않았던 첫 우승을 차지했다. 이 일을 '베른의 기적(Das Wunder von Bern)'이라고 한다.[32] 결승전을 중계한 헤르베르트 치머만(Herbert Zimmermann)[33]의 절규는 독일의 감격이 얼마나 컸을지 짐작하게 한다.

　　란 선수, 슛을 해야지요, 란, 슛! 골!, 골!, 골!, 골! (치머만

은 다음 말을 하기까지 8초 동안 아무 말도 하지 못한다)
독일의(독일을 위한) 골입니다! 3:2로 독일이 앞서갑니다.
저는 미쳤어요, 제 정신이 아닙니다!(Aus dem Hintergrund
müsste Rahn schieβen, Rahn schieβt! Tor! Tor! Tor! Tor! ⋯ Tor
für Deutschland! Drei zu zwei führt Deutschland. Halten Sie mich
für verrückt, halten Sie mich für übergeschnappt!)

　끝! 끝! 끝! 끝! 경기 끝났습니다! 독일이 세계 챔피언입니

---

32 너무나도 드라마틱한 이 승리는 두고두고 후일담을 낳았다. 그 중에는
서독 선수들이 약물을 사용했다는 주장도 있다. 2013년 8월 5일자 '문
화일보'는 'AP통신'을 인용하여, "'베른의 기적'으로 대변되며 독일 스
포츠 역사를 새로 쓴 1950~1970년대 서독 국가대표 팀이 국가 주도
하에 약물을 사용했다는 연구보고서가 나왔다. 독일 홈볼트 대학 연구
진은 서독 국가대표들의 약물투약 경위를 담은 800페이지 분량의 보고
서를 작성했다."고 보도했다.

33 헤르베르트 치머만은 1917년 11월 29일 독일의 알스도르프에서 태어
났다. 스위스월드컵 당시 그의 신분은 영어 자료에 북서독라디오방송
(Nordwestdeutscher Rundfunk)의 축구 해설가(football commentator)로, 독일
어 자료에는 독일라디오방송 리포터(deutscher Radio-Reporter)로 나온
다. 스위스월드컵 결승전을 중계한 그의 절규에는 당시 패전국 독일인
들의 한과 응어리가 모두 실린 듯해 애잔함마저 느낀다. 2차 대전에 참
전해 철십자기사훈장을 받은 기록으로 보아 애국심 투철한 사나이였을
지 모른다. 치머만은 1966년 12월 16일 독일의 바슘에서 49세를 일기
로 사망했다.

다, 베른에서 열린 결승전에서 헝가리를 3대2로 물리쳤습니다!(AUS! AUS! AUS! AUS! Das Spiel ist aus. Deutschland ist Weltmeister, schlägt Ungarn mit 3 zu 2 Toren im Finale in Bern!)

독일의 영화 감독 손케 보르트만(Sonke Wortmann)은 청소년기에 축구선수로서 기대를 모은 유망주였다. 그는 2003년에 영화 '베른의 기적'을 제작했는데, 이 영화는 1954년 스위스월드컵에서 거둔 독일의 승리를 소재로 삼았다. 내용은 제2차 세계대전의 참화 속에 무너진 한 가정이 스위스월드컵을 통해 화합을 되찾게 되는 과정을 그리고 있다. 주인공인 소년 마테스는 독일의 로트바이스 에센 팀에서 뛰면서 '보스'라는 별명으로 통하는 란의 팬이다. 란은 마테스에게 영웅이자 아버지 같은 존재다. 또한 란에게는 매일 자신의 경기를 보러 오는 마테스가 행운의 마스코트였다. 마테스의 아버지로서 에센의 광산에서 일하던 리하르트는 전쟁 중에 소련군의 포로가 됐다가 11년 만에 돌아온다. 혹독한 포로생활의 후유증으로 마음을 다친 아버지는 사사건건 분란을 일으킨다. 이 무렵 축구 대표 팀이 월드컵 본선에 진출해 스위스로 간다. 마테스는 "네가 지켜보고 있어야 나는 골을 넣을 수 있다."는 란의 말을 철석같이 믿는다. 그런 마테스를 위해 아버지가 베른으로 자동차를 달린다. 마테스가 지켜보는 가운데 란은 두 골을 터뜨리며 맹활약한다. 독일 전역이 열광한다. 루이스 클램로스(Louis Klamroth)가 주인공 마테스, 사스카 고펠(Sascha Gopel)이란, 페터 프랑케(Peter Franke)가 헤르베르거 역을 맡은 '베른의 기적'은 스위스 로카르노 영화제 관객상, 바바리안 영화제 감독상을 받았다.

아무도 예상하지 못한 기적 같은 우승, 베른에서 거둔 승리의 의미는 단순히 축구대회에서 우승했다는 데 그치지 않았다. 독일에서 '베른의 기적'은 심리적으로 다른 모든 스포츠에서 우승한 것 이상의 영향을 주었다. 그것은 폐허가 된 전후 독일의 재건과 독일 국민의 자부심과 자신감의 회복을 향한 믿음, 폐허에서 일어서기 위한 굳은 결의에 불을 댕기는 신호탄이었다. 상처 받은 국민을 위한 첫 번째 희망의 신호이기도 했다. 독일 역사학자 아르투르 하인리히(Arthur Heinrich)와 요아힘 페슈트(Joachim Fest)는 1954년 스위스월드컵 우승이 2차 대전 종전 후 독일 역사의 전환점이 되었다고 주장할 정도다. 베른의 기적은 곧 '라인 강의 기적'으로 이어진다. 또한 제프 헤르베르거는 새로운 세대의 국부(國父)로 추앙 받기에 이른다. 그의 영향력은 FIFA 월드컵 우승 감독의 역할을 훨씬 능가하는 것이었다. 헤르베르거는 새로운 세대의 독일인들을 위한 토대를 만들었다. 헤르베르거는 1962년 국가공로훈장으로 자신의 업적을 인정받는다.

베른에서 거둔 승리가 기적이었다면 감독인 제프 헤르베르거는 마법사였다. 헤르베르거는 아이디어 충만한 사람으로서 "가장 어려운 팀은 다음에 상대할 팀이다.", "경기는 90분 동안 계속된다.", "공은 둥글다."와 같은 축구 명언을 남겼다. 헤르베르거는 툰(Thun) 호수 근처에 있는 슈피츠(Spiez)에 훈련캠프를 열어 선수들을 훈련시켰다. 슈피츠는 스위스 사람들이 '유럽에서 가장 아름다운 호반(湖畔)'임을 자부하는 조용한 마을이다. 언덕과 포도밭 사이, 거대한 성이 굽어보는 곳, 호수 저편에 니더호른(Niederhorn)의 산등성이가 굽이치며 베르너 알프스(Bernese Alps)로 이어진다. 기온이 온화하고 일조량이 풍부해 좋은 포도주가 난다. 또한 슈피츠는 베르너 오버란트와 발레 지방으로 여행할 때 관문이 된다. 전지훈련지로는 그지없이 좋은 환경을 갖추고 있다.

헤르베르거는 "열한 명은 친구가 되어야 한다."는 말을 좌우명으로 삼았다. 그는 협동심과 동료애를 요구했다. 선수들이 동료에 대해 서로 잘 알아야 한다고 판단해서 오른쪽 공격수 막스 모를록(Max Morlock)과 베른하르트 클로트(Bernhard Klodt), 성격이 대조적인 헬무트 란(Helmut Rahn)과 프리츠 발터(Fritz Walter)를 룸메이트로 정했다. 오늘날까지 독일축구의 특징으로 꼽히는 강인한 체력과 힘, 강한 규율, 높은 성취동기는 헤르베르거의 유산이다. 발터는 기술이 뛰어났을 뿐 아니라 리더십도 강했다. 경기에서 오늘날의 플레이메이커에 가까운 역할을 수행했고, 정신적으로는 '그라운드 위의 지휘자'였다. 헤르베르거는 발터의 리더십을 십분 활용했고, 발터는 야전사령관처럼 강인한 태도로 동료를 지휘했다. 독일 팀은 군대처럼 규율이 잡혀 있었고 그 조직력은 톱니바퀴처럼 오차가 없었다. 이 때 확립된 '디 만샤프트(Die Mannschaft, 영어로 The Team)'의 전통은 독일 대표 팀 고유의 팀컬러로 확립됐다. 오늘날에도 독일 대표 팀에서는 팀 전체를 그라운드 위에서 통솔하는 강력한 주장의 필요성이 강조된다. 프란츠 베켄바워(Franz Beckenbauer)는 발터에서 비롯된 독일 대표 팀 주장의 정통성을 한 몸에 구현한 상징적인 선수이다.

헤르베르거는 전술과 용병술의 달인으로 명성을 떨쳤다. 그러나 한 시대의 축구 트렌드에 영향을 줄 만한 새전술(예를 들면 1974년 서독월드컵에서 네덜란드가 시도한 '토털 사커'와 같은)을 내놓지는 않았다. 그가 지휘한 독일 대표 팀은 전형적인 WM 포메이션을 사용했다. 다만 독일 팀은 확실한 역할 분담을 통하여 WM 포메이션의 장점을 극대화했다는 평가를 받았다. WM 포메이션은 현대 축구 전술의 모태가 되었다고 평가받는다. 1925년 잉글랜드 클럽 아스널의 감독 허버트 채프먼(Herbert Chapman)이 창안한 WM 포메이션은 공격수와 수비수를 각각 세 명, 미드필더를 네 명 배치한 시스템이다. WM 포메이션이라는 명칭은 선수들이 그라운드에 포진했을 때 알파벳의 W와 M을 위아래로 배치한 듯이 보여서 붙었다. WM 포메이션은 1930년대 이후 전 세계적으로 유행했다. 잉글랜드 클럽들이 대부분 이 포메이션을 사용했다. 우루과이·이탈리아 등 월드컵 우승 팀들도 WM 포메이션을 기본으로 경기를 했다. WM 포메이션의 완성된 형태는 1950년대 헝가리 대표 팀이 보여 주었다. 헝가리의 감독 구스타브 세베스(Gusztáv Sebes)는 WM 포메이션이 대인 방어 수비를 기본으로 한다는 사실에 착안해 최전방 공격수를 미드필드 쪽으로 내려 상대 수비수들을 끌어내고 2선 공격수들의 침투로 골을 노리는 전술을 개발했다. 헝가리는 당시 이 시스템으로 1952년 헬싱키올림픽에서 금메달을 따냈고, 1954년 스위스월드컵에서 준우승했다. 1952년 9월 이후 스위스월드컵 결승이 열리기 전까지 34연승을 구가했다. 서독은 WM 포메이션을 기초로 선수 개개인에게 확실한 역할 분담을 하는 전술로 헝가리를 이겼다. 헤르베르거는 악보를 뛰어나게 해석함으로써 곡이 지닌 아름다움을 극한까지 길어 올리는 교향악단의 마에스트로처럼, 포메이션과 자신이 보유한 선수를 잘 이해하고 가능성을 극대화함으로써 역사에 길이 남을 업적을 세웠다.

66

경기가 끝난 뒤, 독일 언론은 이 오심이

"44년 전의 빚을 되돌려 받은 것일 뿐." 이라고 보도했다.

대중지 '빌트'는 "44년 만에 웸블리의 골이 마침내 균형을 맞췄다.

축구의 신에 감사한다." 고 보도했다.

99

12

1966년 7월 30일, 잉글랜드월드컵 결승전이 웸블리
구장에서 열렸다. 전·후반을 2:2로 비긴 잉글랜드와 서
독이 연장전까지 가는 사투를 벌였다. 연장 전반 11분 잉
글랜드의 제프 허스트(Geoff Hurst)가 슛한 공이 골대를
맞고 골라인에 떨어졌다. 애매했다. 공은 골라인을 넘었
을까? 스위스인 주심 고트프리트 딘스트(Gottfried Dienst)
는 상황을 제대로 보지 못하였다. 딘스트는 소련인 선심
토피크 바흐라모프(Tofiq Bahramov)에게 의견을 물었다.
바흐라모프는 공이 네트 안쪽으로 들어갔다고 주장했고,

딘스트는 그의 주장을 받아들여 골로 인정했다. 월드컵 축구 역사상 가장 극심한 논쟁을 낳은 문제의 장면이다. 바흐라모프는 아제르바이잔어와 러시아어만 구사했고 딘스트는 이 두 언어를 전혀 몰랐기에 의견 교환은 제스처에 의존했다고 한다. 바흐라모프는 회고록에서 "골이 골라인을 분명하게 넘은 것을 목격했다."고 진술했을 뿐 아니라 "공이 그물에 맞아 그물이 흔들리는 것까지 봤다."고 주장했다. 그러나 여러 동영상 자료가 그의 주장이 사실과 다름을 확인시켜준다. 잉글랜드의 공격수 로저 헌트(Roger Hunt)는 "분명히 공이 골라인을 넘었다고 확신했기 때문에 뒤로 돌아서 환호했다. 그렇지 않았다면 머리로 골대 안으로 밀어 넣었을 것."이라고 주장했다.

훗날 여러 연구자들이 사진과 동영상 분석을 통하여 '웸블리 골'을 분석하였다. 대체적인 결론은 공이 골대 안에 들어가지 않았다는 데 일치한다. 1996년에 옥스퍼드 대학교 공학과학부의 이언 레이드(Ian Reid)―앤드류

지서먼(Andrew Zisserman)이 발표한 논문이 대표적이다. 두 사람은 공이 2.5cm에서 6.0cm정도 더 안쪽으로 이동해야 골라인을 넘는다는 분석 결과를 내놓았다.[34] 최근에 공개된 동영상 자료에서는 카메라가 거의 골라인과 같은 위치에서 촬영하여 공이 분명하게 골라인을 넘지 못했음을 확인할 수 있다. 이 동영상은 '유튜브'에서도 볼 수 있다. 아무튼 잉글랜드는 허스트의 해트트릭에 힘입어 서독을 4:2로 누르고 우승했다. 이때 생긴 말이 '웸블리 골(Wembley goal)', 독일어로는 '웸블리 토어(Tor)'다. 영국인들은 잘 쓰지 않지만 당시 패배에 한 맺힌 독일인들은 아직도 이 말을 즐겨 쓴다. 이 골에 대해 서독 측에서 골장면을 녹화한 동영상 등 여러 증거물을 제시하며 골의 무효를 선언할 것을 요구했으나 받아들여지지 않았다. 서독은 다음 대회인 1970년 멕시코월드컵에서 잉글랜드를 8강에서 만나 3:2로 역전승했고, 1990년 이탈리아

34 Reid, Ian; Zisserman, Andrew(1996). Cipolla, R.; Buxton, B., Goal-directed Video Metrology.

월드컵 준결승에서 만나 승부차기 끝에 승리를 거두고 결승에 올라 우승까지 했지만 그 어떤 승리도 웸블리 골에 대한 복수는 되지 못했다.

2006년 6월 7일. 로이터통신은 독일의 한 TV채널이 1966년 잉글랜드월드컵 결승에서 제프 허스트가 넣은 결승골의 진위 여부를 살피는 다큐멘터리를 방영했다고 보도했다. 독일 민영 텔레비전인 'SAT 3'이 보도한 이 다큐멘터리는 컴퓨터 합성 사진판독을 통해 "허스트의 숏은 명백하게 골라인을 넘지 못했다."고 주장했다. 'SAT 3'은 '웸블리 골' 사건 이후 40년 동안 독일은 두 차례나 월드컵에서 우승했고, 유럽선수권대회를 세 번이나 제패한 반면 잉글랜드는 아무 성과도 거두지 못한 점을 대조하면서 당시 서독의 2 : 4 패배를 '잉글랜드의 저주'였다고 표현했다. 방송에는 당시 서독 팀에서 뛰었던 선수들도 등장해 허스트의 골이 '유령 골(Ghost goal)'이었다고 증언하기도 했다. 다큐멘터리는 1990년대 독일이 월드컵과 유럽선수권대회 등에서 두 차례 잉글랜드와 승부차기를 벌여 모두 승리한 기록을 방영함으로써 독일 시청자들을 만족시켰다. 이 방송은 방송되기 한 달 전에 보도된 웸블리 스타디움 관련 뉴스로 인해 분개한 독일축구팬들을 달래기에도 제격이었다. 2006년에 철거된 뒤 새로 건설될 웸블리 경기장의 잔디 한 삽이 이 해 5월 18일 경매에서 무려 3만2000달러(3500만원)에 낙찰됐는데, 잔디를 떠낸 자리가 잉글랜드의 주장대로 허스트의 결승골이 골대를 맞고 떨어진 바로 그 자리였던 것이다.[35]

웸블리 골 사건이 터진 지 44년이 지난 2010년 6월 27일. 축구의 신이 독일의 해묵은 원한을 씻어 주기라도 하는 듯이 잉글랜드에 가혹한 시련을 안겼다. 블룸폰테인의 프리스테이트 경기장에서 열린 2010 남아프리카공화국월드컵 16강전에서 '웸블리 골'을 연상시키는 오심이 나왔다. 전반 37분. 잉글랜드 미드필더 프랭크 램

---

35 http://www.yonhapnews.co.kr/bulletin/20060607/0200000000AKR
   20060607057400007.HTML

파드(Frank Lampard)가 숯한 공이 독일 골 크로스바를 맞고 수직으로 떨어졌다. 주심 호르헤 라리온다(Jorge Larrionda; 우루과이)는 공이 골라인을 넘어가지 않았다며 노골로 판정했다. 그러나 텔레비전 화면은 공이 골라인을 넘었음을 확인해 주었다. 잉글랜드가 1:2로 독일을 추격하는 상황이었으므로, 이 장면이 골로 판정되었다면 경기의 흐름을 예측하기 어려웠을 것이다. 경기가 끝난 뒤, 독일 언론은 이 오심이 "44년 전의 빚을 되돌려 받은 것일 뿐."이라고 보도했다. 대중지 '빌트'는 "44년 만에 웸블리의 골이 마침내 균형을 맞췄다. 축구의 신에 감사한다."고 보도했다. 빌트는 1966년과 전날의 경기 사진을 함께 게재하며 "영국도 이제 그동안 우리가 느꼈던 기분을 알게 됐을 것."이라고 썼다. 이 신문은 "의심할 여지가 없는 골이었음을 인정한다. 당신들은 골을 도둑맞았다."면서 "하지만 당신들도 이제 웸블리의 골이 실제로는 골이 아니었다는 점을 인정해야 하지 않느냐."고 했다. 일간 '디 벨트'도 "미안, 이제 우리 비긴 거야."

라는 제목으로 기사를 썼고 '베를리너 쿠리어'는 "그래! 이것이 웸블리의 복수"라며 "이번에는 잉글랜드가 오심 때문에 울었다."고 보도했다.[36] 이 일로 인해 FIFA는 중대한 결정을 했다. 2014 브라질월드컵에서 월드컵 역사상 최초로 골인 판정의 정확도를 높이기 위해 비디오 판독 기법을 도입한 것이다. 골라인 통과 여부를 판정하기 위해 FIFA는 경기장 지붕에 비디오카메라를 설치했다. 공의 움직임을 추적하면서 계속 찍는 역할을 하는 이 카메라는 컴퓨터와 연결됐다. 이렇게 전송된 영상을 컴퓨터 이미지 분석 프로그램에 통과시키면 공의 위치를 정확하게 판정할 수 있다. 공이 골라인을 통과하면 주심이 손목에 찬 기기가 진동하면서 '골(GOAL)'이란 단어가 뜬다. 2010년 남아공월드컵 개막 전까지만 해도 제프 블라터(Sepp Blatter) FIFA 회장은 "모든 축구 경기는 동일한 방법으로 경기하고, 동일한 기술로 판정해야 한다."고 못

36 http://durl.me/8rw99b

박았다. 그러나 남아공월드컵에서 또 다시 문제가 터지자 입장을 바꾸지 않을 수 없었다. 독일과 잉글랜드의 경기가 끝난 뒤 블라터 회장은 "골라인 판독 기술 문제를 다시 논의할 의향이 있다."며 뒤로 한 발 물러섰다.[37]

37 http://news.inews24.com/php/news_view.php?g_serial=828251&g_menu=020600&rrf=nv

66

독일 선수들과 축구 팬들은 베켄바워의 행동을 통하여

이상적인 독일 정신을 발견하거나 확인했다.

이러한 헌신과 투혼은 독일축구 대표 팀의 역대 주장들에게

모두 요구되는 덕목이며, 앞으로도 그러할 것이다.

99

13

　여러 차례 우승한 전통 있는 팀은 그 개성을 한두 가지 특징으로 정리하기 어렵다. 월드컵에서 가장 여러 번 우승한 브라질의 축구를 흔히 개인기에 기초를 둔 자유분방하고 리드미컬한 축구라고 상상하지만, 오직 개인기만으로 우승할 수 있는 팀은 많지 않다. 나는 브라질이 1958년에 스웨덴에서 우승할 때 경기를 직접 보지 못하였다. 1992년 유럽축구선수권대회(EURO92)를 취재하러 가서, 펠레(Pelé)가 뛰어다녔다는 경기장을 보고 잠시 감격했을 뿐이다.[38] 펠레는 스톡홀름에서 샛별로 떠올랐다. 펠레와 함께 뛴 브라질 선수 가운데는 디디(Didi), 가린샤(Garrincha), 마리오 자갈로(Mário Zagallo), 바바(Vavá)[39] 등이 있다. 역설적이게도 1958년의 브라질 축구는 1950년 자국에서 열린 월드컵에서 실패를 경험하고[40] 1954년 월드컵을 통하여 헝가리를 중심으로 한 유럽 축구의 높은 벽을 절감한 다음 근본적인 변화를 추구한 결과물이었다. 브라질 축구가 '영원한 우승후보'의

---

38 예테보리(Gothenburg)에 있는 울레비(Ullevi), 스톡홀름(Stockholm) 외곽의 솔나(Solna)에 있는 로순다 스타디온(Råsunda Stadion)에서 무척 행복했다. 특히 로순다에 처음 갔을 때를 잊지 못한다. 지금 로순다의 관중수용능력은 각종 자료에 35,000~36,608명으로 나온다. EURO92를 취재하러 갔을 때 받은 공식 자료에는 27,000~28,000명으로 되어 있다. 나는 이 경기장의 아름다움에 반해서, 오직 로순다만을 위해 칼럼을 썼다. 1992년 6월 10일, 이곳에서 스웨덴과 프랑스의 개막전을 김호, 최순호와 함께 관전했다.

39 바바는 이 대회에서 다섯 골을 넣었으며 특히 결승전에서 전반 9분과 32분에 골을 넣었다. 펠레는 후반 10분과 45분, 자갈로는 후반 23분에 득점했다.

40 결승에서 우루과이에 1:2로 졌다.

대열에 올라서는 데 결정적으로 기여한 인물로 비센테 페올라(Vicente Feola)를 꼽을 수 있다. 독일에게 우승을 내주기는 했지만, 전성기의 헝가리 축구는 브라질의 축구 지도자들에게 엄청난 충격을 던졌다. 브라질에서는 헝가리 축구에 대해 연구하였는데, 특히 경기 방식 가운데 유기적인 포지션 체인지를 주목했다. 그 결과가 비센테 페올라의 4-2-4 포메이션이다. 헝가리의 'MM 포메이션'은 철저한 대인 방어를 채택한 WM 포메이션을 공격수들의 포지션 체인지를 통해 성공적으로 교란·파괴하였다. 페올라의 4-2-4 포메이션은 헝가리의 유기적인 포지션 체인지에 효과적으로 대처할 뿐 아니라 이를 더욱 강력하게 변형하여 활용하기 위해 고안되었다. 대인 방어를 무력화한 포지션 스위칭에는 지역 방어를 도입해 대처했다. 공격에서는 헝가리가 보여준 전방 공격수들의 위치 이동을 통한 공격 전개 방식을 발달시키면서 선수들의 개인기를 가장 효과적으로 활용했다. 브라질의 '판타스틱 4', 즉 자갈로-바바-펠레-가린샤는

4-2-4 포메이션 안에서 변화무쌍한 스위칭을 통해 화려하면서도 치명적인 공격력을 보여주었다. 특히 펠레와 가린샤의 호흡은 내용과 결과 모두 환상적이었다.

독일축구의 전형(典型)이 1954년 제프 헤르베르거에 의해 완성되었다고 했지만, 그 현대적 숙성(熟成)의 결과는 1970년대 들어 꽃을 피운다. 헤르베르거의 지휘봉을 넘겨받은 헬무트 쇤(Helmut Schön)은 14년 동안 대표 팀을 이끌었고 네 차례(1966·1970·1974·1978년) 월드컵에 나갔다. 1974년 자국에서 열린 월드컵 우승은 그의 가장 큰 전리품이다. 나는 쇤의 시대(아직도 '서독'이었다. '독일'로서 우승하려면 1990년 이탈리아월드컵까지 기다려야 한다) 가운데 하이라이트가 1970년과 1974년 두 차례 월드컵이라고 생각한다. 이때 좋은 선수들이 집중적으로 쏟아졌고, 이들은 현역 시절은 물론 은퇴한 뒤에도 독일축구의 발전에 크게 기여했다. 1970년 멕시코에 갈 때, 쇤은 1966년 잉글랜드월드컵에서 활약한 헬무트 할러(Helmut Haller)를 잃었지만 우베 젤러(Uwe Seeler)가 남아 있었고 프란츠 베켄바워와 골키퍼 제프 마이어(Sepp Maier), 게르트 뮐러(Gerd Müller), 볼프강 오베라스(Wolfgang Overath) 등이 주력 멤버로 자리를 잡았다. 훗날 독일 대표 팀의 감독을 맡는 베르티 포그츠(Berti Vogts)와 차범근이 프랑크푸르트에서 뛸 때 동료였던 위르겐 그라보브스키(Jürgen Grabowski), 그리고 귄터 네처(Günter Netzer)와 울리 회네스(Uli Höneß), 파울 브라이트너(Paul Breitner) 같은 전설도 이 때 독일 대표 팀의 명단을 채우고 있었다. 중심인물은 역시 베켄바워였고, 그에게 리베로(Libero)라는 새로운 포지션 개념을 주입해 한 시대를 풍미했다는 점에서 지도자로서 쉰의 탁견(卓見)을 발견할 수 있다. 베켄바워는 쉰의 월드컵 데뷔 무대인 잉글랜드월드컵 때 함께 모습을 드러냈고, 이 때 그의 나이 만 스무 살이었다. 1970년이 되자 베켄바워의 축구는 무르익었고, 다시 한 번 우승을 꿈꿀 수 있을 만큼 독일 대표 팀의 경기력은 정점을 향하여 치닫는다. 이때의 대표선수들이 1972년 벨기에에서 열린 유럽축구선수권대회를 제패하므로, 1974년 월드컵 우승의 실마리도 여기서 찾아야 한다.

쇤과 베켄바워, 독일의 대표 선수들은 1970년 6월 17일 멕시코시티의 아즈테카 경기장(Estadio Azteca)에서 관중 10만2444명이 지켜보는 가운데 '인생경기'를 한다. 이 경기는 2014년 7월 8일 FIFA가 정한 역대 월드컵 준결승 명승부 다섯 경기 중 하나로 꼽혔다.[41] 1970년 6월 14일 열린 준준결승에서 잉글랜드와 연장까지 가는 접전 끝에 게르트 뮐러의 결승골에 힘입어 4강에 진출한 독일은 1968년 유럽선수권대회(이탈리아) 챔피언 이탈리아와 만났다. 이탈리아는 홈팀 멕시코를 4:1로 비교적 쉽게 이기고 준결승 고지를 밟았다. 이탈리아는 수비력이 2년 전만 못하다는 평가를 들었지만 루이지 리바

---

41 나머지 경기는 ▶1954년 헝가리와 우루과이의 스위스 대회 준결승(헝가리 4:2 우루과이) ▶1966년 잉글랜드와 포르투갈의 잉글랜드 대회 준결승(잉글랜드 2:1 포르투갈) ▶1982년 서독과 프랑스의 스페인 대회 준결승(서독 3:3 프랑스, 서독이 승부차기 5:4로 승리) ▶1998년 프랑스와 크로아티아의 프랑스월드컵 준결승(프랑스 2:1 크로아티아) 등이다.
http://news.khan.co.kr/kh_news/khan_art_view.html?artid=2014070
82058085&code=980202

(Luigi Riva), 로베르토 보닌세냐(Roberto Boninsegna) 등 득점력 강한 포워드들과 지아니 리베라(Gianni Rivera), 산드로 마졸라(Sandro Mazzola)와 같은 헌신적인 미드필더들이 버티고 있었다. 독일은 전반 8분 만에 보닌세냐에게 선제골을 내준 뒤 공격적인 축구로 만회를 노렸지만 쉽지 않았다. 공식 시간으로 90분, 즉 경기 종료 직전에야 왼쪽 풀백 칼 하인츠 슈넬링거(Karl-Heinz Schnellinger)의 동점골이 터졌다. 연장에서 다섯 골이 나왔다. 뮐러가 연장 4분 터뜨린 골에 이탈리아의 타르치시오 부르니치(Tarcisio Burgnich)가 연장 8분 동점골로 응수했고, 14분 리바의 골에 또 한 번 뮐러가 동점골(20분)로 반격했다. 그러나 독일은 뮐러의 골이 터진 지 불과 1분 뒤 나온 리베라의 결승골을 극복할 수 없었다. 해발 2680m 고지에서 벌어진 120분에 걸친 사투였다. 이탈리아의 빗장(Catenaccio)이 강했다기보다는 피차 너무 지쳤다. 이탈리아의 4:3 승리.

이 놀라운 경기에서 베켄바워의 헌신과 투혼은 감동

을 자아냈다. 그는 후반 20분쯤 이탈리아 벌칙구역을 돌파하다 이탈리아 수비수 피에를루이지 체라(Pierluigi Cera)에게 파울을 당했다. 이때 쇄골이 부러졌을 것이다. 베켄바워는 이때 교체하지 않고 계속 뛰는데, 경기가 막판으로 갈수록 오른팔을 지탱하기가 힘들어진다. 간신히 1:1을 만들고 연장에 들어갈 때에는 어깨 탈구 현상이 나타나서 오른쪽 팔을 몸통에 고정한 채 끝까지 경기를 했다. 당시 월드컵 경기 규칙에 따르면 각 팀이 두 명까지 선수를 교체할 수 있었다. 독일은 후반 7분 한네스 뢰어(Hannes Löhr) 대신 라인하르트 리부다(Reinhard Libuda)를, 후반 21분 베른트 파츠케(Bernd Patzke) 대신 지그프리트 헬트(Siegfried Held)를 기용했기 때문에 베켄바워의 상태가 악화될 대로 악화됐을 때는 교체할 카드가 없었다. 베켄바워는 결코 경기를 포기하지 않았고 그가 부상을 견디며 버틴 60분은 월드컵 역사상 가장 아름답고도 영감을 준 장면으로 꼽힌다. 독일 선수들과 축구 팬들은 베켄바워의 행동을 통하여 이상적인 독일 정신

을 발견하거나 확인했다. 이러한 헌신과 투혼은 독일축
구 대표 팀의 역대 주장들에게 모두 요구되는 덕목이며,
앞으로도 그러할 것이다. 베켄바워가 독일 팀을 이끌고
나가 우승을 달성한 1990년 이탈리아월드컵 때에는 로
타르 마태우스(Lothar Matthäus)가 완장을 찼다. 우리 대
표 팀 감독 슈틸리케가 나이 스물일곱에 독일 대표선수
로 출전한 1982년 스페인월드컵 때 주장은 칼 하인츠
루메니게(Karl-Heinz Rummenigge)였다.

> 언론이나 팬들의 관심도 물론 중요하다.
>
> 그러나 진정한 관심의 척도는 경기장에 오는 관중의 수다.
>
> 관중의 수는 내게 가장 중요한 관심거리다.

14

　나는 김흥순 기자로부터 슈틸리케의 2014년 2월 4일자 인터뷰 내용을 전달받은 다음, 그가 매우 신중하고 차분한 사람이라고 느꼈다. 슈틸리케가 부임하던 시기를 전후로 수많은 기사들이 쏟아져 나왔는데, 내가 가장 재미있게 읽은 기사는 스포츠 담당으로서 축구를 취재하는 기자가 아니라 '축구인'이 쓴 글이었다. 원로 축구인 박경호 선생이 2014년 11월 24일자 '스포탈코리아'에 게재한 글인데, 제목은 '박경호의 노마지지(老馬之智), 지

도자는 명확한 목표를 설정하라'였다.[42] 이 매체의 소개
에 따르면 "박경호 선생은 1930년 황해도 해주 태생으
로 1946년 월남하여 경신중학교에서 축구를 시작했다.
1956년~1958년 대표선수로 활약했으며 제1회 아시안
컵 우승 멤버. 1969년 모교인 경희대에서 지도자 생활
을 시작, 한양공고 건국대 육사 서울대에서 후진을 양성
했다. KBS 축구해설위원, 스포츠서울 칼럼니스트로 활
약했으며 일본 오이타 클럽 기술고문으로 10년 넘게 활
동했다."고 되어 있다. 박 선생은 축구 지도자에 대한 일
반론에서 시작하여 우리 축구를 거쳐 간 외국인 지도자
에 대해 언급한 다음 신임 슈틸리케 감독(또한 대한민국 대
표 팀)에 대한 완곡한 기대로 글을 마감했다. 요약을 하면
다음과 같다.

　(축구에서) 지도자의 지시와 명령만으로 결과가 이뤄지

---

42 http://sportalkorea.mt.co.kr/news/view_column.php?gisa_uniq=
　2014112313250152&key=&page=1&field=&section_code=40

지는 않는다. 지도자는 가이드와 같은 역할을 한다. 지도자는 경기에서 결단을 내리고 지시하지만 운동장에서 승패는 선수가 결정한다. 지도자는 선수의 의견과 요구사항을 참고하여 최종적으로 결단을 내린다. 선수와의 대화는 승리의 필수 조건이다. (지도자는 대중이 자신의) 축구를 어떻게 평가하든 상관할 필요가 없다. 승리가 가장 중요하다.

한국축구의 외국인 지도자 영입은 1960년대에 시작되었다. 1967년 12월에 독일인 에크하르트 크라우춘을 초빙하여 1년간 대표 팀 기술 자문을 맡겼다. 코치로는 그레이엄 애덤스(잉글랜드)를 1년 계약으로 초빙했는데, 1972년 뮌헨 올림픽에 대비하기 위해서였다. 아담스는 한국이 올림픽 예선을 통과하지 못하자 1971년 9월 잉글랜드로 돌아갔다. 1991년 1월 세계적인 지도자이자 이론가로 유명한 데트마르 크라머(독일)를 기술 고문으로 초빙했다. 크라머는 1992년 바르셀로나올림픽 예선 통과 후 사임했다. 그가 일할 때 국내 지도자는 그의 가르침이 '우리도 다 아는 것이어서 배울 것이 없다'는 어이없는 주장을 했다. 지휘권을 임기제로 보장받은 첫 사례는 1994년 2월에 계약한 아나톨리 비쇼베츠다. 테크닉을 무시하고 체력을 바탕으로 경기를 운영하는 감독이었다.

2002년 월드컵 감독 거스 히딩크는 승리한다는 자신감을 가진 감독이었다. 그는 모든 결정권을 요구했다. 강력한 권력 행사를 하면서 선수의 잠재 능력을 최대한 활용했다. 상대를 철저히 분석해 전략 전술을 구사함으로써 월드컵 4강이라는 전무후무한 업적을 남겼다. 후임인 움베르투 코엘류는 세밀한 축구를 요구하는 신념 있는 지도자였다. 다음으로 대표 팀을 맡은 요하네스 본프레레는 강한 팀에 대한 전술과 경기운영, 상대팀에 대한 대응 능력을 인정받는 감독이었다. 딕 아드보카트가 본프레레의 지휘봉을 넘겨받았지만 시간이 부족해 지도력을 발휘할 새가 없었다. 뒤를 이은 핌 베어백은 2002년 한일월드컵 당시 히딩크를 보좌한 지한파였지만 오래 가지 못했다. 그가 물러난 뒤 허정무~조광래~최강희~홍명보 등 한국인 감독으로 지휘봉이 이어졌다.

우리에게는 조급하게 서두르는 습관이 있다. 하루아침에 눈에 보이는 일을 해놓아야 만족하고 그렇게 해야 박력과 추진력이 있다는 평가를 받는다. 불도저처럼 밀어붙여야 유능하다고 하고, 차분하게 일하는 사람은 경시하면 누구나 서두르게 된다. 대표 팀의 지휘봉이 다시 한국인 감독에서 외국인 감독인 독일 태생의 울리 슈틸리케에게 넘어갔다. 2018년 러시아월드컵까지 바라본 장기 계약이다. 그 기간 중에 아시아선수권대회가 호주에서 열린다. 우승이 슈틸리케 감독의 첫 과제다.

　슈틸리케는 2015년 1월 1일에 호주 시드니 코트야드 메리어트 호텔에서 한국 기자들을 상대로 새해 인터뷰를 한다. 이 자리에서 그는 "새해를 맞아 어떤 구상을 하고 있느냐."는 질문을 받자 준비해 두었다는 듯 대답한다. 슈틸리케는 "한국축구가 발전하려면 아시아라는 우물에서 벗어나야 한다. 현재 한국은 아시아 국가들과 비교하는 데 신경을 쓰고 세계 축구계에 어떤 일이 벌어지는지 주목하지 않는 경향이 있다. 우선 그런 편협한 시각을 교정해야 한다. 유럽 축구가 세계를 선도하고 있다. 특히 스페인이나 독일과 같은 국가를 주목해야 한다. 대표 팀뿐만 아니라 리그 차원에서도 우리는 리그의 질이나 관중수 등을 종합적으로 볼 때 독일 분데스리가에 한참 못 미친다. 이게 현실이다. 아시안컵이라는 중요한 대회에서 좋은 성적을 내야 하지만 우리가 어떤 축구를 하느냐도 중요하다. 우리의 스타일이 한국축구 발전에 많은 도움이 될 것으로 믿는다. 대표 팀이 좋은 축구를 하면 팬들이 즐거워 할 것이다. 적극적이고 과감한 축구를 통해 우리 선수들이 변화의 선봉에 설 것."이라고 다짐했다. 그의 말을 들으면 리그의 수준과 축구팬들의 자국 리그에 대한 관심, 거기 속한 구단과 소속 선수들의 경쟁력이 유럽(세계의 기준으로서)에 크게 못 미치며 여기에서부터 문제의식을 갖고 있음을 알 수 있다. 이 사실만으로도 슈틸리케가 'AS'를 상대로 했다는 인터뷰의 내용과 거기 포함된 우리 축구리그에 대한 '험담'이 무엇이었는지 실체를 짐작할 수 있다고 본다. "한국축구는 아시아를 넘어 세계를 주목해야 한다."는 슈틸리케의 말은 내 오랜 기억을 떠올리게 했다.

뉘른베르크로 가는 고속열차(ICE) 안에서, 마주 앉은 일본인 기자와 끝내 한마디 대화도 나누지 않았다. 두 동양인은 눈부신 햇살 때문에 작은 눈을 가늘게 뜬 채 옆자리에 앉은 잉글랜드나 트리니다드토바고의 서포터와 말을 주고받았다. 16일, 잉글랜드와 트리니다드토바고의 독일 월드컵 B조 조별 리그가 있는 날이었다. 호주와 일본이 12일 카이저슬라우테른에서 경기했을 때, 한국 기자들이 호주를 응원하자 외국 언론은 뉴스거리로 생각해서 취재했다고 한다. 한국에서 인기가 있는 거스 히딩크 감독이 호주 팀을 맡았기 때문이라는 말을 그들이 곧이들었을까.

원래 국경을 맞댄 이웃 나라는 사이가 좋기 어렵다고 한다. 스포츠도 마찬가지다. 호주와 뉴질랜드는 럭비와 축구 같은 종목에서 사생결단을 하는 사이다. 독일과 네덜란드의 축구 경기는 흡사 전쟁과도 같다. 1990년 이탈리아월드컵에서 네덜란드의 프랑크 레이카르트가 언쟁 끝에 독일의 루디 푈러에게 침을 뱉은 사건은 유명하다. 한국과 일본의 경우는 라이벌의 차원을 넘어선다. 특히 우리는 모든 스포츠 종목에 역사적 경험과 국민감정을 이입한다. 월드컵에서도 우리 성적에만 신경을 쓰는 게 아니라 일본은 어떻게 하고 있나 곁눈질한다. 솔직히 말해 우리만 잘되고 일본은 부진하기를 원한다. 적지 않은 한국축구팬들이 2002년 한·일 월드컵 16강전에서 일본이 터키에 지자 환호했다. 축구인들은 '이제 홀가분하게 이탈리아와 싸울 수 있다'며 안도했다고 한다. 여기에는 '무조건 일본보다 잘해야 한다'는 강박관념이 숨어 있다. 한국축구는 일제 강점기부터 '일본만은 이긴다'는 의지를 바탕으로 경쟁력을 키워 왔다. 그리고 아직도 우리의 감정과 시야는 '극일'의 주변을 전전하고 있다. 한국 선수가 차는 축구공은 일본이 관련되면 보통 축구공이 아니다. 독도, 종군위안부, 강제징용, 문화재 강탈 등 너무나도 많은 것이 공 하나에 담긴다.

스포츠를 보도하는 언론의 표현도 공격적이다. 일본프로야구에 진출한 선동열 투수가 호투하자 "일본 열도를 폭격했다."고, 이승엽이 갈 때는 "일본 열도를 정벌하러 간다."고 한다. 축구선수 최용수가 골을 넣자 "코리안 태풍이 일본 열도를 강타했다."는 표현도 나왔다. 원자탄 폭격을 당한 뒤 항복한 나라, 매년 태풍에 시달리는 나라 사람들에게 이런 표현은 달갑지 않을지 모른다. 극언에 가까운 표현을 통해 마약과도 같은 찰나의 후련함을 즐길 수는 있겠지만 거기엔 스포츠가 주는 즐거움도, 미래도 없다. 그렇기에 98년 월드컵 예선에서 한국의 차범근 감독이 남긴 말은 놀랍다. 차 감독은 본선 진출을 확정한 뒤 "일본도 분발해서 함께 프랑스로 가자."고 말했다. 당시 이 말은 '승자의 여유'로 받아들여졌다. 그러나 그의 말은 한국축구에 대한 자신감과 시대를 앞선 한·일 축구의 패러다임을 담고 있었다. 한국축구는 1986년 이후 여섯 차례 연속 월드컵에 진출했고, 4년 전엔 4강에 올랐다. 그리고 지금 조별 리그에서 프랑스·스위스 같은 유럽의 강호들과 각축하고 있다. 한국의 경쟁 상대는 해협 너머의 일본이 아니라 대륙 저편의 세계적인 축구 강호들이다.

　그날 뉘른베르크로 가는 고속열차 안에서, 그 일본 기자와 무슨 말을 나눴어야 할까. 마음의 문을 완전히 열기까지는 긴 시간이 필요하다. 하지만 시계를 거꾸로 돌려 다시 한 번 뉘른베르크로 가는 고속열차를 타게 된다면, 생각의 문만은 활짝 열고 말하고 싶다. "일본도 분발해서 함께 16강에 가자."고.[43]

　신년 인터뷰는 슈틸리케가 아시안컵에 참가하기 위해 대회 장소에 간 축구 대표 팀의 감독으로서 매우 진지하게 했다. 더구나 새해 첫 인터뷰로서 의미가 있었다. 그런 까닭에 이 날의 인터뷰는 여러 가지를 시사하며 이날 나온 이야기 가운데 상당수는 축구팬과 신문의 독자들이 훗날에도 듣게 될 내용들이었다. 한국 팀을 대상으로 어떤 점을 개선하거나 교정하고 싶으냐는 질문이 나오자 그는 나중에 꽤 유명해진 말을 한다. 슈틸리케는 "K

43 http://article.joins.com/news/article/article.asp?total_id=2332830&ctg=

리그 경기를 살펴보고 내용과 결과를 확인해 보면 상당히 많은 팀이 '지지 않기 위한 경기'를 하고 있다는 사실을 알 수 있다. 아시안컵에 나가는 한국 대표 팀의 명단을 보아도 수비수가 많다. 국내에서도 좋은 수비수가 성장하고 있다. 그러나 공격수가 아쉽다. 이번 대회에 나갈 공격진을 어떻게 짜야 할지, 고민이 많았다. 해결해야 할 과제다. 내 축구 철학은 0:0에서 지지 않을 축구를 추구해 승점 1을 따는 것보다 승점 3을 따기 위해 계속 도전하는 것이다. 끊임없이 적극적으로 공격에 집중하는 것이다. 팀이 지키기 위한 축구를 하면 수비적으로 물러설 수밖에 없다. 지키기 위한 축구를 한다고 하더라도 볼을 점유해서 경기는 우리가 주도해야 한다.”고 했다. '승점 3을 따기 위한 도전'이라는 슈틸리케의 말은 한국의 축구팬들에게 매력적으로 들렸다. 아마도 축구팬들은 2002년 월드컵 16강전에서 이탈리아에 0:1로 뒤진 한국의 감독 히딩크가 차두리와 황선홍을 잇달아 투입해 공격을 강화함으로써 기어이 동점골을 빼앗고 끝내 승리를 챙긴 그 가슴 벅찬 경기를 떠올렸을지 모른다.

논란이 된 'AS'와의 인터뷰 내용 중에는 슈틸리케가 우리 대표 팀의 구성원 가운데 경쟁이 강한 무대에서 활동한 선수가 적은 데 아쉬움을 나타낸 대목도 있다. 슈틸리케는 갑자기 그 말을 한 것이 아니다. 이미 호주에서 대표 팀의 선수 구성에 대해 언급했다. 그런데 말하는 방식에는 다소 차이가 있었다. 그는 "우리 대표 팀은 여덟 개 국가의 스무 개나 되는 클럽에 흩어져 뛰는 선수들의 집단이다. 한 두 클럽의 선수들이 대표 팀의 중심을 이루는 스페인(레알 마드리드나 FC바르셀로나), 독일(바이에른 뮌헨)과는 확연히 다르다. 스페인, 독일과 같은 대표 팀의 감독을 맡으면 기존의 큰 틀에서 선수들에게 해오던 것을 관리, 유지만 하면 된다. 우리는 그와 상황이 다르기에 문제를 풀기가 어렵다."고 운을 뗀다. 그는 그래서 "대표 팀 감독으로서 K리그 우승팀에서 대표선수 네댓 명이 나왔으면 좋겠다. 대표 팀의 인적구성을 그렇게 할 수 있도록 클럽의 수준이 높아졌으면 좋겠다. 그렇게 되려면 선수 육성이나 K리그의 경쟁력 강화가 중요하다. 대표 팀과 K리그의 선순환 연결 고리를 만들고 싶다."고 희망을 드러냈다. 이 말을 하기 전에는 "(2014년) 9월 24일에 한국에 들어와 일하면서 한 차례도 해외에 나가 해외파 선수를 점검하지 않았다. 국내에 머물며 국내 선수들과 K리그만 보았다. 그럼으로써 선수들이 대표 팀에서 얼마나 활약을 해줄 수 있는지 확인하려고 했다. 그래서 평가전에 다양한 선수 조합을 실험했다. 아시안컵과 같은 대회는 선수 열한 명으로 우승할 수 있는 대회가 절대 아니다. 모든 감독의 꿈이겠지만 어떤 선수가 투입되어도 주어진 역할을 충분히 해줄 수 있는 팀을 나도 만들고 싶다. 전술의 유연성이 중요하다. 선수들이 어떤 전술을 펼치더라도 다 소화해낼 수 있도록 준비된다면 좋겠다."고 희망을 말했다. 이날 슈틸리케의 인터뷰 가운데 또 하나 인상적인 장면은 K리그에 대한 존중과 기대였다.

언론이나 팬들의 관심도 물론 중요하다. 그러나 진정한

관심의 척도는 경기장에 오는 관중의 수다. 관중의 수는 내게 가장 중요한 관심거리다. K리그 관중은 많다고 할 수 없다. 선수들에게 가장 중요한 관심거리는 그들이 경기에 나가 뛸 때 얼마나 많은 관중이 지켜보느냐이다. 많은 관중은 선수들에게 부담이나 압박이 된다. 선수가 그런 환경에서 잘할 수 있다면 대표 팀에서도 심리적 변수를 제어하고 승리할 수 있다. 경기장 관중수가 진짜 관심이다.[44]

44 http://starin.edaily.co.kr/news/NewsRead.edy?SCD=EB12&newsid=
01203766609233456&DCD=A20203

> 그는 내가 인터뷰를 요청하자

> "당신 사람을 헷갈린 게 틀림없어.

> 난 재키야, 보비는 내 동생이고." 라고 말했다.

> 나는 "아니다. 나는 바로 당신,

> 재키 찰튼을 인터뷰하려는 것이다." 라고 했다.

15

　내게 멋진 기억을 남긴 외국인 감독이 몇 명 있다. 움
베르투 코엘류(Humberto Coelho), 루디 필러(Rudi Völler),
재키 찰튼(John 'Jack' Charlton), 니세 안데르손(Nils Nisse
Andersson), 그리고 에크하르트 크라우춘(Eckhard
Krautzun)이다. 코엘류는 박항서의 후임으로 한국 대표
팀을 맡아 2003년부터 2004년까지 지휘한 인물이다.
필러는 2002년 월드컵 준결승에서 한국을 물리친 독일
대표 팀의 사령탑이었다. 재키 찰튼은 잉글랜드 축구의
전설로서, 자신보다 더 명성이 높은 보비 찰튼(Bobby

Charlton)의 형이기도 하다. 1992년 6월 27일 유럽선수
권대회 취재를 마치고 귀국하기 위해 스톡홀름에서
ASA를 타고 런던 가는 길에 비행기에서 진 토닉을 마시
는 재키 찰튼과 짧게 인터뷰한 기억이 난다.[45] 그는 내가
인터뷰를 요청하자 "당신 사람을 헷갈린 게 틀림없어.
난 재키야, 보비는 내 동생이고."라고 말했다. 나는 "아니
다. 나는 바로 당신, 재키 찰튼을 인터뷰하려는 것이다."
라고 했다. 나는 1990년 이탈리아월드컵을 보면서 그가
지휘하는 아일랜드 축구의 매력에 빠져들었다. 그리하

---

45 재키 찰튼 애기가 나온 김에 내 '자랑'을 조금 하겠다. 나는 대한민국에
   서 처음으로 유럽선수권대회를 공식 취재한 기자다. 1992년 스웨덴
   (EURO92)! 영어신문 기자와 재벌기업 사원을 전전하다 다시 기자가 된,
   학비나 조금 모아서 대학원에 가려는 아무 것도 모르는 후배에게 넓은
   세상을 보여주기로 마음먹은 선배님이 계셔서 가능했다. 그분이 아니
   었다면 이 책을 쓰는 이 시간까지 기자를 하고 있지 않을 것이다. 그 선
   배님은 은퇴하셨고, 지금은 멋지게 제2의 인생을 살아가신다. 나는 언
   제나 그 선배님의 은혜를 마음속에 간직하고 살아간다. 또한 내가 후배
   를 대할 때에, 또한 (감히) 가르칠 때에 언제나 그분이라면 어떻게 했을
   까 고민한다. 결국 선배 된 자의 도리는 후배의 현재와 장래를 고려하
   고 그 근기와 재능을 살펴서 최선의 선택을 하는 데 있다.

여 재키 찰튼이라는 뛰어난 감독과 수문장 패트릭 보너 (Patrick Joseph 'Packie' Bonner), 존 알드리지(John Aldridge), 믹 맥케이(Michael Joseph 'Mick' McCarthy) 등의 이름을 기억하게 되었다. 재키 찰튼과 인터뷰를 했다지만 대화는 대부분 2년 전을 기억하는 즐거운 잡담이었다. 내 기억 속에는 진 토닉 향기만 남았다. 축구에 대해서는 '현대축구에서 포백의 효용 가치', '독일의 실패 원인은 무엇인지', '게리 리네커(Gary Lineker)는 끝나 버렸는지, 그렇지 않은지' 등에 대해 대화를 나누었다. 찰튼은 내가 내민 수첩에 만년필로 그림을 그려가며 이것저것 설명했다. 내가 그를 기억하는 이유가 여기 있다. 그의 소탈한 자세, "축구 뭐 있어. 사나이답게 최선을 다하고 즐거우면 그만이지."라는 호방함, 그리고 무엇보다도 낯선 한국인 청년이 명함조차 건네는 일 없이 대뜸 '나는 한국에서 온 기자'라고 들이대며 묻는 질문에 성의 있게 답변해준 그의 친절이 마음을 사로잡았다. 나는 그때 국제 스포츠계를 누비는 저널리스트가 갖춰야 할 매너나 규칙이 무엇인지 전혀 알지 못했다. 그리고 거지꼴이었다.

　1992년 6월, 스웨덴의 네 도시(스톡홀름·노르셰핑·예테보리·말뫼)에서 열린 유럽축구선수권대회를 취재하러 갔을 때 생긴 일이다. 당시 나는 비자나 마스터처럼 외국에서 사용할 수 있는 신용카드를 가지고 있지 않았다. 그래서 오직 현금만 가지고 갔다. 회사에서 책정한 출장비가 충분치 않아서, 그보다 더 많은 돈을 따로 준비했다. 내가 모시던 팀장께서 책을 출간하고 받은 인세를 털어 여행자 수표 한 권으로 만들어 주셨다. 그 분의 은혜를 잊지 못한다. 나는 스웨덴에서 유럽축구를 이해했고, 이름난 축구인들을 많이 만났다. 벨기에의 기 티스(작고), 잉글랜드의 재키 찰튼(보비 찰튼의 형)과 나눈 즐거운 대화를 잊지 못한다.

　대회는 8강전, 4강전으로 압축됐다. 지갑도 얇아져갔다. 1992년 6월 22일 예테보리의 울레비 경기장에서 덴마크와 네덜란드가 준결승전을 할 때는 바닥이 보였다. 나는 경기가 열리기 이틀 전에 스톡홀름에서 기차를 타고 내려갔다. 숙소를 찾아 헤매다 예테보리 시립극장 앞을 지났다. 거기 붙은 포스터를 보고 이튿날 네메 예르비가 지휘하는 예테보리 교향악단이 시벨리우스의 교향곡과 교향시를 공연한다는 사실을 알았다. 입장권을 구할 수도 있다고 했다. 나는 고민했다. 출장지에서 누리는 호사의 대가가 무엇인지 잘 알았기 때문이다. 그러나 결국 빵과 물로 며칠 버티기로 작정했다. 사람들은 예외 없이 이성적이고 합리적이다. 결코 무리한 행동을 하려 들지 않는다. 그러나 또한 누구나 마찬가지로 어떠한 희생과 대가를 치르더라도 행동해 버려야 할 순간을 맞기도 한다. 그 절박함을 세상 모든 사람이 이해할 수 없는 점은 아쉽다. (중략) 바닥이 보이는 지갑을 움켜쥔 젊은 기자의 행동은 무모했다. 출장기간의 마지막 며칠은 실로 곤궁하였다. 여행자 수표는 표지만 남았다. 런던을 거쳐 김포로 돌아온 뒤 공항 화장실에 들어가 거울을 보니 내 얼굴 같지 않았다.[46]

유럽축구선수권대회를 취재하러 간 1992년 6월에, 내게는 유로92 외에 임무가 하나 더 있었다. 스웨덴 올림픽 축구 대표 팀의 감독 니세 안데르손을 만나 인터뷰하는 일이었다. 스웨덴은 1992년 바르셀로나올림픽에

46 http://view.asiae.co.kr/news/view.htm?idxno=20141202111005786
56

서 한국이 만나야 할 상대였다. 두 팀 모두 조별리그에서
C조에 속해 파라과이, 모로코 등과 조 2위 이내에 들기
위한 경쟁을 했다. 한국에서는 스웨덴과 파라과이를 난
적(難敵)으로 꼽았고 특히 스웨덴을 경계했다. 성인 대표
팀에서도 뛰는 토마스 브롤린(Tomas Brolin)이 이름을 널
리 알려갈 무렵이었다. 나는 서울에서 스웨덴 축구협회
로 편지를 써 보내고[47] 협회 관계자들과 통화도 했지만
안데르손과 직접 약속을 하지는 못했다. 그를 만날 수 있
을지 확신할 수 없었는데, 1992년 6월 9일 스톡홀름의
구스타프 바사(Gustav Vasa) 호텔에서 전화를 했을 때 마
침내 그와 약속이 되었다. 나는 스웨덴축구협회로 찾아
가 그를 만났다. 인터뷰는 틀에 박힌 내용이었다. 덕담이
오가고, 그는 브롤린에 대한 기대를 표명했다. 한국축구
에 대해 자세히 알지는 못한 것 같았다. 볼일을 보고 뒤
처리를 제대로 못한 것 같은 찜찜한 기분으로 취재수첩

---

47 팩시밀리로 보냈다. 당시에는 전자 우편이 없었다.

을 덮자, 그는 나를 안내해 축구협회 내부를 보여준 다음 로순다로 데려갔다. 그래서 나는 유로92를 앞둔 로순다의 아름다운 피치와 관중석을 여유 있게 둘러볼 수 있었다. 무척 날씨가 좋은 날이었다. 나는 스웨덴에서 열린 유로92를 취재하면서 축구 외에도 이런저런 기사를 썼다. 축구란 어쩔 수 없이 인생을 몹시도 닮은 운동이고 그러기에 운동장 밖이라고 해도 축구는 계속되는 것이다. 나의 시선은 경기장 안팎을 넘나들었다. 지금에 와서 읽으니 구상유취를 어쩔 수 없다. 젊은 나이에 외국에서 오래 머물면서 노스탤지어에 사로잡히기도 했고, 무리한 사고를 전개하기도 했다. 무엇보다도 취재를 잘못하거나 충분히 하지 못한 사례도 자주 눈에 띈다. 그러나 손대지 않고 거의 그대로 아래에 싣는다. 기록의 의미가 있다고 보기 때문이다.

스웨덴 말뫼가 원정팬으로 "북적"
자국팀 축구경기 보러 수천 km 달려와 응원
유럽선수권 개최지 축제 무드
뿔피리 소리 행진 함성 뒤덮여

요즘 유럽의 크고 작은 도시 곳곳에서는 뽀얀 자동차 배기가스가 솟구쳐 오른다. 월드컵과 격년으로 4년마다 한 번씩 열리는 유럽축구선수권대회를 보기 위해 저마다 자동차에 시동을 걸어대는 것이다.

유럽의 복판이 독일이나 프랑스, 이탈리아쯤에서 열리는 대회이면 모를까 북부유럽 스칸디나비아반도 중심부인 스웨덴에서 벌어지는 대회를 관전하기 위해 수천 km를 달린다는 일은 여간한 정성으로도 쉽지 않다. 그러나 축구에 완전히 매료돼 있는, 아니 축구 없이는 살아갈 수조차 없는 유럽의 축구팬들은 특히 자국 팀의 경기를 응원하기 위해 서라면 이 같은 노고를 아끼지 않는다.

유럽 서쪽의 스페인에서는 자국 팀이 유럽선수권 본선 진출에 실패했음에도 불구하고 지난 주말 FC바르셀로나와 레알 마드리드의 리그 패권다툼이 끝나자마자 자동차에 열쇠를 꽂았다. 스코틀랜드와 잉글랜드에서는 일단의 훌리건(Hooligan)들이 페리에 몸을 싣고 차가운 북해의 파도를 가로질러 왔다. 대영제국의 장남이라 할 수 있는 잉글랜드와 유고를 대리하여 참가한 덴마크의 경기가 벌어진 11일 스웨덴 남부의 점잖은 항구도시 말뫼는 온통 바다를 건너온 응원단들의 뿔피리 소리와 "올레, 올레……"의 함성으로 가득했다. 얼굴에 국기의 무늬와 응원 문구를 물감으로 그리고 대표 팀 유니폼을 입은 채 어깨동무를 하고 말뫼 시내 중심부를 누비는 모습은 노도와 같은 시위 군중을 연상케 했고 가도에 늘어선 말뫼 시민들은 열띤 박수와 호응으로 손님들을 환영했다.

해묵은 교회 돌계단에 걸터앉아 이 낯선 장면들을 바라보면서 예컨대 부산의 대우 팬들이 LG나 일화 등 서울 팀과의 경기를 응원하기 위해 경부고속도로와 중부고속도로며 온갖 국도를 메우고 한 주일 분의 항공편 좌석을 매진시켜 버리는 행복한(?) 미래를 그려보는 일은 잘못이 아닐 것이다.

광적인 축구팬들의 열띤 함성은 적어도 이 사회의 건
강성을 보증하는 미터기로 보아도 좋다. 우리 서울도 축
구장을 크게 늘려 보다 많은 축구팬을 유치한다면 컴컴
한 지하의 술집으로 기어 내려가는 취객의 수가 그만큼
줄 것이다.

－ 말미에서

"포지션별 콤비네이션 - 분업" 전력 극대화
독일 프랑스 영국 등 고정 포메이션 집착 않고 '효율성'에 온힘
한국축구 "체력 - 투지일변도" 재고할 때

'축구에서의 포메이션은 과연 금과옥조인가, 많이 뛰
는 축구는 미덕이 될 수 있는가.'

92유럽축구선수권대회를 취재하면서 갖게 되는 두
가지 의문이다. 우리 축구에 법령처럼 엄격하게 적용되
고 있는 3-5-2 포메이션은 현대축구의 최선일까. 그렇
다면 세계 모든 선진 축구팀이 이 포메이션을 선택해야

한다. 그러나 정작 축구 강국으로 꼽히는 독일, 프랑스, 잉글랜드는 이 황금포메이션(?)을 채택하지 않고도 멋진 경기를 펼치고 있다.

스웨덴 현지에 모여든 각국 축구전문가와 기자들은 독일의 포메이션을 3-6-1로, 프랑스는 4-4-1-1로, 잉글랜드는 3-5-1-1로 규정하고 있는데 이는 각팀의 경기운영을 분석해 포지션별 기능을 분류한 것이다. 그러니까 이들은 선수구성과 형편에 따라 전력을 극대화할 수 있는 포메이션을 선택하고 있는 것이다.

전문가들의 지적 중 또 하나 관심을 끄는 부분이 독일이나 잉글랜드가 뛰는 양을 줄였다는 대목이다. '게르만 전차'나 '영국축구 스타일'로 대변되던 양 팀의 밀어붙이기식 대시가 준 대신 포지션별 콤비네이션과 운영의 효율성이 확보돼 세련미를 더했다는 평가다. '우아하다'고 표현된 프랑스축구가 얄미울 정도로 에너지를 절약하는 것은 말할 필요도 없다. 말처럼 치달리는 한국축구의 명성은 이 먼 유럽에도 자자하지만 '매우 많이 뛰며

스피디하다'는 평가 뒤에 기대했던 칭찬의 소리를 들리지 않는다.

　기량의 차이가 미세할 경우 뛰는 것 이상의 미덕이 있을 수 없지만 그 차이가 현격해지면 해결 방안은 다른 곳에서 찾아야 옳지 않을까. 훈련 시간의 태반을 단순히 뛰고 달리는 데 쏟아 붓는 것만으로는 선진축구와의 차이를 극복하기가 어렵다. '한국축구의 살길은 그저 체력과 투지 뿐'이라는 명제도 이제는 우스꽝스러워질 때가 되었다. 비타민이 부족한 식단은 환자를 만드는 법이다.

- 말뫼에서

　　"앉아서 축구발전 이루려 하나"
　　유럽선수권대회서 "유치원수준" 대접
　　40~50명 몰려 열 올리는 日 보고 "위기감"
　　협회차원 지원-대책 절실

　월드컵 2회 연속 출전, 올림픽축구 본선 2회 연속 진출. 게다가 1988년 올림픽 주최국이었고 월드컵 유치를

강력히 희망하는 '아시아축구의 맹주'라고 자부하는 한
국축구의 유럽대륙 내에서의 위상은? 미안한 일이지만
'쇠잔등의 터럭 한 올'에도 못 미치는 것이 사실이다. 스
웨덴 4개 도시에서 진행 중인 92유럽축구선수권대회를
취재하며 느끼는 점은 '적어도 아시아에서는 제법 공 좀
찰 줄 아는 나라'지만 축구문화와 외교능력 면에서는
'한참 더 배워야 할' 유치원 수준의 대접을 받게 되는 우
리 축구의 현주소에 대한 실감이다.

이번 대회를 취재하는 공식 기자단은 총 3136명. 그러
나 취재카드 없이 현지에 뛰어든 각국 취재진을 포함하
면 무려 5500여명 규모의 대규모 보도진이 스웨덴 4개
도시를 휘젓고 있다. 아시아에서는 일본이 30여명, 인도
네시아 12명, 태국 7명, 홍콩 인도 대만에서 2~3명씩 기
자단을 파견했다. 가장 눈에 띄는 취재팀은 역시 일본으
로 물샐틈없는 팀플레이로 시시각각 본국에 새 소식을
전하는 모습이다.

주목되는 일 한 가지는 일본에서 취재진 외에 어림잡

아 14~15명의 축구관계자들을 현지에 파견, 선진축구를 지켜보게 하고 있는 점이다. 경기가 벌어지는 어느 경기장에서는 가슴에 2002년 월드컵 배지를 단 채 노트를 펼쳐 놓고 열심히 '공부하는' 일본인을 만나게 된다. 그들에게서 프로축구 출범 이후 어떻게든 한국을 따라잡고 말겠다는 야심과 언젠가 추월당할 듯한 불안감을 함께 느낀다. 매 순간 무서운 속도로 집적돼가는 일본축구의 잠재력을 체감하면서 현재 축구기술 면에서는 앞섰을지 모르나 문화차원에서 낙후돼가는 우리 축구의 내일을 근심하지 않을 수 없다.

스톡홀름 로순다 스타디움에서 스웨덴-프랑스의 개막전이 벌어진 10일, 관중석에서는 낯익은 한국축구인 네 명이 눈에 띄었다. 김호 전 현대 감독, 정종덕 건국대 감독, 허정무 포철 코치, 슈퍼스타 최순호가 그들이었다. 모두들 사비를 털어 이번 대회를 관전하기 위해 수천 마일을 마다않고 날아온 '극성꾼들'이지만 충분한 협회차원의 지원이나 격려도 없이 우리 축구의 장래를 염려하

며 매 순간 매 장면에 몰입하는 모습을 지켜보면서 한 가
닥 희망과 신뢰, 고마움을 느낀다. 그러나 '부대끼는 소
수'의 정성 한가지에만 이 나라 축구의 장래를 맡기기란
참으로 옹색한 일일뿐 아니라 앞서 달리는 축구선진국
과의 거리가 너무나 멀게 느껴지기도 한다.

— 말뫼에서

92유럽축구선수권 "프랑스의 영광"
플라티니 감독 집념 "활활"
對스페인戰 결승골, 최우수 뽑혔던 인연 못 잊어
"독일에 빼앗긴 대륙패권 되찾자" 불타는 야심도

92유럽축구선수권대회에서 가장 주목받는 나라는 프
랑스이다. 1984년 이 대회 우승팀이기도 한 프랑스는 당
시 '그라운드의 나폴레옹'으로 불리며 프랑스 축구의 전
성기를 누리게 한 영웅 미셸 플라티니가 조련의 고삐를
틀어쥐고 있는 데다 최고의 골잡이인 장 피에르 파팽과
천재형 게임메이커 에릭 칸토나 등 슈퍼스타들을 줄줄

이 거느리고 있어 팬들의 관심이 높다.

프랑스 역시 이번 대회에서는 타이틀을 꼭 차지하겠다는 각오를 단단히 하고 그라운드를 밟은 듯하다. 10일 개막전으로 벌어진 홈팀 스웨덴과의 경기에서 프랑스 일레븐의 플레이에서는 한 마디로 '똑 부러지는 소리'가 났다. 결과는 전반 선제골을 내준 후 후반 파펭이 동점골을 성공, 1:1로 비겼고 기자회견에서 플라티니 감독은 다소 불만 섞인 푸념을 늘어놓았지만 전문가들은 대체로 합격점을 내렸다.

프랑스의 우승을 향한 집념은 어디서 비롯되는 것일까? 플라티니 감독은 유럽선수권 우승을 월드컵 우승에 버금가는 영광으로 간주하고 감독으로서 반드시 달성해야 할 목표로 받아들이고 있다.

유럽선수권대회는 당초 네이션컵 대회로 불렸다가 후에 앙리 들로네(Henry Delaunay) 컵으로 재 명명됐다. 앙리 들로네는 전 프랑스축구협회(FFF)의 회장으로 1958년 유럽선수권 창설의 산파역을 한 인물이다. 프랑스는 유럽선수권대회 우승컵을 바로 자신들의 컵으로 여기며 어떻게든 품에 안겠다는 집념을 불사르고 있는데 이 야망의 밑바닥에는 바로 이러한 내력이 깃들여 있다.

플라티니 감독으로서는 자신의 현역 시절 프랑스가 거머쥐었던 최초의 메이저국제타이틀이 바로 유럽선수권대회였고 당시 스페인과의 결승전에서 후반 11분 결승골을 터뜨려 최우수선수로 지명됐던 각별한 인연을 염두에 두지 않을 수 없을 것이다.

1986년 멕시코월드컵 출전 이후 플라티니 감독이 선수생활을 마감하고 프랑스축구가 곤두박질치면서 유럽대륙의 패권을 독일에 내주었던 점을 감안하면 그들의 절박한 처지가 이해된다.

― 스톡홀름에서

수많은 명승부로 아로새겨진 추억의 장소
'로순다' 구장은 자부심 그 자체
규모 작지만 스톡홀름 시민들 사랑 한 몸에

92유럽축구선수권대회를 취재하면서 뜻밖인 점은 경기가 벌어지고 있는 경기장 네 곳이 기대한 만큼 크지 않다는 점이다. 가장 수용인원이 많고 규모도 큰 예테보리시의 울레비 스타디움이 '고작' 3만5000석 규모이고 말뫼시 말뫼 스타디움이 2만6000석, 노르체핑시 이드로슈파르크 전용구장은 1만7000석에 불과하다. 더구나 수도 스톡홀름시의 로순다 전용경기장이 2만7000석 뿐인 데는 놀랄 정도다.

더 놀랄만한 사실은 이 '초라한' 경기장 네 곳에 대해 '스베리게'들이 간직하고 있는 각별한 사랑과 자부심이다. 대회 첫날 스웨덴-프랑스의 개막전을 관전하기 위해 로순다 스타디움을 찾았을 때 고적한 주택가에 파묻힌 이 작은 구장은 약 50m 외곽을 돌아 지나가는 시내버스 차창을 통해서도 발견할 수 없을 만큼 작은 규모였다. 그러나 이곳에서 만난 스웨덴 올림픽축구대표 팀의 니세 안데르손 감독은 로순다 스타디움을 가리켜 "스톡홀름 시민 뿐 아니라 스웨덴 국민 모두가 사랑하며 자랑스러워하는 구장"이라고 소개했다.

이 소규모의 구장이 그토록 스웨덴 사람들의 사랑을 얻게 되기까지의 과정을 살펴보면 금세 수긍을 하게 된다. 1937년 개장한 로순다 스타디움에서는 1958년 여덟 차례나 월드컵 본선 경기가 벌어졌고, 브라질과 스웨덴의 결승전이 벌어진 것도 이때의 일이었다. 입석권을 판매한 1965년에는 구장 역사상 최고인 5만2943명의 밀물관중이 들이닥쳤으며 1968년에는 플로이드 페터슨과 지미 엘리스의 프로복싱 세계헤비급 타이틀전이 벌어지기도 했다. 스톡홀름 시민 66만7000명의 뇌리에는 이곳을 중심으로 이루어진 수많은 명승부와 잊을 수 없는 장면들이 영원히 아로새겨져 있으며 로순다 스타디움은 언제나 좋은 일이 벌어지는 곳, 언제나 좋은 일이 생길 것 같은 곳이 되어 있는 것이다. 거듭 쌓인 인연과 체험의 연속은 사람과 사람뿐 아니라 차가운 시멘트덩어리와 사람의 교감을 가능케 한다.

우리 서울은 잠실과 동대문, 효창동과 목동에 번듯한

경기장을 네 개나 갖췄고 시설 면에서도 스웨덴 어떤 구장에 못지않다. 그러나 왠지 멀고 불편하고 재미없을 것 같은 느낌도 주어 차라리 대폿집으로 발길을 돌리게 한다. 우리의 자랑스러운 구장들을 주말이면 왠지 가보고 싶고, 1000만 서울시민의 머릿속에 즐겁고 정겨운 추억의 장소로 남게 할 수는 없을까.

– 스톡홀름에서

무엇이 스웨덴축구를 강하게 하는가
제1의 열쇠는 "꿈나무 육성"
유소년선수 무려 33만 명 등록
어릴 적부터 기초 다지기 "온힘"

92유럽축구선수권대회는 필립스, 후지필름, 캐논 등 세계 유수의 아홉 개 기업이 공식 스폰서를 맡고 있다. 이들은 엄청난 경비를 이번 대회에 투자하는 것과 함께 확실한 홍보효과를 거두기 위해 온갖 노력을 아끼지 않는다. 이들이 만들어낸 홍보물 가운데 가장 눈길을 모으는 것은 캐논에서 제작한 한 장까지 컬러 광고다.

'우리는 다음 월드컵을 위해 준비하고 있습니다.'로 시작되는 차분한 카피라이트 위로 라틴계로 보이는 7~8세 소년이 맨발로 공을 다루는 장면이 극적으로 포착돼 있다. 소년의 옷차림은 남루하고 공이 구르는 곳도 거칠디 거친 맨땅이지만 멀리 배경으로 솟아오른 산록은 강렬한 햇살에 황금색으로 빛난다. 이 광고물의 이미지는 물론 '이번 대회뿐 아니라 차기 대회 스폰서도 우리가 맡을 것이며 좀 더 많은 물건을 팔아 달라'는 내용을 대변하고자 하는 것이겠지만 동양의 '축구개발도상국' 기자가 받아들이는 감각은 각별한 대목이 없지 않다.

이번 대회 개최국 스웨덴은 위치로 보아 유럽의 변방이긴 해도 축구에 관한한 '스베리게 스타일' 운운할 정도로 강한 자부심을 지녔고 줄곧 유럽축구의 중심무대에서 활약, 지난 1990년 이탈리아월드컵까지 모두 여덟 차례 월드컵 본선에 진출했으며 올림픽에는 다가오는 바르셀로나올림픽까지 아홉 차례나 참가했다. 무엇이

유럽 변두리의 스웨덴을 축구강국으로 이끌 수 있었을까. 그것은 다름 아니라 '다음'을 준비하는 자세와 열성에 있다.

스웨덴의 총 클럽 수는 3250개에 이르고 15세 이상 협회등록선수는 16만2566명, 이외에 유소년 선수가 물경 33만 명에 이른다. 한마디로 저변이 넓고 인적자원이 풍부하다. 스웨덴축구협회와 각급 클럽들은 특별히 유소년 육성에 심혈을 기울여 온갖 투자를 아끼지 않고 있다. 주말에 기차를 타고 말뫼나 예테보리로 남하하노라면 원색의 유니폼을 입은 꼬마선수들이 융단 같은 훈련장에서 공을 다루는 장면이 끊임없이 이어진다.

'내일에 걸라'든가 '유소년축구를 키우라'는 고전적인 화두에 만성이 돼버려 이제는 둔감하기까지 한 우리 축구계지만 정말 코흘리개 시절부터 축구사랑과 축구기술을 함께 심을 수 없다면 한국축구의 장래는 보장받지 못한다. 다행히 뜻있는 축구인들이 개인적으로 어린이축구교실 등을 운영하고 있지만 현재의 규모로는 충분한

양과 질에 미치지 못하는 게 사실이다. 대표 팀이나 프로
클럽 아닌 어린이 지도에 생애를 걸며 은발을 휘날리는
초로의 신사가 휘슬을 불어대는 한 연습장을 철책너머
로 바라보면서 축구선진국과의 거리는 바로 이곳에서
벌어지고 있음을 깨닫는다.

– 스톡홀름에서

온축구인이 환영하는 대표감독을…
佛플라티니 獨포그츠 절대적 신임 받아
성실한 지도-스타 키우는 명사령탑 기대

92유럽축구선수권대회 공식 후원업체 중 하나인 유
로-마스터카드에서는 기념행사의 하나로 '엘리트 일레
븐'이라고 해서 역대 유럽축구선수권대회를 망라, 가장
우수했다고 인정되는 스타 중의 스타를 선정한다. 선정
방법은 두 단계인데 먼저 유럽지역 축구기자들에 의해
일곱 명이 이미 선정됐고 나머지는 이번 대회를 취재하
는 각국 축구기자들에 의해 확정된다. 지금까지 확정된

일곱 명의 면면은 신화적인 GK 레프 야신(구소련), 루이스 수아레스(스페인), 보비 찰튼(잉글랜드), 프라츠 베켄바워, 베른트 슈스터(이상 독일), 미셸 플라티니(프랑스), 마르코 반 바스텐(네덜란드) 등 눈이 부실 정도. 게르트 뮐러(독일)나 요한 크루이프(네덜란드) 등이 빠져나간 아쉬움이 있지만 세계에서 모인 축구기자들의 손으로 구제될 것 같다.

올스타 중 이미 타계한 야신, 현역인 반 바스텐을 제외하면 모두가 한 차례씩 자국대표 팀 사령탑을 역임했거나 현재 재직 중이고 찰튼은 잉글랜드 축구의 대부요, 정신적 기둥으로 세계를 주름잡으며 축구전파에 앞장서고 있다. 적어도 이 정도 인물들이 한나라의 사령탑에 앉게 되면 누구라도 감히 반론을 제기하지 못할 듯싶다.

국가대표 팀의 감독 자리는 현역 축구인들 중 '대통령'의 위치에 해당하기에 흔히 '대권'이라고까지 표현한다. 이 자리는 원하면 누구나 앉을 수 있는 대합실의 의자와 달라서 만인이 공감하고 지지해 줘야만 차지할 수 있다. 반대로 부담스럽고 힘겹다고 해서 멋대로 거부할 수 있는 자리도 아니다. 대통령 취임식 때처럼 국가대표 감독도 엄숙히 취임선서를 해야 하지 않을까.

이번 유럽축구선수권대회에서는 감독 네 명이 스포트라이트를 받고 있는데 프랑스의 미셸 플라티니, 전임 보비 롭슨 감독에 의해 강력 추천됐고 대중적 지지가 높은 그레이엄 테일러 잉글랜드 감독, 선수들이 강력히 원한 요한 크루이프 대신 사령탑에 오른 리누스 미셸 네덜란드 감독, 1976년 이 대회 베스트 11 출신으로 명수비수로 손꼽히는 베르티 포그츠 독일 감독이 그들이다. 이들 네 명 가운데 한 명이 우승 행가래를 받으리라는 것이 현지 전문가들과 도박사들의 예상이고 그중 확률이 높기로는 포그츠 독일 감독이 최고다. 그는 1979년 주니어 팀 감독을 맡은 이래 현 독일대표 팀 베스트11 중 대부분을 발굴, 성장시킨 지도자로서 1990년부터 대표 팀 감독으로서 활약 중이다. 그의 부임에는 그 누구도 반론을 제기한 적이 없으며 그의 높은 성실성과 10여 년간 선수

발굴을 통해 보여준 탁월한 안목 등은 독일이 당한 몇 차
례 충격적인 패배에도 불구하고 그의 신임도에 조금의
흔들림도 없게 했다.

최근 스포츠서울이 실시한 차기 월드컵대표 팀 감독
선임과 관련한 축구인 설문 조사에서는 열렬한 호응 속
에 내로라하는 명감독들이 상위그룹에 랭크됐다. 그러
나 거부할 수 없는 소명을 지우기 위해 또 한 가지 전제
돼야 할 요소는 온 축구인들의 공감과 지지가 아닐까.

– 스톡홀름에서

잦은 선수 교류가 전력 높인다
젊은 인재들 선진시장 진출 적극적으로 도와줘야

92유럽축구선수권대회에 참가중인 8개국 팀 선수는
모두 160명이다. 저마다 자국 유니폼을 입고 몸이 부서
져라 최선을 다하고 있는 이들 선수 중 33.13%에 달하
는 쉰세 명이 자국이 아닌 외국 클럽 팀에서 활약하고 있

다. 유럽이라는 거대한 단일경제권 안에서 살아가고 있고 이탈리아를 비롯해서 스페인, 독일, 프랑스, 잉글랜드 등 최고의 축구시장이 산재하므로 각국의 축구 엘리트들이 국경을 멋대로 넘나들며 명성을 떨치고 거액의 연봉을 챙기는 일은 그리 어렵게도 이상스럽게 보이지도 않는다.

이번 대회에 출전하고 있는 대표선수 중 독립국가연합(CIS)과 스웨덴이 각각 열한 명의 선수를 국외로 내다팔았고(?) 독일 여덟 명, 덴마크 일곱 명, 네덜란드 여섯 명, 스코틀랜드 다섯 명, 잉글랜드 세 명, 프랑스는 두 명을 해외시장에 수출했는데 그 수는 그리 중요하지 않다. 그보다는 유럽의 축구강국들이 부단한 선수교류를 통해 각기 국내축구수준의 급격한 향상과 변모에 성공하고 있으며 한편으로 자국축구의 국제적인 위상을 보장받고 있는 점이 눈에 들어온다.

우리 한국축구가 자랑하는 슈퍼스타 김주성(대우)이 바야흐로 유럽의 메이저리그 중 하나인 분데스리가에 진출한다. 그러나 그의 나이 등을 고려할 때 다행이라는 생각에 앞서 만시지탄을 금할 수 없다. 김주성에 앞서 '아시아의 황금발' 최순호도 그토록 해외시장 진출을 염원했건만 군문제 등으로 뜻을 이루지 못하고 뒤늦게 지도자수업을 받기 위해 유럽으로 건너와 씁쓸히 열전의 현장을 지켜보고 있다. 제반여건이 불비하고 제도적인 장애가 없지 않으나 한국축구의 세계화와 한국축구문화의 격상을 위해서라도 젊은 인재들을 선진시장에 진출시켜 '큰물에서 놀게 하는' 노력이 필요하다.

돌이켜보건대 한국축구의 월드컵 참가사상 최고의 성적, 최선의 경기를 보인 1986년 멕시코월드컵에서 차범근, 허정무, 조영증 등 해외파 선수들의 활약은 눈부셨고 그들이 아니었던들 선전은 기대하기 어려웠을 것이다. 어찌됐든 선수들의 활동영역이 국내무대로 좁아든 1990년 이탈리아월드컵에서 한국이 유럽과 남미 국가팀과 맞서 변변히 힘 한번 써보지 못하고 내리 패해 웃음거리가 된 것도 따지고 보면 벅찬 상대들과 몸을 부대끼며 대결해본 경험이 부족했기 때문이 아니었을까.

— 스톡홀름에서

독일국민의 "통일긍지" 절정
경기장 떠나갈 듯 우렁차게 국가 합창

　베를린 장벽이 붕괴되고 동서독 통일의 길이 활짝 열
리던 날. 미국의 지휘자 겸 작곡가 레너드 번스타인은 한
걸음에 베를린으로 달려가 베토벤의 교향곡 9번 '합창'
을 지휘해 세계인을 또 한 번 감동 속으로 몰아넣는다.
이때 번스타인은 실러의 시 '환희의 송가'를 '자유의 송
가'로 바꿔 부르게 해 일대 논란을 불러 일으켰는데 이
선율을 92유럽축구선수권대회에 참가한 독립국가연합
(CIS)이 국가로 채택하고 있는 점은 흥미롭다.

　지난 12일 CIS와 독일이 노르체핑에서 2그룹 예선을
할 때 경기에 앞서 있은 국가연주 장면은 참으로 인상적
이었다. CIS를 위해 연주된 '환희의 송가'는 1만7000석
의 노르체핑 이드로슈파르크 전용구장을 전세 낸 듯 소

란스럽기 짝이 없는 독일응원단의 야유에 파묻혀 들리지조차 않을 정도였다. 곧이어 연주된 독일의 국가는 그 장대한 선율과 진취적인 이미지로 노르채핑시를 떠나갈 듯 진동시켰다.

이날 CIS는 비교적 열세를 보이면서도 페널티킥 선제골로 1:0 승리를 눈앞에 두었으나 종료 직전 독일의 토마스 해슬러에게 동점골을 맞고 고개를 숙인다. CIS는 이후 전 대회 챔피언 네덜란드와 맞서서도 용케 0:0으로 비겨 2무승부로 버텼으나 18일 마침내 가장 약체로 평가되던 스코틀랜드에 세 골 뭇매를 맞고 조 최하위로 전락, 예선 탈락하는 비운을 맛보았다.

CIS가 이번 대회에서 치른 세 경기를 지켜보면 예선 탈락이 당연하다 싶을 정도로 의욕을 상실한 모습을 보여주었다. 선수 열한 명이 서부유럽 명문클럽에서 활약하고 있는 만큼 멤버 상으로는 어느 팀에도 뒤질 것이 없고 주장 미하일리첸코나 공격수 칸첼스키스 등은 유력한 득점왕 또는 MVP 후보로 꼽혔지만 문제는 흰 바탕에 붉은 글씨로 CIS라고 쓴 깃발이 암시하듯 신명을 바쳐 봉사해야 할 대상이 불분명한 데 있는 듯했다. 실제로 사이플스 라디오방송의 실리 갈리치 기자는 "CIS는 잠시 나타났다 사라지는 허깨비 같은 존재고 지금 그라운드를 누비는 선수들은 단지 나그네일 뿐."이라고 표현했다.

구소련이라는 초강대국의 붕괴로 인해 각 연방으로 독립한 공화국들의 집합체는 스코틀랜드와의 경기에서 패한 이후 더할 나위 없이 초라한 모습이었다. 같은 날 같은 시간 네덜란드에 1：3으로 두들겨 맞고 조2위에 간신히 턱걸이한 독일이 "결승에서 다시 만나면 우리가 이긴다."고 장담하며 기고만장하는 장면과 몹시 대조적이었다. 통일 이후 엄청난 수습비용과 세 부담 등으로 인한 후유증이 적지 않다는 독일이지만 국민적인 기상 면에서는 천지를 집어삼킬 듯 절정에 올라 있는 모습이 부럽기까지 했다.

－ 예테보리에서

최고시설-뜨거운 성원 "부러움"
너나 없는 관심 세계적 수준 유지 "비결"
축구제전 유일한 한국특파원 "긍지"

　스웨덴의 수도 스톡홀름에서 남부의 항구도시 말뫼까
지는 620㎞나 된다. 인터시티열차로 꼬박 일곱 시간이
걸리는 먼 거리이다. 또 예테보리까지는 480㎞, 네 시간
30분이 걸린다. 스웨덴 4개 도시에서 나뉘어 벌어지는
92유럽축구선수권대회를 취재하기 위해 이같이 먼 거리
를 바삐 오가면서 기자는 여수(旅愁)에 젖기에 앞서 엄습
해오는 축구 후진국 기자로서의 열등감을 어쩔 수 없이
느끼곤 한다.

　이번 대회에 파견된 유일한 한국 기자라는 사실도 자
랑스럽기보다는 오히려 부끄럽고 틈틈이 걸어보는 어느
거리에서 불쑥불쑥 나타나는 축구장의 푸른 잔디와 코
흘리개 선수들의 함성에도 쉽게 주눅이 든다. 세계 최고
수준의 축구경기를 북해를 건너온 10만여 축구팬들의

열광적인 응원 속에 지켜보는 동안 머릿속에서는 유행가가 울려 퍼지는 서울의 축구장이 떠오르기도 했다.

세계 첨단의 축구현장에서 생생히 펼쳐지는 슈퍼스타들의 활약을 지켜보며 체험한 열등감은 결코 지워지지 않을 상처로 남으리라. 그러나 다음 대회에서도 또 다시 사비를 털어 수천 마일을 날아온 소수의 축구인들과 단 한 명의 한국 기자가 외롭게 이 도시 저 도시를 오가야 한다면 한국축구의 고뇌와 한국축구기자의 뼈아픈 체험이 끝내 치유되지 못할 것이다.

－ 예테보리에서

"전임감독 확실한 권한 보장부터"
"무거운 짐" 부담 덜도록 활동영역 보장 바람직
축구선진국 오래전부터 시행

좋은 경기를 벌이고 승리를 낚아내는 데 필요한 여러 가지 조건을 열거할 수 있지만 부상선수가 없어야 한다는 점을 빼놓을 수 없다. '차포'를 떼고 두는 장기는 여간해서 이기기 어려운 법이다.

그레이엄 테일러 잉글랜드 감독, 베르티 포그츠 독일 감독은 92유럽축구선수권대회에서 주전선수들의 부상으로 경을 친 대표적인 희생자들이다. 강력한 우승후보로까지 꼽히던 잉글랜드는 대회 개막을 목전에 두고 특급 포워드 존 반스, 미드필드의 핵 폴 개스코인, 잉글랜드 최고의 스위퍼 마크 라이트가 줄줄이 다쳐 시작도 하기 전에 주눅이 들더니 끝내 1승도 건지지 못하고 조 최하위로 전락, 쓸쓸히 귀국 페리에 몸을 실었다. 독일은 첫판이던 독립국가연합(CIS)과의 경기에서 골잡이인 루디 푈러가 경기 시작 19분 만에 왼팔이 부러지는 부상을 했고 스코틀랜드와의 두 번째 경기에서는 주력 수비수기도 부흐발트, 미드필더 슈테판 로이터가 상대선수와의 공중볼 다툼 도중 머리를 받혀 선혈을 낭자하게 뿜으며 중도에 실려 나오는 등 수난이 겹치고 있다.

그러나 감독들은 여하한 악조건 속에서도 차선의 방책을 마련하기 위해 골몰하게 마련이며 명감독이냐 아니냐를 이때 확연하게 구분할 수 있게 된다. 쉽게 표현해 '명감독'이라고 하지만 음식 맛이 좋은 집에는 비결이 숨어 있듯이 이들에게는 오늘의 명감독을 가능케 하는 배경이 반드시 존재한다. 그 주요한 배경 중 하나가 바로 '전임감독제'이고 이 제도의 완벽하고도 합리적인 운영이기도 하다. 대체로 축구선진국의 감독들은 완전한 '전임'이다. 전임에 걸맞은 기능을 수행하며 따라서 선수선발과 훈련, 기용에 절대적인 권한을 행사한다. 예컨대 잉글랜드나 독일의 엔트리는 감독의 손으로 최종 확정된 명단이다. 뚜렷한 방향 설정, 축구철학, 소신을 지니고 제2, 제3의 경우까지 염두에 둔 채 선수를 확보해둔 감독이므로 순발력을 십이분 발휘할 수 있는 것이다.

한국축구가 드디어 대표 팀 감독 전임제를 실시한다는 소식이다. 뒤늦은 감이 없지 않으나 뜻있는 축구인 모두가 이구동성으로 필요성을 역설해온 만큼 환영할 일이다. 그러나 심사숙고해 대상을 물색하되 일단 인선이 마무리되면 충분한 권한과 활동영역을 보장해 '전임감독'다운 기능을 수행할 수 있게 해야 한다는 점을 짚고 넘어가야겠다. 무거운 짐을 지운 이상 나무에 올려놓고 밑동을 흔들어대는 잘못을 범해서는 안 될 것이다. 그러한 오류가 한국축구발전의 길에 구정물을 끼얹은 일이 없지 않았음을 아는 사람은 알기에 하는 말이다.

- 예테보리에서

"간판스타 있어야 팬 모인다."
스웨덴 국민들 '브롤린'에 대한 열성 인상적
한국도 독일 진출 김주성 공백 빨리 메워야

스웨덴의 6월은 국민적 축제일인 하지절(미드솜마라프톤; Midsommarafton)이 끼어 있는 명절기간 중의 하나이다. 이 무렵 마을의 광장에서는 자작나무가지와 꽃으로 장식한 십자모양의 '메이폴'을 볼 수 있고 민속음악이 끊이지 않는다. 머리에 화관을 쓴 처녀들이 민속의상을 입고 거리를 활보하는 것도 바로 이때.

이 즐거운 명절을 더욱 술렁이게 하는 두 가지 촉진제

가 있는데 하나는 세계적인 록스타 브루스 스프링스틴의 방문공연이고 또 하나는 유럽축구의 대제전 92유럽축구 선수권대회이다. 특히 홈팀 스웨덴이 결승 진출에는 실패했지만 프랑스와 잉글랜드를 밀어내고 조수위로 준결승에 오른 데 대해 차분한 이 나라 국민들조차 질식할 듯한 흥분 속에 빠져들었다. 이 과정에서 단연 최고의 스타로 떠오른 선수가 올림픽 대표이기도 한 토마스 브롤린(23)으로 고비마다 골을 성공시켜 스웨덴 돌풍의 핵을 이루었다. 175㎝ 안팎의 결코 크지 않은 체격이지만 굵은 목과 두꺼운 가슴, 재빠른 걸음이 '축구신동' 마라도나를 연상케 하는데, 아닌 게 아니라 이곳에서는 '블론드의 마라도나'로 불리고 있기도 하다.

여간해서는 과장이나 허풍을 부리지 않을 것 같은 스웨덴 축구팬들이지만 브롤린에 대한 환호는 상상을 초월한다. 이번 유럽축구선수권대회 홍보자료와 각종 소책자들, 신문의 스포츠면 머리기사를 수놓는 이름과 사진들은 온통 토마스 브롤린 뿐이다. 이 야단스럽고 술렁이는 분위기 속에서 대회의 분위기는 더욱 상승하는 듯하다. 어떻게 보면 언론과 축구계가 브롤린을 앞세워 스웨덴 축구팬들을 선동하는 듯한 느낌까지 받는다. 지금 이 순간 브롤린은 구스타프 국왕보다 추앙받는 영웅이다.

스포츠에 있어서 '간판스타'는 언제나 필요하다. 한 종목에 대한 팬들의 관심과 선호를 유도하는 주된 요소 중 하나가 아마도 이 간판스타의 존재일 것이다. 우리 한국축구의 경우 황금기를 수놓은 수많은 스타들이 존재해왔고 그래서 축구발전과 홍보에 촉진작용을 해왔다. 가장 최근의 스타가 바로 독일 분데스리가에 진출한 '삼손' 김주성인 셈이다.

이제 김주성의 독일 진출로 한국축구 간판스타의 자리는 잠시 공석이 되었고 이 자리를 놓고 바야흐로 신세대의 주역들이 각축할 것으로 기대된다. 이제 막 시작되는 간판스타 왕위쟁탈전을 지켜보며 흥분하지 않을 수 없는 까닭은 이들이 우리축구의 한 시대를 앞서거니 뒤서거니 밀고 끌며 선도할 주인공이며 한 단계 더 성숙시키는 촉

매역할을 해야 할 사람들이기 때문이다.

– 예테보리에서

선수 - 응원단 함께 뛰는 "축구 축제"
결승 오른 덴마크 관중 열성적 성원에 감명
고성능 앰프-치어리더에 의존하는 우리 현실 안타까워

23일 새벽(한국시간) 덴마크가 전 대회 챔피언인 네덜란드를 승부차기 접전 끝에 5:4로 잡고 결승에 오르는 순간의 예테보리시 울레비스타디움은 금방 폭발이라도 할 듯 뜨겁게 달아올랐다. 거대한 화채그릇 모양의 유서 깊은 울레비스타디움이 떠나갈 듯한 응원의 함성은 아무 관련도 없는 보도석의 기자까지 흥분하게 했다. 그들의 응원은 무서울 만큼 집중적이고 집요해서 경기의 흐름을 뒤바꿀 만한 위력을 지니고 있다.

흔히 '훌리건'이라고 해서 폭력 난동, 파괴 방화를 일삼는 질이 나쁜 축구광들은 악명 높은 잉글랜드 원정응원단이 쌓아올린 명성(?)일 뿐 여타의 정연하고 혼신의 힘을 다한 응원은 홈팀의 승리를 50%이상 보장할 만큼 엄청난 힘을 지녔다. 이곳에는 고출력앰프도, 매력적인 치어걸도, 마이크를 움켜쥔 응원단장도 없으나 어느 한 구석에서 힘차게 시작되는 응원구호나 노래는 이내 온 구장을 뒤흔드는 듯한 합창으로 커진다. 드넓은 관중석은 자국국기와 얼굴에 그린 국기나 심벌 디자인, 스카프와 모자 등으로 뒤덮인다. 티셔츠는 비싼 값(1만7000원 이상)에도 불구하고 날개 돋친 듯 팔려나가 응원단을 든든히 묶는 유대의 촉매가 되어준다.

응원객들은 저마다 뿔피리, 북, 트럼펫, 가스통에 부착된 나팔 등을 가지고 입장해 쉴 새 없이 불고 두들겨대는데 기묘하게도 간단없이 이어지는 이 하이 톤의 소음이 전혀 귀에 거슬리지 않고 그대로 장엄한 응원의 흐름 속에 용해되곤 한다. 그리고 경기가 끝난 후에도 그들은 못내 아쉬운 듯 스탠드를 떠나지 못하고 끝없는 함성과 노래로 하나 둘 꺼져가는 조명탑 불빛 아래 경기장을 땀 냄새로 적신다. 이 모든 광경들은 바라보는 이로 하여금 적잖은 감명을 받게 만든다.

우리 축구장에도 꾸준히 관중이 늘고 있으며 경기의 열기도 나날이 뜨거워간다. 하지만 응원만큼은 이곳 팬들을 당할 수가 없을 것 같다. 앰프와 유행가, 날씬한 치어리더, 이런 모습들 역시 응원문화의 하나로서 굳이 잘못됐다고 지적할 필요는 없다고 본다. 다만 몸소 경기장을 찾아든 축구팬 모두를 즐거운 체험 속으로 인도할 수 있는 노력이 아쉬울 뿐이다. 쿵쾅 울리는 고출력 앰프 한무더기와 경품부스러기 정도면 팬서비스로 충분하다고 믿는 일부 프로축구 구단의 굳어버린 사고방식이 안타까운 것이다.

– 예테보리에서

축구강국 겨냥 일본이 뛰고 있다
2002년월드컵 유치 기정사실화 분위기에 당황

"대단히 인상 깊은 대회이며 많은 것을 느꼈다. 한국

도 아시아의 축구강국으로 언젠가 월드컵 같은 큰 대회를 개최할 예정이다."

92유럽선수권대회를 취재하면서 소감을 묻는 현지 기자들의 질문에 이렇게 대답하면 엉뚱한 질문을 재차 받게 된다. "일본이 2002년 월드컵을 개최하는데 한국은 언제쯤 할 예정이냐."에서부터 "2006년이나 2010년쯤이면 가능할 것."이라고 엉뚱한 위로를 해주는 기자까지 있다. 이 같은 질문과 위로는 2002년 월드컵을 유치하겠다고 벼르는 한국의 기자에게는 하나의 놀라움이다.

스웨덴 4개 도시 프레스센터를 시시콜콜히 돌아다니노라면 땀에 전 옷차림에 2002년 월드컵 심벌마크를 단 일본기자들을 수없이 만나게 되고, 그러면 무감각하게 그들을 대하면서 가끔은 "그래도 축구만큼은 너희보다 우리가 한 수 위"라고 자부하기도 했다. 그런데 대회가 조별리그를 거쳐 준결승에서 결승으로 치달을 무렵에는 적잖은 남미지역 기자들까지 2002년 월드컵 배지를 달고 있는데다 '2002년 일본월드컵'이 어느 사이엔가 기정사실로 굳어지는 듯한 분위기에 당황하지 않을 수 없었다. 이러한 결과는 따지고 보면 이번 대회 스폰서를 맡은 일본 기업들과 대회를 취재하는 언론, 참관차 방문한 일본축구인 모두가 월드컵 유치를 위한 홍보를 하나의 목표로 정해 두고 주도면밀한 작업을 펼쳐온 결과라고 생각한다.

2002년 월드컵의 일본 개최는 이루어진다고 봐야 옳을 것 같다. 지구촌 최고 최대의 구기 종목 축구의 최고봉인 월드컵 유치는 곧바로 축구선진국 등록으로 이어진다고 보아도 무리가 아니다. 일본이 1993년 프로출범을 계기로 축구강국의 길을 열망하고 선작업으로 '타도 한국'을 선언한 마당에 월드컵 유치라는 호재를 기화로 급격한 축구문화와 기술적인 성장을 완수한다면 '아시아축구의 맹주' 자리를 생각보다 빨리 그리고 아주 비참하게 영구적으로 내놓아야 할지 모른다는 두려움을 떨칠 수가 없다.

그러나 더 참을 수 없는 대목은 앞서가는 축구선진국

을 추격하기는 고사하고 축구에 관한한 아주 우습게 여
겨온 일본을 자꾸만 의식해야 하는 현실이다.

- 예테보리에서

한국축구 새롭게 태어날 때 왔다
선진기술 보고 느끼는 일 선행이 "지름길"
슈퍼스타들 앞 다퉈 경기 관전
94월드컵 대비 자극제 삼아야

92유럽축구선수권대회를 통틀어 가장 큰 인기를 끌
어 모은 선수는 홈팀 스웨덴의 토마스 브롤린과 독일의
토마스 해슬러이다.

토마스 해슬러. 166㎝, 65㎏의 단구지만 지칠 줄 모르
는 투혼과 신기에 가까운 오른발 스핀킥, 강력한 미드필
드 리더십으로 로타르 마테우스를 능가할 최고의 미드
필더로 주가를 올려놓았다. 그를 가리켜 유럽의 언론들
은 "가장 왜소한 선수, 그러나 92유럽선수권대회에서 가
장 위대한 선수"라고 입을 모았다.

그의 플레이를 지켜보고 있으면 축구를 어떻게 해야 할지를 알게 될 것만 같다. 결코 빠르지도 않지만 필요할 때면 야생의 맹수처럼 폭발하는 순발력, 시기를 놓치지 않는 패스와 슈팅, 상대지역 페널티에어리어나 골 에어리어 내에서는 서슴지 않고 몸싸움을 감행함으로써 결정적인 파울을 얻어내는 지능 등은 왜소한 우리 선수들이 어떤 방식으로 유럽이나 남미의 힘 좋고 빠른 선수들을 요리해야 하는지 많은 힌트를 준다.

아시아 최고수준을 자랑하는 우리 '축구한국'의 선수들은 체력이나 스피드 투지에 관한한 타의 추종을 불허하며 이곳 유럽의 축구전문가들 사이에서도 그 명성(?)이 자자하다. 그러나 빠르고 파이팅 좋은 이 특징이 한국축구가 가진 밑천의 전부라면 참으로 앞길이 고달프지 않을 수 없다. 무언가 새롭고 전혀 예상치 못한 무기를 곧추세워 94미국월드컵 무대에 당당히 진입하는 방법은 없을까. 축구선진국의 슈퍼스타들조차 두려워할 창의의 방패와 칼날을 벼리는 일을 게을리하지 않아야 한국축구가 한 단계 더 성숙할 수 있을 것이다.

보고 느끼고 배우는 일이 선행된 후에야 창조력의 신비로운 힘은 절정에 달한다. 92유럽축구선수권대회가 대단원으로 치닫던 26일 스웨덴 남서부의 항구도시 예테보리는 연이어 들이닥치는 슈퍼스타들로 눈부시게 빛났다. 펠레, 베켄바워, 크루이프, 루메니게, 그리고 이날 오전 예테보리 중앙역 앞에서는 일본의 가마모토가 큰 가방을 든 채 택시를 잡았다.

— 예테보리에서

"축구재능 가지고 태어난 한국인"
스웨덴의 '태극꿈나무' 실력 투지 뛰어나

스웨덴이라는 북부유럽 스칸디나비아 반도 복판의 부자나라와 우리 '코리아'는 한국전쟁을 계기로 관계를 맺기 시작했다. 스웨덴은 1950년 169명으로 구성된 의료지원단을 한국에 파견, 야전 병원을 지원하였다. 1959년 3

월 11일에는 우리나라와 공사급 외교 관계를 수립하였다.

스웨덴과 한국의 관계를 설명하는 데 부인하지 못할 역사적 사실이 하나 더 있다. 그것은 두 나라 유대의 역사가 '입양의 역사' 곧 '슬픔의 역사'라는 점이다.[48] 스웨덴의 어느 도시이거나 한적한 교외의 그림 같은 집 앞에서 불쑥불쑥 낯익은 얼굴들이 튀어나오면 뭘 훔치려다 들킨 사람처럼 놀라지 않을 수 없었다.

중국인이나 일본인과는 분명히 다른, 누구와도 비교할 수 없는 특유의 기품이 넘치는 얼굴들. 하지만 '우리 핏줄이다' 싶은 친근한 얼굴들은 우리말을 못하고 대개는 자신의 내력도 자세히 알지 못한다. 영어를 하는 친구들과 짧게나마 대화를 하다 보면 가슴속을 치미는 뜨거운 응어리를 느낀다.

스톡홀름 로순다 스타디움 곁에 있는 어린이축구교실

_____

[48] 1959년 4월 16일자 경향신문에 '혼혈아(混血兒)를 계속 입양(繼續入養)'이라는 제목의 기사가 처음 보인다.

이나 말뫼 교외의 잔디구장, 예테보리 울레비 스타디움 부설 훈련용 피치에서 놀랍도록 많은 검은머리의 소년 선수들을 발견했고 그들 모두가 남다른 재간과 솜씨를 지닌 데 또 한 번 놀랐다. 그들 중엔 '킴' 또는 '리'로 불리는 소년이 있고 그 이름은 마치 퇴화된, 흔적기관처럼 느껴진다.[49] 선입견 때문일까. 내 눈엔 그들의 기량이 유난히 뛰어나 보인다. 그들을 가르치는 코치는 '실력도 좋고 투지가 훌륭하다'면서 관심을 보이는 기자의 의중을 뚫어본 듯 칭찬을 늘어놓는다.

많은 축구인들과 전문가들이 심심찮게 입에 담듯 "한국인은 재능을 천부적으로 가지고 태어났다.". 스웨덴 어린이축구교실의 몇 안 되는 꿈나무들(그 아이들이 한국에서 입양돼 간 아이들이라면)이 그 사실을 증명한다. 척박한 환경과 형편없는 지원 속에서도 한국축구가 아시아에서는 유일하게 세계수준에 도전하고 있다는 사실은 결코 우

---

49 오랜 시간이 지난 지금 다시 생각하니 그들의 실제 이름이 아니었으리라는 생각이 든다.

연의 소산일 수 없다. 그러면, 그것이 전부랄 수 있을까. 넘을 듯 넘을 듯하면서도 번번이 눈물을 삼키게 했던 축구선진화의 장벽을 이 세기가 가기 전에 깨부술 수는 없는 걸까.

오늘 따가운 스칸디나비아의 태양 아래 검은 머리칼을 흩날리며 볼을 쫓아 달리고 뒹구는 킴과 리 들이 먼 훗날 세계무대에서 당당히 겨루는 한국축구를 지켜보고 열광하며 진심으로 자랑스럽게 여기게 되기를 빈다.

– 스톡홀름에서

66

"우리 축구에 대해 말해 줄 게 없나?"

필러의 대답은 짧았지만 그것으로 충분했다.

"존경심을 갖고 있다.

그 열정을 내년에도 이곳에서 보았으면 한다."

99

16

내가 레버쿠젠에서 루디 푈러를 만났을 때는 겨울이었고, 날씨가 궂었다. 루돌프 '루디' 푈러(Rudolf 'Rudi' Völler). 우리는 이 사나이를 잊을 수 없다. 한반도가 온통 붉은빛 정열로 타오른 2002년의 6월, 세계를 향한 월드컵 코리아의 꿈을 잠재운 '전차군단' 독일축구의 사령탑. 눈부신 은발에 콧수염이 어울리는 이 사나이는 1980~1990년대 독일축구를 대표하는 스트라이커였다. 또한 2002년 한일 월드컵에서 독일을 결승 고지까지 끌어올린 명장이기도 하다. 독일축구 사에 길이 남을 업적을 쌓아온 푈러를 독일 언론과 축구팬들은 '탄테 캐테(Tante Käthe)'라고 부른다. '카타리나 아주머니' 정도로 이해하면 된다. 소탈하고 다정한 성격 때문에 아주 친숙한 독일 아주머니의 이미지로 팬들에게 각인된 것이다. 프란츠 베켄바워가 황제(Kaiser), 로타르 마테우스가 왕(König)으로 불리는 것과 대조적이다. 푈러는 2005년 1월 19일 친정 클럽인 바이어 레버쿠젠으로 돌아와 스포츠 디렉터로 취임했다. 첫 계약은 2007년까지로 돼 있었고, 연봉은 50만유로(독일 언론 추정액) 정도로 알려졌다. 푈러는 "해야 할 일이 많다."며 새로운 역할에 기대를 나타냈다. 바이어 레버쿠젠 구단의 볼프강 홀츠호이저 단장은 "푈러와 함께 새로운 시대를 열겠다."고 다짐했다. 푈러가 어떤 선택을 하든 언론은 비교적 호의적이다. 푈러의 친화력이 그만큼 대단하기도 하지만 독일축구에 대한 그의 헌신을 인정받고 있기 때문이기도 하다. 그는 언제나 가장 어려운 순간에 빛을 냈다. 특히 크리스토퍼 다움 감독이 코카인 복용 혐의로 대표 팀 감독에서 사임한 후 월드컵 진출 여부가 불분명한 팀을 맡는 데는 용기가 필요했을 것이다. 역대 최약체라는 팀을 이끌고 2002년 월드컵 결승 고지에 이른 업적은 자주 리하르트 바그너의 악극 '링' 시리즈의 결정판과도 같다는 평가를 받는다.

그를 만나게 된 것은 행운이었다. 2005년 1월 29일 재독축구인 윤성규(전 수원 삼성 단장)씨와 독일 바이어 레버쿠젠의 홈구장 바이아레나(Bayarena)에서 벌어진 VfL 보훔과의 경기를 관전했다. 레버쿠젠은 쉽지 않은 상대 보훔의 골문에 전반에만 두 골을 넣으며 펄펄 날았다. 하프타임에 VIP라운지에서 마주친 묄러에게 "인터뷰를 할 수 있겠느냐."고 제안했다. 경기 내용에 만족해 싱글벙글하던 묄러는 "다음 주 화요일(2월 1일)에 클럽 레스토랑에서 점심이나 같이 먹자."며 흔쾌히 허락했다. 그를 만난 다음 내 개인 블로그에 글을 올렸다.[50]

50 http://blog.joins.com/huhball

2005년 2월 1일에는 새벽부터 비가 부슬부슬 내렸다. 레스토랑에서 내려다보이는 바이아레나의 녹색 그라운드도 내리는 비에 축축이 젖어 더욱 짙은 녹색을 뿜어냈다. 퓔러는 인터뷰 장소를 3층 스카이박스로 옮길 것을 제안했다. 이곳은 경기가 열리면 스폰서들 가운데서도 VIP가 차지하고 앉아 경기를 관전하고 음식과 음료수를 즐기는 곳이다. 노타이 차림의 퓔러는 눈길이 마주치자 버릇처럼 손바닥을 마주 비비며 푸짐한 미소를 지었다.

- 당신은 대표 팀 감독과 AS로마 감독직을 그만두고 다시 클럽에 돌아왔다. 현재 위치에 만족하고 있나, 클럽에서 진짜로 하는 일이 뭔가?

"공생활을 하다 보면 지치게 돼 있다. 당신이 알다시피 바이어는 나의 친정 클럽이고 나와 가족은 레버쿠젠에 오면 늘 편안하다. 스포츠 디렉터인 나의 임무는 선수 발굴, 트레이드 등 우리 팀의 전력과 구조를 개선하고 체질을 강화하는 데 있다."

- 당신이 독일대표 팀 감독직을 그만둘 때 아쉬워하는 축구팬이 많았다. 사임하게 된 진정한 이유가 뭔가?

"유럽선수권대회에서 독일 팀은 성적이 좋지 않았다. 나는 유럽선수권대회를 계기로 독일 대표 팀이 변화해야 할 시점에 도달했다는 사실을 깨달았다. 2006년 월드컵에 대비해 새로운 선수를 고르고 팀을 재구성해 새롭게 출발하는 데는 새로운 감독이 등용될 필요가 있었다."

- 아쉬움은 없었는가?

"만족했다. 독일축구가 어려운 상황에서 2002월드컵 진출권을 따낸, 그 과정에서 많은 경험을 얻고 배우게 됐다. 월드컵 준우승은 내게 잊지 못할 기쁨을 안겨주었다."

- 한국에서는 각 클럽이 대표선수 선발과 관련해 대표팀 또는 축구협회와 갈등을 빚고 있다. 이 문제는 어떻게 해결해야 하는가.

"어디서나 마찬가지일 것이다. 독일에서도 물론 고민거리다. 구단에서는 선수를 지키려 하고, 대표 팀에서는 좀더 오랜 시간 훈련시키고자 한다. 나는 대표 팀 감독으로서 각 팀 감독들과 개인적으로 자주 접촉하고 대화해서 서로 입장을 이해하기 위해 노력했다. 협회의 행정은 물론 중요하다."

- 당신의 경험은 너무나 폭넓다. 혹시 한국을 비롯한 가능성 있는 축구 개발도상국에서 봉사할 의사는 없는가? 먼 미래에라도 말이다.

"나는 이탈리아·프랑스·독일 등지에서 선수 또는 지도자로 일했다. 많은 경험을 했고 그럼에도 불구하고 아직 젊다. 가능성은 늘 열려 있다는 점을 부인하지 않겠다. 한국

이든 어디든 정식 제안을 받는다면 물론 심사숙고할 것이
다."

　- 한국에서 당신은 프란츠 베켄바워만큼이나 유명하다.
메시지를 남겨 달라.

　"오, 과찬이다. 2002년은 나에게 잊을 수 없는 행복한 추
억으로 남아 있다. 한국 팬들은 늘 친절했다. 독일이 아닌
곳에서 그토록 열광적인 응원을 받으며 경기해 본 일이 없
다. 다시 그 시간 속으로 돌아가고 싶을 정도다. 감사하는
나의 마음을 전해 달라."

　인터뷰는 그렇게 끝났다. 그는 나와 함께 바이아레나
의 그라운드를 배경으로 서서 사진을 찍고 팔이 떨어져
나갈 듯 강하게 악수를 했다. 막 헤어지려는 순간, 나는
필러를 만난 사실이 너무 기뻐서 처음에 인사할 때 명함
조차 교환하지 않았음을 깨달았다. 문을 나서는 필러를
불렀다. "Herr Meister!" 핵 돌아서는 필러에게 명함을
내밀자 "당케"를 연발하며 받아들었다.(그냥 "당케"가 아니
라 "오, 당케"였다.) 그러나 뭔가 미진했다. 수첩에 사인을

받으며 물었다. "우리 축구에 대해 말해 줄 게 없나?" 퓔러의 대답은 짧았지만 그것으로 충분했다. "존경심을 갖고 있다. 그 열정을 내년에도 이곳에서 보았으면 한다." 퓔러의 인터뷰 기사를 다시 읽으며, 그가 코엘류 대신 한국 팀을 맡았으면 어땠을까하는 생각을 했다.

코엘류는 포르투갈 출신으로, 유로2000에서 포르투갈을 4강에 올려놓은 명장이었다. 국민들의 기대도 컸다. 그러나 코엘류는 2004년 4월, 14개월 만에 물러났다. 나는 그가 정말 임기도 채우지 못할 정도로 무능했는지 확신하기 어렵다. 물론 한국 팀에서 물러난 뒤 코엘류는 좋은 커리어를 쌓지 못했다. 그러나 한국에서 경험한 실패라는 생채기가 나기 전까지는 이력이 나쁘지 않았다. 유로2000에서 남긴 업적은 결코 폄하될 만한 내용이 아니다. 나는 코엘류가 상당히 수준이 높은 선수들을 지휘하는 데 재능이 있는 반면, 일정한 수준에 도달하지 못한 선수들을 두들겨 원하는 목표치에 근사하게 끌어올리기 위한 방법론은 서투르지 않는지 생각해 본다. 그리고 언제나 그렇듯이, 외국인 지도자가 한국에서 대표 팀을 지휘하는 일은 쉽지 않다. 오죽하면 요하네스 본프레레(Johannes-Franciscus 'Jo' Bonfrère · 네덜란드)가 한국을 떠나면서 한국 대표 팀 감독직에 대해 '독이 든 성배'라고 했겠는가. 위에 소개한 것처럼 크라머와 같은 세계적인 명장도 한국에서는 능력을 발휘하는 데 극심한 어려움을 겪었고, 나중에는 그럴 기회를 부여받기조차 어려웠던 것이다. 코엘류가 처음부터 코너에 몰린 채 한국 감독직을 시작하지는 않았다. 그의 부임 초기 인터뷰를 검색해 보면 팬들의 기대를 모았을 뿐 아니라 자신도 포부에 부풀었던 것 같다. 예를 들어 '문화일보'의 2003년 5월 1일자 인터뷰 기사에서 코엘류는 열정적인 태도로 자신의 '축구 사랑'과 한국에 대한 애정을 표시했다.[51] 요약하면 다음과 같다.

---

[51] http://www.munhwa.com/news/view.html?no=2003050101031733
007002

한국 사람들이 좋고, 정말 편하게 지내고 있다. 내가 한국어를 못해 유감이다. 다음에는 내 생각을 한국말로 할 수 있기를 기대한다. 나는 선수 생활을 할 때를 비롯해 지도자, 때론 방송 해설자로서 언론과 함께 생활해 왔다. 내가 언론을 존중하는 만큼, 언론도 나와 내가 맡고 있는 국가대표 팀에 대해 존중해 줄 것으로 믿는다. 내가 한국 대표 팀 감독으로 부임할 때 월드컵 4강팀답게 선수끼리 호흡이 너무 잘 맞아 대표 팀을 변모시키는데 오히려 부담이 됐다. 그러나 시일이 지나면서 선수 및 대표 팀의 변화가 눈에 보인다. 소집기간이 너무 짧아 전술구사에 어려움이 있지만 선수들이 잘 적응하고 있다. 내가 대표 팀 감독을 맡은 목적은 첫째 2004년 아시안 컵, 둘째 2006년 월드컵이다. 이 목표를 달성하기 위해 선수 분석을 하고 있지만 '선수소집'이라는 대목에서 걸리는 건 사실이다.(그러면서 프로구단들의 적극적인 이해와 협조를 당부했다) 아직도 대표 팀 경기에서도 뻥축구(전방에 찔러주고 달려가는 방식)를 하고 있다. 패스를 통한 콤비네이션축구를 할 수 있도록 대표 선수들의 기량을 끌어 올리겠다.

66

대한민국의 국가대표 선수들은

언제나 무거운 책무를 지고 있다.

아무리 세상이 바뀌었다고 해도

조국을 대표한다는 사명감은

그들의 의식을 변함없이 짓누른다.

99

17

　한국축구가 이제는 '뻥축구'에서 벗어났는지 모르겠다. 2012년 8월 10일 카디프 밀레니엄 스타디움에서 열린 런던올림픽 축구 동메달 매치에서 대한민국이 일본을 2:0으로 이긴 다음, 일본 선수들은 "앞으로 내차기만 하는 축구에 당했다."고 분통을 터뜨렸다. 이 경기를 보아도 한국 대표 팀의 축구는 아직 패스를 매끄럽게 주고받는 경기를 익숙하게 하지 못하고 있다. 한국 대표 팀을 이끌고 '패스를 통한 콤비네이션축구', 즉 기술축구를 하고 싶었던 코엘류는 우리가 잘 아는 대로 좋은 성적을 거두지 못하고 그만둔 감독이다. 2003년 5월 31일 도쿄 국립경기장에서 벌어진 한일전에서 후반 42분 안정환의 골로 1:0으로 승리한 뒤 잠시 축구팬들의 마음을 얻었지만 이후 예상하지 않았던 패배가 이어지자 비난이 쏟아졌다. 특히 2004년 아시안컵 예선에서 베트남, 오만 등 약한 팀에 패하면서 궁지에 몰렸다. 2003년 12월 4일부터 10일까지 일본에서 열린 제1회 동아시아 축구선수권대회에서 우승했지만 잠시 연명한 데 불과했다.[52] 사퇴 압력이 잦아들지 않는 가운데 2004년에 열린 독일 월드컵 아시아 지역 2차 예선이 마지막 허들이 되었다. 이 해 3월 31일 몰디브와의 원정 경기에서 기록한 0:0 무승부는 코엘류에게 치명적인 결과였다. 한국은 경쟁자인 레바논에 승점 1점 차이로 앞서 조 1위를 간신히 지켰다. 축구팬들은 분노했고, 코엘류는 자진 사퇴 형식으로 지휘봉을 내려놓았다.[53] '문화일보'에 실린 인터뷰 기사처럼 비교적 우호적이던 코엘류에 대한 국내 미디어의 태도는 그가 궁지에 빠져들 무렵 비판적인 방향으

로 흐른다. '연합뉴스'의 2003년 10월 30일자 보도는
이 같은 분위기를 잘 설명한다. 제목은 '위기의 코엘류
호, 내부에 무엇이 곪았나'이다. 요약하면 다음과 같다.

코엘류를 둘러싸고 자질론, 지도력, 커뮤니케이션 부재,
코치진과의 불협화음, 협회 조직과의 갈등 등 여러 문제가
제기되고 있다. 코엘류가 코치들의 의견을 수렴하는 데 인
색하고 독단적으로 결정을 한다는 지적이 있다. 대표 선수
들을 소집해 훈련할 때 코치진이 직접 전술 지시를 하면 정
색을 하며 제지했다고 한다. 코엘류가 외국인으로서 미디
어를 상대로 당당하게 자신의 책임을 인정하고 청사진을
밝히는 자세를 보이지 않는 데 대한 아쉬움도 있다. 대표
팀을 소집했으나 안양(현재 FC서울), 수원 삼성 등 프로구단
들이 선수 차출에 불응하기도 했다. 코엘류는 각 구단을 방

---

52 2003년 12월 4일 도쿄에서 홍콩에 3:1로, 2003년 12월 7일 사이타마
에서 중국에 1:0으로 승리한 다음('을용타' 사건이 벌어진 경기다) 2003년
12월 10일 요코하마에서 일본과 0:0으로 비겨 2승 1무를 기록했다. 일
본과 동률을 이뤘으나 다득점에서 앞서 우승을 차지했다.

53 이 당시 국내 리그 소속 구단들이 선수 차출에 협조적이지 않았고 대표
팀의 훈련 시간도 부족했다. 코엘류 입장에서 억울할 수 있다.

문해 협조를 구했으나 갈등의 불씨는 남아 있다. 코엘류가 취임한 뒤 8개월 동안 대표 팀을 소집한 기간은 30여 일에 불과하다. 대표 팀 소집 상황이 월드컵 이전과는 다르고 구단들의 이해관계도 복잡해 해외파는 물론 국내파까지도 코엘류의 뜻대로 불러들이기 힘든 여건이라 문제가 복잡하다.

이와는 별도로 코엘류에 대해 비교적 자세히 알 수 있는 보도는 2003년 9월에 나온 '월간중앙'의 인터뷰다. 이 기사에 따르면, 축구협회가 코엘류 감독을 우선협상 대상자로 선정한 이유는 모두 일곱 가지였다. 첫째, 선수 및 지도자 경력 둘째, (전임자인) 히딩크가 구사한 축구 스타일의 연계성 셋째, 4개 국어(포르투갈어·영어·프랑스어·스페인어)를 구사해 원활한 의사소통 넷째, 유럽에서 활동해 기술적·정신적으로 세계축구의 흐름에 더 가깝다는 점 다섯째, 유연한 선수단 운용 능력 여섯째, 덕망 및 인품 일곱째, 스피디한 패스워크를 위주로 압박축구를 구사하는 전술 운용. 잡지는 또 '나중에 밝혀진 일이지만 코엘류 감독을 적극 추천한 인물은 히딩크 감독이었다'라고 보도했다. 그러나 기사 내용 중에도 등장하지만 코엘류의 재임기간이 '포스트 히딩크 시대'였는지, '코엘류 시대'였는지는 보기 나름이다. 코엘류는 "여러분이 나를 히딩크 감독과 비교하면서 미안하게 생각할 텐데 괜찮다."고 했지만 결과는 괜찮지 않았다. 그로서는 "월드컵 4강 신화에 더 이상 도취해 있어서는 안 되며 이제는 다음을 준비할 때"라고 생각한 대로 밀어붙일 필요가 있었다. 그러나 그는 그렇게 하지 못했다. 코엘류가 한국을 떠나며 마지막 인사를 할 때 그의 한국인 스태프 가운데 한 사람이 부둥켜안고 아쉬워한 장면이 뇌리에 남는다. 그는 좋은 사람이었던 것 같다. 내게도 그랬다.

　　뮌헨의 올림픽스타디움(올림피아슈타디온)은 이번 월드컵 기간 중에 팬 페스트(축제) 장소로 쓰인다. 서울의 올림픽공원처럼 아름답게 단장된 올림피아첸트룸 안에 커다란 기둥으로 거미줄처럼 얽힌 지붕이 이 스타디움의 상징이다.

2015년 6월 8일 오후, 포르투갈 텔레비전 해설자 신분으로 팬 페스트를 취재하러 온 움베르투 코엘류 전 대표 팀 감독을 스타디움 앞에서 만났다. 눈이 마주치자 그는 단박에 내가 한국인임을 알았다. 그는 활짝 웃으며 먼저 인사했다. 인터뷰를 요청하자 기꺼이 응했다. 그가 인터뷰하는 동안 포르투갈 텔레비전의 동료 스태프들은 싱글벙글 웃으며 기다렸다.

　- 한국 팀 감독을 그만둔 뒤 어떻게 지냈는가.

　"포르투갈에서 텔레비전 해설자로 일하고 있다. 다음 시즌에는 다시 트레이너로서 일을 할 계획이다. 아시아 팀이 될 것이다."

　- 한국은 최근 두 차례의 중요한 평가전에서 졌는데.

　"노르웨이·가나와 경기한 것을 알고 있다. 하지만 월드컵과 평가전은 다르다. 평가전은 동기부여가 되지 않지만 월드컵이 되면 한국 팀 특유의 파이팅이 나올 것이다. 월드컵에서는 더 잘할 것으로 기대한다."

　- 2002년의 성적은 사실 환상이나 꿈같은 일 아니었나. 그런 일이 두 번 있을 수 있나?

　"2002년에는 대회가 한국에서 열렸다. 훌륭한 대회였다. 모든 사람들이 즐거워했고 한국 팀은 좋은 경기를 했다. 이번 대회에서는 다를 것이다. 한국은 큰 기대를 가지고 출전했겠지만 힘든 경기를 할 수도 있다. 다른 팀들에게 잘 알려졌고 다른 팀은 그만큼 대비를 했을 것이다."

- 세 명의 베테랑이 은퇴했다. 홍명보, 황선홍, 유상철.

"노장의 은퇴는 자연스런 일이다. 그게 인생 아니겠나. 이제 한국 팀은 신구조화가 잘 되어 있다. 안정환, 최진철, 박지성 등 경험 많은 선수들과 김동진, 김진규 등이 잘 조화됐다. 이운재는 좋은 골키퍼다. 좋은 성적을 거둘 것이다."

- 한국 선수들에게 해주고픈 말이 있다면?

"파이팅을 하고, 월드컵을 즐기기 바란다. 행운이 있기를 빌겠다."[54]

코엘류를 생각하면 안됐다. '독이 든 성배'는 그가 감당하기 어려운 잔이었던 것 같다. 우리 축구의 어쩔 수 없는 유난스러움을 그는 이해할 수 없었을 것이다. 브라질월드컵이 열린 2014년은 대한민국 축구가 월드컵 무대에 데뷔한 지 60년째 되는 해였다. 1954년 3월 월드

54 중앙일보 2006년 6월 9일자.

컵 예선을 통과해 6월에 열린 스위스월드컵에 참가했다. 예선 상대는 일본으로, 도쿄에서 두 차례 경기를 통해 본선 진출 팀을 가리게 되었다. 한국은 3월 7일 열린 1차전에서 5:1로 이기고 1주일 뒤 2차전에서 2:2로 비겨 본선 진출권을 따냈다. 일본으로 떠나기 전 이유형 대표 팀 감독은 이승만 대통령에게 출국 인사를 하면서 "패하면 선수단 모두 현해탄에 몸을 던지겠다."고 다짐했다고 한다.[55] 그의 다짐은 사마천의 '사기'에 등장하는 전국시대의 자객 형가가 연의 태자 단을 위해 진왕(진시황)을 암살하러 떠날 때 역수(易水)가에서 읊었다는 시구, "장사는

---

55 지난 2003년 1월 29일에 92세를 일기로 별세한 이유형 선생은 우리 축구를 최초로 월드컵 본선에 진출시킨 감독이다. 숭실중 – 연희전문 – 경성축구단에서 선수 생활을 했고, 1948년 런던올림픽에도 출전했다. 우리 대표 팀이 1954년 3월 7일 일본 도쿄의 메이지신궁 경기장에서 스위스 월드컵대회 출전권을 놓고 일본과 맞붙을 때 지휘봉을 잡았다. 하지만 이날 경기 출전은 쉽지 않았다. 당시 월드컵대회 예선은 홈 앤드 어웨이로 치러졌는데 한국과 일본의 국교 정상화가 되지 않은 데다 이승만 대통령이 우리 선수들의 일본 방문을 꺼렸기 때문이다. 당시 대표 팀 감독이었던 고인이 李대통령에게 "패하면 귀국하지 않고 현해탄에 몸을 던지겠다."고 다짐하고서야 일본에 갈 수 있었다고 한다.

한번 가면 돌아오지 않으리(壯士一去兮不復還)"를 떠올리
게 한다.

　브라질월드컵 조별리그에서 탈락한 대표 팀이 귀국했
을 때, 축구팬을 자처하는 남성 한 분이 선수단을 향해 엿
을 던졌다. "엿 먹어라."라며, "축구 대표 팀을 성원한 국
민들을 엿 먹였으니 돌려준다."라고 했다. 여기서 '국민'
은 월드컵이 열리면 축구팬, 월드 베이스볼 클래식이 열
리면 야구팬, 동계올림픽이 열리면 피겨 또는 쇼트트랙
팬이 된다. 한국의 골프선수가 미국에서 열린 메이저 골
프대회 마지막 날 마지막 조에서 경기를 한다면 골프 팬
이다. 이런 현상은 매우 자연스러운 일인 동시에 다른 나
라에 비해 강도가 훨씬 높기에 특별하다고도 볼 수 있다.

　'엿 사건'은 일본에도 보도됐다. 최근의 현상이기는 하
지만 한국의 뉴스 수용자, 그 중에도 스포츠 뉴스를 소비
하는 독자들은 해외 반응에 큰 관심을 보인다. 남이 우리
(또는 나)를 어떻게 보느냐는 보통 사람들의 관심거리겠
지만 특히 일본에서 들리는 이야기에 민감한 것 같다. 아

무튼 일본에는 "저 나라는 사람들 성격 통제가 안 되나."
라며 부정적으로 보는 시각과 "저렇게 해야 정상인데 일
본 팬들은 너무 순하다."며 부러워(?)하는 시각이 섞여
있다. 국내 인터넷 언론이 이러한 반응을 퍼 나르는데,
매체마다 종사하는 담당자들의 가치관에 따라 조금씩
차이가 있다.

축구전문사이트 골닷컴(Goal.com)의 아시아·일본판
편집장인 체사레 폴렌기(Cesare Polenghi)는 골닷컴 일본
판에 '일본과 한국, 패전을 수용하는 방법의 차이'라는
글을 기고했다. 폴렌기는 이탈리아 사람이지만 일본에
서 오래 활동해 일본 축구에 정통한 전문가라고 한다. 그
는 기고문에서 "일본과 한국은 이번 대회를 실패로 끝냈
다."면서 한국축구에 대해서는 "전반적으로 실망스러웠
다. 아무 생각도 없고, 전체적으로 무기력한 특징 없는
팀에서 오직 손흥민만 돋보였다."고 평가했다. 폴렌기는
"홍명보 감독과 축구 연맹은 앞날에 대해 결정해야 한
다. 한국은 내년 1월 아시안 컵에 새 감독과 함께 출전할

지도 모른다."고 썼다. 그런데 폴렌기는 이 글에서 '엿
사건'에 대해서도 언급했다. 그는 "한국어에서 '엿 먹어
라'는 영어로 말하면 'f**k'에 해당하는 더러운 말"이라
고 소개한 다음 "선수들에게 관대한 일본과 달리 한국
팬들은 분노를 표출하고 있다. 일본이 더 강한 축구문화
를 쌓아 가고 싶다면 한국처럼 여론이 축구에 깊은 관심
을 보이는 상황이 바람직하다."고 했다. 폴렌기가 한국의
축구 문화를 어느 정도까지 이해하는지는 알기 어렵다.
나의 모국어 감각으로는 '엿 먹어라'가 'f**k'과 같이 더
러운 말은 아니다.

　대한민국의 국가대표 선수들은 언제나 무거운 책무를
지고 있다. 아무리 세상이 바뀌었다고 해도 조국을 대표
한다는 사명감은 그들의 의식을 변함없이 짓누른다. 외
환위기로 고통 받던 시절의 박찬호나 박세리는 높은 연
봉을 받는 프로선수 개인일 수 없었다. 그들은 한국을 대
표했고 한국인의 우수성을 확인하는 본보기였다. 국제
대회가 열릴 때 '국민'과 '스포츠 팬'은 등가(等價)의 언

어가 된다. 대표선수를 질타하는 의식은 이 얼개 안에서 작동한다. 이러한 의식은 아마도 일제강점기 이후 일본이라는 타자(the other)를 대상으로 끊임없이 투쟁하고 자기발전을 추구해온 우리 스포츠, 나아가 우리 문화와 무관하지 않을 것이다. 모름지기 스포츠에서 국제 대회는 한국의 대표선수들이 사력을 다해 임해야 하는 엄숙한 제의(祭儀)였던 것이다.

2006년 뮌헨에서 마지막 악수를 나눈 뒤, 코엘류를 다시 만나지 못했다. 물론 나는 '아직' 현역이고,[56] 언젠가 포르투갈에 갈 수도 있으니까 영영 만날 수 없으리라고는 말하지 않겠다. 나는 올해, 즉 이 글을 쓰고 있는 2016년 7월 10일에 텔레비전 화면에서 그를 보고 깜짝 놀랐다. 뜻밖이었기 때문이다. 그러나 시간이 지난 다음 생각을 해보니 그리 놀랄 일은 아니었던 것 같다. 2016년 6월 10일부터 7월 10일까지 프랑스에서 유럽축구선수권대회(유로2016)가 열렸다.[57] 포르투갈은 이 대회에서 불멸의 업적을 쌓아올렸다. 에우제비오(Eusebio da Silva Ferreira)

시대에도, 루이스 피구(Luis Filipe Madeira Caeiro Figo)의 시대에도 해내지 못한 메이저대회 우승을 달성한 것이다. 포르투갈은 프랑스 생드니 스타드 드 프랑스에서 열린 결승전에서 프랑스와 연장전까지 120분 혈투를 벌인 끝에 1:0으로 승리했다. 포르투갈의 사상 첫 메이저대회 우승이었다. 축구에서 어느 대회를 메이저대회로 기록해야 할지 기준은 모호하지만 대체로 월드컵과 유럽선수권대회(유로; EURO), 남미축구선수권대회(코파아메리카; Copa America)를 꼽는 데는 이의가 없다. 나는 가끔 유럽축구연맹(UEFA)에서 주최한 챔피언스리그 결승전의 수준이 월드컵 결승전보다 더 높다는 생각을 한다. 그러

---

56 2006년 1월 16일 88세를 일기로 영면한 민관식 전 대한체육회장은 서울 한남동 자택에 딸린 그의 사무실 입구에 '평생 학습 평생 현역'이라는 글귀를 늘 붙여 두었다.

57 2016년에는 유럽축구선수권대회와 남미축구선수권대회가 함께 열렸다. 코파아메리카는 2016년 6월 4일부터 27일까지 미국에서 열렸다. 우승팀은 칠레였다. 칠레는 27일 미국 뉴저지 이스트러더퍼드에 있는 메트라이프 스타디움에서 열린 아르헨티나와의 결승에서 0:0으로 비긴 뒤 승부차기에서 4:2로 승리했다.

나 국가대항경기에서 보이는 강렬한 민족주의와 열에 들뜬 듯, 신들린 듯한 몰입은 축구가 단지 기능의 경쟁만은 아니라는 사실을 되새기게 만든다. 코엘류는 시상식 장면에서 모습을 보였다. 그는 페르난도 산토스 포르투갈 감독과 뜨겁게 포옹했다. 아, 선의로만 가득 찬 그의 매력적인 미소!

크라우춘은 한국축구 대표 팀에서 활동한

최초의 외국인 코치로서,

이와 같은 역사적 사실에 대해

충분히 인지하고 자신의 브랜드로 활용하고 있다.

(중략) 거스 히딩크(Guus Hiddink)를 만났을 때,

"이봐, 잘했어. 하지만 한국의 외국인 코치는 내가 처음이었어."라는

말로 축하를 대신했다고 하였다.

18

　에크하르트 크라우춘은 내가 스포츠 전공자로서 연구
대상으로 삼아 논문까지 작성한 인물이다. 그에 대해서는
다소 길게 이야기할 필요가 있다. 대한민국 최초의 외국
인 지도자라고 할 수 있기 때문이다. 크라우춘은 1967년
12월 22일 대한민국 축구 청소년대표 팀 코치를 맡는다.
그는 독일의 1.FC 카이저슬라우테른(1.FC Kaiserslautern)
축구 클럽에서 선수로 활동하다가 왼쪽 무릎을 부상(負
傷)한 뒤 지도자의 길로 들어선 인물이다. 그는 대한축구
협회(KFA)의 초청으로 한국을 방문하여 18세 이하의 청

소년대표 팀과 국가대표 팀, 실업 팀 리그에 속해 활동하던 '양지' 등의 팀에 속한 한국의 축구 선수들을 지도하였다. 양지 팀은 1966년 북한의 잉글랜드월드컵 8강 진출에 자극받아 1967년 1월에 중앙정보부 소속으로 창단된 준 국가대표 팀이었다. 크라우춘은 외국인으로서는 처음으로 한국의 대표급 축구팀을 지도한 사람으로서 1968년 말 한국을 떠날 때까지 10개월 동안 활동하면서 청소년대표 팀 뿐 아니라 한국축구 전체에 주목할 만한 영향을 남겼다.

독일에서 스물일곱 살의 젊은 나이에 한국에 파견되어 1년도 안 되는 기간에 한국 선수들을 지도하고 돌아간 크라우춘은 주목할 가치가 있는 인물이다. 첫째, 한국축구가 유럽의 선진 축구를 접하는 짧지만 직접적이고 강한 경험이 크라우춘을 통하여 최초로 이루어졌고 둘째, 한국의 대표급 축구 선수들 가운데 상당수가 크라우춘의 지도를 받은 뒤 급격한 기량의 향상을 경험했거나 선진축구 습득의 필요성을 체감하고 그러한 자극이 훗날 경기력으로 발휘되었음은 물론 지도자가 된 뒤에 이상적인 축구 지도의 한 양식으로 크라우춘식(즉 독일식)의 지도 방식을 채택하는 계기로 삼았다. 셋째, 선진 축구 지도자 영입의 경험은 한국축구가 훗날 유럽의 축구 지도자를 영입하여 각급 대표 팀의 지도를 의뢰하고 일정한 성과를 거두는 한편, 특히 2002년 월드컵에서 우수한 성적을 거두기까지 일정한 기준으로 작용했을 수 있다.

크라우춘은 대한축구협회가 2003년에 발간한 '한국축구 100년사'에 '크라우츤'이라는 이름으로 등장하며 그가 한국에서 활동하던 시기에 통역을 맡은 김재호의 기고문이 실려 당시 상황의 일단을 짐작케 한다.[58] 그러나 사견(私見)에 속한다고 판단할 수 있는 내용이 적지 않아 주의 깊은 검토가 필요하다. 크라우춘이 지도한 선수들의 면면이나 지도한 내용, 특징적 요소에 대한 언급은 매우 부족하며 신문 등 언론의 보도를 통해서도 크라

---

[58] 대한축구협회, 2003: 268~270

우춘의 지도 내용을 구체적으로 확인하기는 쉽지 않다. 특히 당시의 신문에는 크라우춘의 이름이 '크라우준', '크라우천', '크라우츤', '크라우즌' 등으로 어지럽게 보도되어 보도된 기사 자료의 검색도 까다로운 편이다.

당대의 기록이 이토록 부실하고도 부정확한 이유는 크라우춘이 1968년 한국을 떠나면서 특별한 기록을 남겨 놓지 않았고, 이후 그와 교류한 인물이 많지 않았다는 점을 우선 고려해야 한다. 이와 함께 당시의 대한축구협회나 한국축구계에도 그의 지도 내용을 기록으로 남겨야 한다는 인식과 태도가 충분하지 않았던 탓도 큰 것으로 보인다. 대한축구협회가 '한국축구 100년사'를 발간하면서 연도별 기록에 크라우춘의 이름을 명기하고 한 페이지를 할애하여 김재호의 기고문을 실은 데 비추어 보면 책자의 제작을 담당한 편집자들이 뒤늦게 그에 대한 언급의 필요성을 인식했던 것으로 보이지만 결국은 사료와 자료의 부족으로 전통적인 역사 기술 방식을 선택하기 어려웠을 것으로 본다. 크라우춘이 한국에서 코치로 활동하던 시절의 모습은 대한축구협회의 공식 기록에서 찾아보기 어렵다. 크라우춘의 사례는 한국 스포츠가 경험한 '가까운 과거'의 기록과 성취가 학문적으로나 지적으로 공백 상태로 남아 끝내 유실될 위기를 맞고 있는 대표적인 경우이다. 그러므로 자료의 확인과 분류뿐 아니라 그에 대한 연구와 의미 부여가 천연될 경우 한국축구 뿐 아니라 스포츠사의 큰 손실이라고 해야 할 것이다.

크라우춘은 2012년 7월 17일 독일을 방문한 나의 인터뷰 요청에 응하여 뒤셀도르프 시 오스트에케(Ostecke)에 있는 한국 식당 진셍(Ginseng)에서 오후 여섯 시부터 약 세 시간에 걸쳐 질문에 답하고 자신의 생각과 기억을 술회하였다. 그와의 인터뷰를 통하여 크라우춘이 한국 선수들을 지도한 내용의 일부를 확인하고 상당부분 유추할 수 있는 실마리를 제공받았으며 크라우춘의 한국 축구에 대한 인식과 대한축구협회와의 협력 및 갈등 양상, 당대 축구 선수들에 대한 평가의 일단을 확보할 수 있게 되었다.

크라우춘은 1941년 1월 13일 독일 에센(Essen)에서 태어났다. 적지 않은 수의 해외 언론이 그의 출생지를 졸링겐(Solingen)으로 보도하고 있으나 크라우춘은 2012년 7월 17일 필자에게 제공한 자기소개서에 출생지를 에센으로 기록하였다. 그는 출생한 뒤 곧 졸링겐으로 이주하여 성장기 대부분을 그곳에서 보냈으며 2013년 현재는 독일 중부 헤센(Hessen)주의 헤펜하임(Heppenheim)에서 생활하고 있다.

크라우춘은 1961년 졸링겐 시에 있는 훔볼트김나지움(Humboldtgymnasium)을 졸업하였다. 고교졸업 자격시험이자 동시에 대학입학 자격시험이라고 할 수 있는 '아비투어(Abitur)'에 합격했을 정도로 성적은 우수한 편이었다. 그는 1963~1965년 쾰른체육대학교(Deutsche Sporthochschule Köln)에 재학하는 동안 독일 올림픽 축구 대표 팀의 선수로 활약하였는데, 당시 지도자는 헤네스 바이스바일러(Hennes Weisweiler), 우도 라텍(Udo Lattek)

등이었다. 1966년에 축구지도자 자격증을 취득하였고, 1972년에는 국제축구연맹(FIFA)의 축구 지도자 자격증을 취득하였다. 독일어, 영어, 프랑스어 및 스페인어 등을 구사한다. 크라우춘은 1966년부터 1967년까지 프로축구 1부 리그(분데스리가; Bundesliga)에 속한 카이저슬라우테른(1.FC Kaiserslautern)에서 선수로 활동하다가 무릎을 다친 뒤 선수생활을 중단하고 지도자로서 경력을 쌓기 시작하였다. 그가 맡은 첫 팀이 한국의 청소년(18세 이하) 축구 대표 팀이었다. 한국 청소년 축구 대표 팀을 지도하여 1968년 서울에서 열린 제 10회 아시아 청소년 축구 선수권대회에 참가해 준우승을 기록한 크라우춘은 같은 해에 대한축구협회와 계약이 끝나 독일로 돌아갔다. 그는 1972년까지 스위스의 그라스호퍼 취리히(Grasshopper Zürich)에서 선수 겸 코치로 활동하다가 무릎 부상으로 수술을 하면서 선수생활을 접었다.[59]

59 크라우춘 면담, 2012.7.17

한국축구가 외국인 지도자를 영입하기로 결정한 1967년은 세계무대는 물론 아시아 무대에서도 전통적인 강호로서의 입지를 상실하여 특단의 대책이 필요하다는 위기감이 고조된 시기였다. 특히 동서 냉전의 시대에 북한과 치열한 이념대결을 벌이는 상황에서 북한이 1966년에 열린 잉글랜드월드컵에서 8강에 진출하는 업적을 이뤘다는 소식은 한국축구계를 놀라움과 열패감 속으로 몰아넣기에 충분하였다. 2년 뒤에는 일본이 독일인 감독 데트마르 크라머(Detmar Kramer)의 지도를 받아 출전한 1968년 멕시코시티올림픽에서 동메달을 따내는 성과를 이룩하는 등 주변 경쟁국들이 눈부신 발전을 거듭하고 있었다. 거기에 비해 한국축구는 잉글랜드월드컵을 전후로 전성기를 구가한 북한 축구 대표 팀의 경기력에 압도된 나머지 북한과의 경기에서 패할 경우 발생할지 모를 국민적 사기 저하와 북한에 대한 적대적 인식의 완화 등 후유증을 우려해 아예 예선전에 출전하지 않는 고육책을 선택했을 정도로 자신감을 상실하고 있었다.[60] 이러한 배경은 한국축구계 전체가 '정체에서 벗어나 한 단계 높은 수준으로 향상해야 한다.'라는 절박한 인식을 공유하는 계기가 되었을 것이다.

이 시기에 독일은 1974년 서독월드컵 우승을 정점으로 하는, 독일의 현대 축구 역사상 두 번째 전성기를 향하여 약진하고 있었다. 1954년 스위스월드컵에서 처음으로 우승한 독일은 1966년 잉글랜드월드컵 결승에서 주최국인 잉글랜드에 연장 접전 끝에 2:4로 패해 준우승에 머물렀다. 그러나 이 경기는 2000년대 들어서도 판정 의혹이 완전히 해소되지 않은 접전의 결과였고 독일 축구는 높은 경기력을 증명해 보였다고 할 수 있다. 1970년 멕시코 월드컵에서는 펠레를 중심 선수로 한 브라질이 전성기를 구가하며 우승을 차지하였지만 독일도 3위에 입상하며 저력을 발휘하였고 4년 뒤 마침내 역사상 두 번째 우승을 기록하는 개가를 거두게 되었다. 선수

60 대한축구협회, 2003: 257

들의 뛰어난 개인기 뿐 아니라 조직력과 과학적인 훈련에 호소하여 경기력을 극대화해온 독일의 축구는 개발도상국인 한국 입장에서 본받을 만한 미덕을 두루 갖춘 이상적인 모델로 받아들여졌다.

1960년대는 군사정권의 스포츠 장려 정책의 영향으로 각종 스포츠 부문에 대한 관심이 고조된 시기였다. 국가적인 차원에서 스포츠−체육 정책이 추진된 시기로 제3공화국 시대와 제5공화국 시대가 꼽히는데, 절대적인 권력의 힘을 바탕으로 어느 정권보다도 스포츠−체육 정책에 많은 관심을 기울인 시기였다.[61] 축구 역시 시대적 환경으로부터 자유로울 수 없었겠으나, 절박한 상황에도 불구하고 당시로서는 높은 보수를 주어야 하는 전문 내지 직업 코치를 초빙하는 일이 경제적인 문제로 인하여 어려웠을 수 있다. 따라서 대한축구협회는 현실적으로 가능한 방안을 모색하였을 것이며 이 과정에서 당시

---

61 중앙일보, 2005: 334~335

FIFA의 순회코치로 활동하던 크라머의 조력을 구했던 것으로 보인다. 이와 같은 사실은 크라우춘의 증언으로 확인할 수 있다.

데트마르 크라머를 통하여 연락을 받았다. 그는 FIFA의 한 명 뿐인 인스트럭터로서 홍콩에 머무르면서 축구 강습회를 열고 있었다. 그는 전화를 걸어 "한국에서 대표 팀 코치를 물색하고 있다."라며 내 의향을 물었다. 나는 흥미를 느꼈다. 왜냐하면 당시 나는 무릎을 다쳐 선수 생활을 계속할 수 없는 형편이었기 때문이다. 나는 홍콩으로 가서 크라머를 만났는데, 그는 나에게 한국축구의 역사와 수준 등 많은 것을 말해 주었다. 나는 그에게 "오케이, 내가 가겠다." 라고 말했다. 그러니까 내가 한국에 가는데 필요한 행정적인 일은 모두 크라머가 맡아 처리한 것이다.[62]

이 내용을 확인할 만한 구체적인 문서나 보도 자료는 대한축구협회나 각종 보도 매체를 통해 확인하기 어렵

---

62 크라우춘 면담, 2012. 7. 17

다. 대한축구협회가 2003년에 발행한 '한국축구100년사'의 268쪽에 두 줄 분량으로 크라우춘을 초빙한 사실을 언급했을 뿐이고, 270쪽에 한 면을 할애하여 게재한 김재호의 기고는 상당부분 부정확한 인상에 의존한 흔적이 보여 신뢰할 만한 자료로는 다소 미흡하다. 예를 들어 김재호는 크라우춘이 내한한 날을 1967년 12월 31일이라고 구체적으로 적시하고 있으나 당시의 주요 신문은 모두 크라우춘의 내한 시점을 1967년 12월 13일로 보도하였다. 이 밖에도 크라우춘의 내한 이후 행적은 관련자들의 증언을 제외하면 당시 신문 보도를 통해 그 편린을 짐작할 수 있을 정도이다. 국내 주요 매체의 보도를 종합하면, 크라우춘의 초빙 과정은 다음과 같다. 대한축구협회는 1967년 7월 12일 크라우춘을 코치로 초빙하기로 결정하고 대한체육회에 승인을 요청하였다.[63] 크라우춘은 같은 해 12월 13일 캐세이 퍼시픽 항공을 이용하여 한국에 도착하였으며,[64] 1967년 12월 22일 대한축구협회와 정식 계약을 맺고 활동을 시작하였다.[65] 크라우춘의 계약기간은 10개월이었다고 보도되었지만[66] 보수를 비롯해 크라우춘의 세세한 계약조건에 대한 언급은 없고, 대한축구협회에도 구체적인 자료가 남아 있지 않아 확인하기 어려운 부분으로 판단된다. 크라우춘은 면담을 통하여 몇 가지 계약 조건에 대하여 술회하였는데 이에 따르면 금전적인 보수는 물론 숙소 및 차량 제공 등 유럽 내지 독일에서 보편적으로 적용되는 내용이었을 것이다.

자동차는 필요 없었다. 그때 나는 언어 문제도 있고 해서 돌아다닐 일이 없었다. 숙소는 따로 주택에 머무르지 않고 호텔에 묵었다. 뉴코리아 호텔이었다. 좋은 곳이었다. 그리고 또 다른 호텔에도 묵었는데 호텔의 이름은 기억이 나지 않는다. 아, YWCA…, YWCA, 거기 묵었다가 나중에 뉴코리아 호텔로 옮겼다. 아주 좋았다.[67]

63 경향신문, 1967. 7. 14 · 동아일보, 1967. 7. 14
64 경향신문, 1967. 12. 13 · 동아일보, 1967. 7. 13
65 동아일보, 1967. 12. 23
66 동아일보, 1967. 12. 23
67 크라우춘 면담, 2012. 7. 17

크라우춘은 면담을 하면서 당시에 한국에서 지급받은 보수에 대해서는 밝히지 않았다. 그 이유는 첫째, 기억이 나지 않기 때문이거나 둘째, 보수로 지급된 금액이 너무 적어 알려지면 자신의 캐리어나 품위 관리에 불리할 것이라고 판단했기 때문일 것이다. 한국에 부임할 무렵 그의 나이는 스물일곱 살에 불과했고, 수입을 관리하기 위해 애쓰기보다는 입에 맞는 음식과 여유시간을 보낼 장소와 사람을 찾았으며, 그의 지도를 받은 선수들이 증언하듯이 초콜릿이나 오렌지 같은 부식을 장만해서 선수들에게 나누어 주기를 즐겼다. 크라우춘은 이때 자신이 받은 보수에 대해서 "급여는 나에게 가장 중요한 조건은 아니었다. 그렇게 많은 돈을 받지는 못했다. 그러나 그때 달러가 강세였으니까, 많이 받았다고 할 수도 있겠다. 나는 급료를 미국 달러로 받았다. 내 기억에 1달러가 거의 4마르크 정도 되었다."라고 설명하였다.[68] 크라우춘이 받은 보수의 수준을 짐작해 볼 수 있는 자료는 1971년부터 1972년까지 1년 동안 한국의 축구 대표 팀을 지도

한 영국의 그레이엄 애덤스가 대한축구협회와 계약할 때 연봉이 5500파운드였다는 '동아일보'의 1971년 3월 4일자 8면 보도이다. 이보다 17일 뒤인 1971년 3월 21일 '일간스포츠'는 3면에 애덤스의 인터뷰 기사를 게재하면서 그의 보수를 월 700달러라고 보도하였는데 크라우춘이 받은 보수도 애덤스가 받은 보수보다 많지는 않았을 것으로 유추할 수 있다.

크라우춘은 한국축구 대표 팀에서 활동한 최초의 외국인 코치로서, 이와 같은 역사적 사실에 대해 충분히 인지하고 자신의 브랜드로 활용하고 있다. 그는 2002년 한국과 일본이 공동개최한 월드컵에서 한국대표 팀을 맡아 4위에 입상시킴으로써 성공적인 결과를 만들어낸 네덜란드 국적의 거스 히딩크(Guus Hiddink)를 만났을 때, "이봐, 잘했어. 하지만 한국의 외국인 코치는 내가 처음이었어."라는 말로 축하를 대신했다고 하였다.[69]

---

68 크라우춘 면담, 2012. 7. 17

69 크라우춘 면담, 2012. 7. 17

66

크라우춘은 이러한 문제점을 해결하기 위하여

"반복, 반복, 또 반복해서 훈련하였다." 라고 술회하였다.

99

19

크라우춘은 계약에 따라 1968년 5월 2일 서울에서 개막한 제 10회 아시아청소년(18세 이하)축구선수권대회에 대비해 구성된 한국의 청소년대표 팀을 지도하였다. 이에 앞서 크라우춘은 한국의 축구에 대해 이해하는 과정을 거쳤다. 첫 정보 제공자는 크라우춘에게 한국행을 권유한 인물인 크라머였다. 크라머는 크라우춘에게 "축구는 한국에서 매우 중요한 스포츠로, (한국의 축구선수들은) 매우 터프하고 잘 훈련되었으며 배울 준비가 잘 돼 있다. 한국인은 그 멘탈리티가 독일인과 매우 비슷하다."

라는 내용이었다.[70] 또한 크라우춘은 한국축구와 선수들을 보다 세밀하고도 직접적으로 파악하기 위하여 국내 대회를 관전하였다.

나는 최치환 회장과 함께 연세대학교, 고려대학교, 경희대학교에 가서 그들이 어떻게 경기를 하는지 살펴보게 되었다. 대학교 운동장에서 고등학교 대회와 대학교 대회가 열렸는데 내가 보기에 매우 수준이 높은 대회였다. 거기서 나는 내 주요 임무(Major job)가 청소년 팀(young team)이며 이 팀이 아시아선수권대회에 대비하고 있다는 설명을 들었다. 그 팀은 18세 이하(축구협회 기록은 19세 이하이나, 한국식 나이로 계산한 결과이고 FIFA의 규정에 따르면 18세 이하이다-필자 주) 팀이었다.[71]

크라우춘은 자기소개서에 한국의 청소년대표 팀의 코치로 일하는 한편 성인대표 팀의 코치도 겸했다고 썼지만 대한축구협회나 국내 신문 등 언론의 기록에는 그와 같은 사실이 분명하게 기록되지 않았다. 대한축구협회의 기록과 언론의 보도, 크라우춘이 활동할 당시 그의 지도를 받은 축구인들의 증언을 종합하면 크라우춘의 주 임무는 어디까지나 청소년대표 팀이었다고 판단된다. 다만 그는 대표 팀 선수들을 여러 차례 지도한 것으로 나타나는데, 이 경우는 대한축구협회가 그를 국가대표 수준에서도 활용하기 위해 인스트럭터 또는 특별 강사의 임무를 부여한 것으로 볼 수 있다. 크라우춘은 한국 선수들의 경기를 관찰한 다음 어떻게 판단하였을까. 그는 1967년 12월 22일 대한축구협회와 정식 계약을 마친 다음 기자회견을 하면서 "집약적인 훈련이 필요하다."라는 말과 함께 "한국 선수들의 개인기는 세계적인 선수들에 뒤떨어지지 않으나 한국축구의 침체는 제도상 팀워크의 결핍과 현대적인 트레이닝이 부족했다. 해외원정을 통해 기술을 쌓아야 할 것."이라고 지적하였다.[72] 크라우춘의 이와 같은 지적은 훗날 거스 히딩크가 한국 대

70 크라우춘 면담, 2012. 7. 17

71 크라우춘 면담, 2012. 7. 17

72 동아일보, 1967. 12. 23

표 팀을 맡았을 때 내놓은 분석 결과와 상당 부분 일치한다는 사실을 확인할 수 있다.[73] 또한 그는 크라머의 설명처럼 한국 선수들이 훈련할 준비가 되어 있다는 사실도 확인할 수 있었다.

> 우리 선수들은 신체조건(physical)이 좋았고, 대단히 적극적이었으며(aggressive), 또한 파이터(fighter)들이었다. 그들은 늘 (한국어 발음으로-필자주) "싸우자, 이기자."라고 외치곤 했다.[74]

코치의 지도를 받을 준비가 충분한 선수들이었음에도 불구하고, 크라우춘은 적지 않은 과제를 발견해 내기도 하였다. 시간이 지나면서 크라우춘은 좀 더 분명하게 한국의 축구 선수와 한국축구 전체의 문제점 내지 취약점을 찾아내고 이를 개선하기 위한 방안을 마련하기 위하여 다각적으로 노력했을 것이다.

> 개인기술(technique, skill) 뿐 아니라 전술적으로도

(tactically) 향상시켜야 했다. 그래서 나는 책상 위에 칠판을 세워 놓고 분필로 선수들의 포지션을 적고 개인전술, 그룹 전술, 팀 전술 등을 적어나갔고 선수들은 이해를 했다. 문제는 선수들 가운데 영어를 하는 선수가 많지 않았다(not many)는 점이다. 그래서 늘 김재호와 함께 다녔다.[75]

크라우춘이 발견한 문제점은 보다 근본적인 것으로서, 지금도 한국축구에 고질적인 문제점으로 남아 있는 요소들이다. 그는 "한국축구에서 세 가지 주요(Major) 문제를 발견하였다. 내가 보기에는 그 문제가 모든 아시아(축구)의 문제이기도 하다. 첫째 슈팅, 둘째 헤딩, 셋째 태클이다."라고 설명하였다.

선수들은 5야드 거리에서도 골을 넣지 못할 때가 있었다. 요즘도 많은 아시아 팀의 문제점은 페널티 박스 안에서

73 중앙일보, 2005: 344.

74 크라우춘 면담, 2012. 7. 17

75 크라우춘 면담, 2012. 7. 17

위협적인(deadly) 피니셔가 많지 않다는 점이다. 또한 한국 선수들은 태클을 너무 거칠게 해서 파울을 지적당하고 많은 에너지를 소모하곤 하였다.[76]

크라우춘은 이러한 문제점을 해결하기 위하여 "반복, 반복, 또 반복해서 훈련하였다."라고 술회하였다. 그는 독일식 훈련 방법을 한국의 축구선수들에게도 적용하였는데, "그룹 택틱, 팀 택틱, 4대2, 5대2, 6대3, 스킬 그리고 센터링, 헤딩, 슈팅과 같은 피니싱 훈련을 많이 하였다."라고 기억하였다. 이와 같은 진술을 통하여, 크라우춘이 한국축구팀의 코치로서 활동한 시기의 지도 내용을 짐작할 수 있었다. 그러나 보다 더 크라우춘의 지도 내용을 세밀하게 파악하기 위해서는 당시 그의 지도를 받은 인물들의 증언이 필요했다.

크라우춘이 지도한 팀에서 매우 유망한 선수로 부각되었던 인물로 김인권과 이종한을 들 수 있다. 김인권은 연세대학교를 졸업하고 포항제철에서 선수생활을 하였

으며 연세대와 포철공고, 현대 프로팀, 울산대, 진주 국
제대 등에서 지도자 생활을 하였다. 크라우춘이 지도한
청소년대표 팀에서 부동의 왼쪽 공격수로 인정받은 인
물이었다. 그는 크라우춘의 지도 내용이 "처음부터 끝까
지 모두 새롭고 놀라웠다."라고 고백하였다.[77] 김인권의
연세대학교 동기인 이종한 역시 "지금도 그만한 지도자
를 찾기 어렵다."라고 평가하였다.[78] 동래고를 졸업하였
고 크라우춘이 한국에 부임했을 때는 국가대표 팀의 주
전 수비수였으며, 훗날 한일은행과 현대 프로팀, 삼성 프
로팀에서 지도자 생활을 하였고 1994년에는 국가대표
팀의 감독을 맡아 미국월드컵에 출전하기도 한 김호 역
시 크라우춘의 지도를 수용하면서 적지 않은 충격을 경
험한 인물이다. 그는 "(크라우춘이 가르치는) 축구가 (한
국축구와) 달랐다. 독일에서 훈련한 사람, 정규 교육을 받

---

76 크라우춘 면담, 2012. 7. 17

77 김인권 면담, 2012. 10. 27

78 이종한 면담, 2012. 12. 18

은 사람이 가르치는 서구식 축구가 이런 것이구나 하고 실감하였다."라고 당시의 놀라움을 표현하였다.[79]

그러면, 크라우춘은 구체적으로 어떤 내용의 축구 기술과 전술을 가르치고 한국의 청소년대표 팀을 운영하였을까. 그의 지도를 받은 인물들은 크라우춘을 만난 다음에야 경험해 보았다는 몇몇 훈련에 대해 기억하고 있다. 그 중 대표적인 훈련이 '4대2' 패스 훈련이다. 4대2 패스는 네 명의 선수가 사각형으로 둘러서서 공을 주고받으면 두 명의 선수가 가운데서 술래가 되어 공을 차단하거나 뺏어내는 훈련이다. 이 훈련에서 공을 주고받는 선수들은 공을 뺏으려는 두 명의 선수를 따돌리기 위해 매우 빠르고 정확한 패스와 상대 선수의 움직임을 읽는 감각이 필요하다. 또한 공을 뺏으려는 선수들은 공을 돌리는 선수들을 효과적으로 압박하여 실수를 유발하거나 패스의 길목을 예측하여 차단하기 위한 판단력과 반사 능력을 향상시킬 수 있다. 이 훈련은 현재 세계 대부분의 축구팀에서 본 훈련을 하기 전에 준비운동 수준의 부분

훈련으로 채택하여 일반화됐다. 그러나 크라우춘이 이 훈련을 시키기 전까지 한국의 축구 선수들은 4대2훈련을 해보지 않았다고 한다. 김호는 "4대2라는 훈련을 처음 해봤다. 우리는 이런 훈련이 있는 줄 몰랐다."라고 술회하였다.[80] 동북고와 한양대학교를 졸업하고 양지, 포항제철 등에서 선수생활을 하였으며 훗날 한양대와 포항제철에서 지도자 생활을 하고 1990년에는 국가대표팀을 맡아 이탈리아월드컵에 출전한 이회택 역시 "그 사람이 와서 처음으로 패스 연습도 제대로 하고 4대2를 한 것도 맞다."라고 확인하였다.[81] 김인권의 기억은 보다 선명하다.

4대2를 우리에게 처음으로 시켰다. 그 당시 우리는 새로 접하는 운동방법이니까 열심히 따라했다. 4대2를 하려면

---

79 김호 면담, 2012. 9. 19

80 김호 면담, 2012. 9. 19

81 이회택 면담, 2013. 1. 19

수비가 여기 둘 있잖나. 한 사람은 여기 있고. 이 사람들이 양쪽으로 완전히 벌려 줘야 한다. 볼이 이쪽으로 가면 또 뛰어와야 하고. 이건 제대로 하려면 무지하게 힘들다.[82]

크라우춘은 4대2 훈련 외에도 준비운동 단계에서부터 당시 세계 최고 수준의 축구 강국 독일에서 사용하는 훈련법을 도입하였는데 이 역시 한국 선수들에게는 새롭고 신기한 내용이었다.

웜 업, 스트레칭 하는 법을 그때 배웠다. 운동장도 돌기도 하고 왔다 갔다 하면서 팔을 이렇게(움직이면서)…. 처음엔 어색해서 웃기도 하였다. 몸 구석구석의 근육까지 세세히 풀어지게 했다. 정리 운동할 때, 마사지할 때도 몸 근육이(바짓단을 걷어 다리를 보여주며 세세한 근육을 만져가면서)…. 요렇게 요런 근육도 풀어주고….[83]
준비운동 하는 것부터 달랐다. 그전엔 하나, 둘, 셋, 넷, 체조를 했다. 손만 이렇게 저렇게 움직이는. 크라우춘은 스텝을 밟으면서, 움직이면서 하는 체조를 가르쳤는데 자기도 같이 뛰면서 함께 했다. 그가 가르쳐 준 몇 가지 몸 푸는

법은 지금도 운동장에 나가면 가끔 볼 수 있다.[84]

　김인권은 기억에 남는 훈련 방법으로 '컨디셔닝 트레이닝(conditioning training)'을 들었는데, 그는 이 용어를 체력 강화 훈련과 같은 개념으로 사용하였다. 그는 "컨디셔닝 트레이닝은 그 전에는 받아본 적이 없다. (훈련 내용을 감안하면 크라우춘이 오기 전에) 우리는 시작부터 끝까지 컨디셔닝 트레이닝이었다(컨디셔닝 트레이닝을 한 것과 다름없다)."라고 기억하였다.[85] 크라우춘은 기술 훈련과 컨디셔닝 트레이닝을 구분하였다. 그리고 그의 훈련법은 선수들의 흥미를 고조시키기에도 충분하였다.

　크라우춘이 시키는 컨디셔닝 훈련은 진짜 힘들었다. 예

82 김인권 면담, 2012. 10. 27
83 이종한 면담, 2012. 12. 18
84 김인권 면담, 2012. 10. 27
85 김인권 면담, 2012. 10. 27

를 들어 공을 하나 가지고 골라인에서 굴려서 페널티 라인을 넘어가기 전에 이걸 빨리 가서 주워 와야 되는 거다. 왔다 갔다, 왔다 갔다 하는데 (정해진) 시간 안에 들어와야 했다. 그런 훈련은 정말 입에서 단내가 났다. 이걸 세 타임 하고 끝을 냈다.[86]

이종한은 체력 훈련을 '인터벌 트레이닝(interval training)'으로 기억하고 있다. 그는 "지금도 인터벌 트레이닝을 제대로 가르치는 감독을 찾아볼 수 없다."라면서 자신이 경험한 훈련 방법을 소개하였다.

먼저 운동장을 네 변으로 나눈다. 그리고 한쪽 변은 베스트로(가장 빠른 속도로) 뛰고 여기는 천천히…. 그리고는 맥박을 쟀다. (심박 수가) 최고에 오를 때.[87]

86 김인권 면담, 2012. 10. 27
87 이종한 면담, 2012. 12. 18

"

크라우춘은 시간이 중요한 게 아니라

시간 활용을 잘하는 게 중요하다고 생각한 것 같다.

크라우춘은 선수들을 모두 파악해서 뭐가 부족한지 알았고,

체력과 개인기, 슈팅 등 부족한 부분에 대해 보충 훈련을 시켰다.

나도 체력이 약해서 따로 개인 훈련을 했다.

"

20

크라우춘은 시간이 갈수록 많은 문제점을 발견해 내고 이를 해결하는 데 부심하였을 것으로 보인다. 새로운 훈련 방법을 도입하거나 전술을 적용하는 문제는 단지 결정하기만 하면 되는 문제이다. 그러나 선수들의 몸에 밴 습관이나 가치관, 사고방식, 축구문화 등은 쉽사리 변하기 어려운 요소에 속한다. 크라우춘의 지도를 받은 한국의 축구선수들이 가장 많이 들은 지적과 요구는 '신속히 처리하라'는 말이었다. '원 터치 플레이'에 대한 크라우춘의 집요한 요구는 그의 지도를 받은 선수 대부분이 기억하였다. 이와 관련해 가장 선명한 구술을 남긴 인물은 이회택이다. 크라우춘은 자신이 활동하던 시절에 지도한 한국 선수 가운데 다섯 명을 정확하게 기억하였는데, 청소년대표 김인권, 이종한, 이갑수와 성인대표 팀의 이회택, 김호였다. 특히 크라우춘은 이회택을 매우 높이 평가하였다. 그는 "당시 (한국) 대표 팀에는 아주 강력한 슛을 하고 헤딩이 좋은 선수가 있었는데 이회택이었다."라고 기억하였다.[88] 이회택에 대한 크라우춘의 평가와는 별도로, 이회택이나 김호는 대한축구협회의 기록과 마찬가지로 크라우춘이 성인대표 팀의 코치는 아니었다고 기억하였다. 그러나 길지 않았을(또는 잦지 않았을) 것으로 유추할 수 있는 크라우춘의 지도를 통하여 이회택 역시 강한 인상을 받은 것으로 판단된다. 이회택은 다음과 같은 증언을 남겼다.

우리 축구의 고질적인 병폐가 있다. 크라머도 그렇고 애덤스도 그렇고, 그 사람들이 와서 제일 처음 배우는 우리말이 '빨리, 빨리'다. 공을 신속하게 처리하지 못하니까, 공을 갖고 우물쭈물하니까 빨리 동료에게 패스하라는 것이다. 원 터치 패스. 크라우춘도 마찬가지였다.[89]

훈련 스케줄도 기존의 한국 지도자들과는 확연히 달랐는데 무엇보다도 그 날 어떤 훈련을 어떻게 할 것인지 프로그램을 제시했다는 점이 새로웠다. 이종한과 김인권은 크라우춘이 "흑판에 분필로 글씨를 쓰고 그림을 그려가며 훈련할 내용을 설명했고, 전술 설명도 같은 방식으로 했다."라고 술회하였다.[90] 훈련 프로그램도 달랐던 것으로 보인다. 김인권이 기억하는 한국 지도자들의 축구 훈련 프로그램은 다음과 같다.

내가 어릴 때부터 축구 그만둘 때까지 한 훈련 방법을 보면 똑같다. 운동장 나오면 운동장 열 바퀴 뛰게 하고, 체조

---

88 크라우춘 면담, 2012. 7. 17

89 이회택 면담, 2013. 1. 19

90 김인권 면담, 2012. 10. 27

를 한 다음 패스하고 킥을 하게 한다. 다음에는 슈팅, 그 다음에는 시스템 훈련, 그러니까 전술 훈련인 셈인데, "너는 이리 가라, 너는 저리 가라." 하는 식으로 지시했다. 그 과정이 끝나면 또 운동장을 뛰고, 선착순을 시키고…. 그게 전부였다.[91]

김인권의 증언에 따르면, 크라우춘은 훈련을 하러 나가기 전에 선수들을 모아 놓고 미팅을 했다. 선수들에게 그 날 훈련할 내용을 알려 주고, 선수들은 일지에 받아 적었다. 선수들이 모두 일지를 하나씩 가지고 있었다고 한다.[92] 하지만 크라우춘이 채택한 훈련 프로그램에 대한 기록은 남아 있지 않다. 크라우춘도 정확하게 순서를 기억하지는 못했다. 김호와 이종한은 비교적 소상하게 크라우춘의 훈련 순서를 기억하였는데 사람마다 약간의 차이는 있다.

운동장 가서 웜 업과 스트레칭을 한 다음 본 훈련을 시작하였다. 본 훈련에 들어가서야 공을 가지고 패스와 슈팅 훈련을 했다. 슈팅은 공을 여러 개 놓은 다음 교대로 나가서 슛을 하는 방식으로 하였다. 이런 기술훈련을 한 다음 전체 팀 전술 훈련을 했고, 그 다음에는 정리훈련을 했다. 한 달 두 달 스케줄에 맞추어 그대로 훈련을 했는데 우리에게 미리 알려주기도 했지만 지시에 따라 훈련하다 보니 체계적으로 순서에 따라 훈련시키고 있다는 사실을 분명하게 알 수 있었다.[93]

훈련 시간은 한 시간 30분 정도 됐다. 훈련 내용 가운데 뛰는 양이 훨씬 줄었다. 집중이 필요한 훈련이었다. 체조를 하고(스트레칭 동작) 볼 트래핑을 움직이면서 했다. 맨투맨, 그룹을 나눠서(공격과 수비, 미드필더 식으로) 3-3, 3-2 부분 훈련을 많이 시켰다. 그룹별로 나누어 미팅을 많이 했고, 대화할 때 선수들은 앉히고 자신은 서서 했다.[94]

크라우춘의 훈련 방식은 매우 높은 수준으로서 당시 독일축구의 수준과 국제적 위상을 고려하면 세계 축구

91 김인권 면담, 2012. 10. 27
92 김인권 면담, 2012. 10. 27
93 이종한 면담, 2012. 12. 18
94 김호 면담, 2012. 9. 19

의 주된 흐름과 무관하지 않았을 것으로 유추할 수 있다. 이에 대해서는 크라우춘도 간접적으로 자부심 내지는 자신감을 피력하고 있다.

독일축구가 전성기를 달리기 시작하던 시절이었으므로 독일은 톱클래스의 팀이었고, 독일의 코치들도 그렇다고 생각했을 것이다. (중략) 나는 코치가 선수들의 모범이 되어야 하고 특히 그들을 가르칠 때 좋은 시범(demonstration)을 보여줄 수 있어야 한다고 생각한다. 나는 그때 패스, 슈팅, 패스 등 모든 부분의 시범을 보일 수 있었다. 나는 푸시업이나 싯업도 선수들보다 많이 했다.[95]

크라우춘이 지향하는 축구는 매우 공격적이고 기술적인 내용을 담고 있었다. 김인권과 이종완의 증언을 종합하면, 크라우춘이 미드필더의 역할에 큰 비중을 두었으며 골 앞에서의 과감성과 정확성을 추구했음을 알 수 있다. 이러한 축구를 하기 위한 준비로서 '기본기'를 강조했고 매우 공격적인 축구를 요구했다는 이종한의 증언이 있다. 이종한은 "크라우춘은 많이 뛰는 것보다는 절묘한 패스를 더 높이 평가하였다. 또한 미드필드가 사람으로 치면 허리이기 때문에 미드필드에서 뛰는 선수의 역할이 중요하다고 강조했다."라고 기억하였다.[96] 한편 김인권은 "패스를 한 다음에는 동료 선수에게 빨리 접근해서 도와주라는 요구를 자주 하였다. 공을 가진 선수가 상대 수비선수에게 둘러싸여 고립되지 않도록."이라고 말하였다. 그는 당시 크라우춘의 가르침을 새겨들었으며 "공을 패스한 다음 접근해서 동조 플레이를 하는 습관이 크라우춘이 돌아간 이후에도 내가 좋은 선수로 평가받는 데 기여했다."라고 생각하였다.[97]

크라우춘이 선택한 포메이션(포진) 방식이 무엇이었는지 확인하기는 매우 어렵다. 왜냐하면 청소년 팀의 멤버인 김인권, 이종한과 크라우춘의 기억이 모두 다르기 때

95 크라우춘 면담, 2012. 7. 17
96 이종한 면담, 2012. 12. 18
97 김인권 면담, 2012. 12. 27

문이다. 김인권은 면담 중에 당시 크라우춘이 사용한 포메이션을 묻자 처음에 "WM포메이션이었다."라고 대답했다. WM 포메이션은 3-2-5 포메이션이라고 볼 수 있지만 세분하면 3-2-2-3으로, 뒤로 처진 인사이드 두 명은 미드필더와 공격의 2중 역할을 한다. 풀백 세 명과 하프백 두 명은 'W' 자를 이루고, 인사이드 두 명과 공격수 세 명은 'M' 자를 형성해 'W-M 포메이션'이라는 이름이 붙었다. 우루과이가 이 포메이션으로 1950년 월드컵에서 우승을 차지했다.[98] 크라우춘의 포메이션이 WM이었다던 김인권은 포지션별로 선수의 이름을 알려 달라는 요구에 응하는 과정에서 "그러고 보니 4-3-3이었던 것 같다."라고 정정하였다. 그러면서 김인권은 "4-3-3을 국내에서 처음으로 시도한 인물이 크라우춘일 것."이라고 첨언하였다.[99] 그러나 이종한은 4-3-3이었다는 김인권의 기억에 대해 동의하지 않으면서 "4-2-4라고 보기도 어렵고 WM은 아니고 1-4-1-4도 섰다가 3-3-4도 했다가…."라며 말을 흐렸다.[100] 크라우춘 자신은

"한국 청소년 팀의 포메이션은 리베로 시스템(Libero System)이었다."라고 기억하였다. 리베로 시스템이란 4-2-4나 4-3-3, 4-4-2 대형의 수비수 네 명은 그대로 둔 채 또 수비수 한 명을 그들 뒤에 두는 포메이션이며, 그 수비수를 '리베로'라고 한다.[101] 크라우춘은 전체적으로는 4-4-2 포메이션을 채택했다고 설명하였다.

> 리베로를 두는 시스템은 독일대표 팀에서 성공적으로 운영됐다. 잉글랜드가 일찍이 4-4-2를 사용했고, 독일도 4-4-2를 썼지만 일찍부터 리베로를 운영하였고 특히 그 당시에 잘 운영됐다.[102]

크라우춘은 축구의 기술적인 부분 뿐 아니라 축구를

---

98 한국축구연구소, 2006: 24~26
99 김인권 면담, 2012. 12. 27
100 이종한 면담, 2012. 12. 18
101 한국축구연구소, 2006: 33~34
102 크라우춘 면담, 2012. 7. 17

둘러싼 환경과 문화면에서도 변화를 꾀하였는데, 훈련 일정과 합숙 문화에도 손을 댔다. 크라우춘이 부임하기 전까지 한국 선수들은 새벽, 오전, 오후 등 하루 세 차례 훈련을 하였으며 훈련 시간은 매번 두 시간 정도였지만 시간에 맞춰 끝나는 경우는 많지 않았다. 크라우춘은 선수들에게 회복할 시간이 필요하다는 뜻에서 새벽훈련을 없애 하루 세 차례 하던 훈련을 두 차례로 줄였고, 두 시간 30분 이상 계속되던 훈련 시간을 한 시간 30분 정도로 단축했다.[103] 축구 일변도의 몰입 훈련에서 완급을 조절하고 때로는 분위기 전환을 목적으로 축구와 무관한 수영이나 사우나와 같은 활동을 하였는데, 이러한 활동은 당시의 한국 선수들에게 깊은 인상을 남겼다.

일주일에 하루는 수영을 시키고 또 한 번은 사우나를 시켰다. 그것도 훈련 일정에 포함돼 있었던 것이다. 수영은 YMCA 수영장에서 했고 사우나는 당시 북창동에 '신신사우나'라는 곳이 있었는데 거기를 이용했다. 모두 축구협회에 요청을 해서 이뤄진 일이라고 했다.[104]

크라우춘은 합숙 위주인데다 외출 외박을 일절 금하고 군대식으로 엄격한 훈련을 거듭하는 한국식 팀 관리 방식에 이의를 제기했다. 그는 특히 청소년대표 팀 선수들이 '최소한 주말에는 가족과 함께 시간을 보내고 여자친구를 만나 데이트하며 영화도 보아야 할 나이'라고 보았고, 이러한 시각을 관철하기 위하여 최치환 회장과 담판을 벌인 일도 있다고 하였다.[105] 지금 보아도 파격적인 크라우춘의 생각과 행동은 필연적으로 한국축구의 오랜 관행이나 전통, 축구문화와 당시 청소년대표 팀의 감독인 장경환, 코치 손명섭 등 한국인 지도자와 마찰을 빚을 수밖에 없었다.

장경환 씨가 브레이크를 많이 걸었다. 예를 들어서 이런 적이 있다. 크라우춘이 와가지고 새벽운동이 없어져 버렸다. 새벽에 깨우지 말라고 그랬다. 그래서 운동을 오전과

103 김호 면담, 2012. 9. 19
104 김인권 면담, 2012. 10. 27
105 크라우춘 면담, 2012. 7. 17

오후에 각각 한 번씩만 하게 됐다. 그런데 장경환 씨가 새벽에 깨운 일이 있었다. 장경환 씨는 그렇게 크라우춘을 받아들이는 자세가 아니었다.[106]

장경환 씨가 훈련 량이 적다고 해서 마찰이 많이 있었다. 그런데 크라우춘은 시간이 중요한 게 아니라 시간 활용을 잘하는 게 중요하다고 생각한 것 같다. 크라우춘은 선수들을 모두 파악해서 뭐가 부족한지 알았고, 체력과 개인기, 슈팅 등 부족한 부분에 대해 보충 훈련을 시켰다. 나도 체력이 약해서 따로 개인 훈련을 했다.[107]

106 김인권 면담, 2012. 10. 27
107 이종한 면담, 2012. 12. 18

66

한국축구의 당시 목표는 완수되지 않았다.

그 노력은 진행형이어야 할 것이다.

크라우춘이 남긴 유산은 한국축구의 사적 경험에 그치지 않고

세계를 지향하는 동력의 일부로 승화시킬 필요가 있다.

99

21

크라우춘은 계약 기간이 지나자 독일로 돌아갔다. 입국할 때와는 달리 조용히 출국했으며, 그의 출국과 관련한 언론의 보도는 사례를 찾기 어렵다. 크라우춘도 한국을 떠난 시기를 불투명하게 진술하였다. 필자에게 제공한 프로필에도 한국을 떠난 시점을 기록하지 않았다. 기록을 종합하면 크라우춘의 출국 시기는 1968년 후반기로 보이며 그 근거는 다음과 같다. 대한축구협회는 1968년 11월 20일 크라우춘을 다시 초빙하기로 결정하였다. 1969년 4월 태국 방콕에서 열리는 아시아청소년축구대회와 1970년 역시 방콕에서 열리는 제6회 아시아경기 대회에 출전하는 국가대표 팀의 지도를 맡기기 위해서였다. 계약 기간은 1969년 1월부터 1970년까지 2년이었다.[108] 이러한 사실은 대한축구협회의 최치환 회장이 1969년 1월 크라우춘의 재초청 의사를 밝힌 신문 보도를 통해서도 확인할 수 있다.[109] 기록을 통하여 대한축구협회는 크라우춘의 지도 능력을 높이 평가했다고 유추해 볼 수 있고 이번에는 성인대표 팀을 맡겨 명실상부한 대표 팀 감독 후보로 인정했음도 짐작할 수 있다. 그러나 크라우춘은 대한축구협회의 제안을 받아들이지 않았다. 크라우춘은 왜 한국으로 돌아오지 않았을까. 정황을 검토하면 크라우춘이 한국 팀을 지도할 의욕을 잃었거나 거부감을 느꼈을 가능성이 있다. 크라우춘이 스스로 한국 생활을 지속하기 어렵다고 판단했거나 꺼렸음직한 이유도 찾아볼 필요가 있다. 크라우춘은 면담을 통하여 자신의 한국 생활이 그리 성공적이지는 않았다고 자평하면서 한국을 떠나기로 결심한 몇 가지 이유를 들었다.

첫째, 나는 향수병에 걸렸다. 스물일곱 살 청년이 영어도 통하지 않는 곳에서 외국 음식을 먹어가면서 오랫동안 혼자 생활하기는 어렵다. 둘째, 당시는 시국이 매우 위험했다 (dangerous time). 두 번이나 전쟁이 날 위기가 있어서 우리는 독일대사관에 모여 대기시켜 둔 루프트한자 항공을 통하여 한국을 떠날 준비를 했을 정도다. (중략; 김신조 일당 남파와 푸에블로호 사건 언급- 필자주) 독일 같았으면 코치가 "이것은 이렇게 해라, 저것은 저렇게 해라."라고 하면 문제없이 그렇게 되었을 것이다. 그러나 문화의 차이가 있는 곳에서는 관용이 필요했는데, 나중에는 알았지만 그때는 몰랐다. 또 한국에서는 나이가 많은 선수들을 존중해야 했다.[110]

물론 크라우춘의 진술을 액면 그대로 받아들이기는 어렵다. 무엇보다도 그는 대한축구협회가 목표로 삼았던 청소년대회의 패권을 탈환하지 못했다. 우승을 목표

108 경향신문, 1968. 11. 21

109 경향신문, 1969. 2. 1

110 크라우춘 면담, 2012. 7. 17

로 초청한 외국인 코치가 3위에 그쳤다면 대한축구협회
로서도 실패로 간주할 수밖에 없었을 것이다. 그러나 이
회택은 이와 같은 시각에 대해 반론을 제시하였다. 크라
우춘을 실패한 지도자로 여기기보다는 당시 한국축구의
상황과 수준이 필연적으로 실패의 가능성을 안고 있었
다고 보았다.

> 당시 우리 축구에는 전술이라는 개념이 없었다. 내가
> 1990년에 대표 팀 감독을 했지만 솔직히 유럽식 선진 전술
> 은 모르겠더라. 4-4-2나 3-5-2를 한다는데, 이게 흉내만
> 내지 실제로 어떻게 운영해야 하는지 모르는 것이다. (중
> 략) 유럽 전술이라는 것도 나중에 조금씩 알게 된 것이고,
> 사정은 국내 지도자들 모두 마찬가지였다. 그런 시절이니
> 까, 선수들은 말할 것도 없고. 그 사람들이 가르치는 걸 받
> 아들일 준비가 안 된 것이다.[111]

열악한 환경도 크라우춘으로 하여금 의욕을 잃게 만
들었을 수 있다. 당시 한국의 축구 대표 팀은 잔디 구장

에서 훈련하기가 어려웠고, 잔디가 있는 곳을 전전하며 운동장을 빌려 써야 했다. 이회택과 이종한은 당시의 각 급 대표 팀이 처한 훈련 환경을 비교적 자세히 기억하고 있다.

> 잔디구장이 없어서 훈련에 어려움을 겪었다. 육군사관 학교 안에 있는 잔디구장에서 더러 훈련했다. 그러나 육사 운동장은 빌리기도 어려웠고, 요철이 심해 훈련하기에 적 당하지 않았다. 국제대회에 대비해 야간경기 적응훈련도 필요했는데 마장동 경마장을 빌려 조명을 밝히고 훈련했 다.[112]

크라우춘은 독일의 프로축구 리그 소속 팀인 카이저 슬라우테른에서 뛰었으며, 부상으로 인하여 선수 생활 을 계속하기 어려워지자 독일의 스포츠-체육 전문 교 육기관인 쾰른체육대학교에서 공부한 엘리트 축구인이

---

111 이회택 면담, 2013. 1. 19
112 이종한 면담, 2012. 12. 18

다. 1967~1968년 현재 크라우춘이 한국의 축구선수들을 대상으로 지도한 내용은 세계 수준에 근접할 만큼 높은 수준이었을 것으로 유추해볼 수 있다. 그런 만큼 크라우춘이 일하는 동안 한국축구는 적지 않은 영향을 받았을 것으로 본다. 또한 그 영향은 크라우춘이 한국을 떠난 뒤에도 남아 일정한 작용을 했을 가능성이 있다. 2013년 현재의 관점에서 볼 때, 크라우춘의 영향은 주로 개인적인 차원에서 흔적을 남겨 놓고 있다. 김호와 김인권은 훗날 지도자가 되어 성공적인 경력을 쌓은 만큼 주목해 보아야 할 인물 군(群)에 속한다. 이들은 크라우춘을 통해 경험한 자극이 선진 축구를 지향하는 계기가 되었고, 그 때문에 독일로 축구 연수를 떠났으며 그 경험이 이후 코치나 감독으로 생활하는 동안 일종의 가이드라인으로 작용하였음을 숨기지 않았다.

1979년 4월에 독일의 헤네프 스포츠 슐레에서 3주 과정의 'A'라이선스 코스, 1981년 6월부터 12월까지 독일축구협회가 주관하는 축구 지도자 강습회(푸스발 레어러 레어러 강. 이 코스를 거쳐야 프로 팀 감독을 할 수 있는 자격을 취득함.- 필자주)를 청강하고 1982년 2월에 귀국하여 3월부터 연세 대에서 지도자 생활을 시작했다. 학교에서 매일 뭐라고 했다. 다른 부는 모두 운동을 오래 하는데 왜 축구부만 짧게 하느냐고. 내가, '아, 이건 참 한국식이 아니다', 그런 거를 느꼈다.[113]

나는 영향을 받았다. 은퇴한 다음 지도자 수업을 받으러 독일(브레멘)로 간 이유도 크라우춘에게서 받은 자극 때문일 것이다. 1966년 메르데카컵 대회 중에 코칭 스쿨이 열려서 참가해 보니 보지도, 듣지도 못한 것을 하더라. 나는 (크라우춘의 지도를 따라) 열심히 배우려 했다. 그게 바탕이 되어 오늘의 내가 있을 것이다.[114]

크라우춘이 다녀간 지 반세기가 지났음에도 불구하고 유럽은 세계 축구의 중심으로 군림하고 있다. 또한 독일

---

113 김인권 면담, 2012. 10. 27
114 김호 면담, 2012. 9. 19

은 유럽 축구의 중심 국가로서 위상이 뚜렷하다. 한국은 잦은 국제 대회 출전과 외국인 지도자 초빙을 통하여 수준 향상과 체질 개혁, 세계 축구 중심에 진입하기 위한 노력을 거듭해왔다. 그러나 여전히 합숙훈련으로 대표되는 타율적인 선수 관리 방식(국내의 많은 프로스포츠 구단이 선수단 숙소를 운용하며, 특히 시즌 중에는 대부분 합숙훈련을 한다)과 크라우춘이 지도할 때에도 지적된 득점 기술의 빈곤, 태클과 헤딩 등 기초 기술의 부족, 전술의 완성도와 수행 능력 부족 등을 문제점으로 지적받고 있다. 따라서 독일의 코치 크라우춘을 영입해 기량과 수준을 향상시키겠다는 한국축구의 당시 목표는 완수되지 않았다. 그 노력은 진행형이어야 할 것이다. 크라우춘이 남긴 유산은 한국축구의 사적 경험에 그치지 않고 세계를 지향하는 동력의 일부로 승화시킬 필요가 있다.

66

승리에 최우선의 가치를 두고

수비를 단단히 한 다음 역습으로 골을 노리는

빌라르도의 축구 철학을 '빌라디즘(Bilardism)'이라고 한다.

메노티의 '창끝'은 마리오 켐페스(Mario Alberto Kempes)였다.

그는 전방으로 운반되어 온 공을

페널티 에어리어 부근에서 해결하는 전형적인 골잡이였다.

99

22

축구의 역사는 그라운드를 수놓은 위대한 선수들의 업적으로 점철된다. 펠레와 디에고 마라도나(Diego Armando Maradona)의 업적은 지구가 멸망하지 않는 한 절대 지워지지 않을 것이다. 그럼에도 불구하고 축구는 선수 한 명으로 할 수 없는 경기다. 1986년 멕시코 고원을 수놓은 마라도나의 플레이는 눈부셨다. 그래도 골을 넣기 위해 호르헤 부루차가(Jorge Burruchaga)와 호르헤 발다노(Jorge Valdano)가 필요했다. 오스카 루헤리(Oscar Ruggeri) 없는 아르헨티나 수비를 생각할 수 없다. 골을 막기 위해 네리

품피도(Nery Pumpido)가 헤아릴 수 없이 자주 몸을 던졌다. 그뿐인가? '신(神)의 손'까지 필요하지 않았는가. 사실 '원 맨 팀(One Man Team)'은 우승하기가 쉽지 않다. 특정 선수의 압도적인 영향력은 동료 선수의 안일을 초래하기 쉽다. 상대 팀 입장에서는 수비 타깃이나 공략 대상이 분명하기 때문에 경기 계획을 짜기 쉽다. 마라도나는 '혼자 힘으로 아르헨티나를 우승시켰다'는 평가를 받았을 만큼 뛰어난 선수였다. 이런 선수가 있는데도 우승할 수 있었다는 사실로부터 1986년 멕시코월드컵에 나간 아르헨티나가 얼마나 강한 팀이었는지를 실감한다. 그리고 명감독 카를로스 빌라르도(Carlos Salvador Bilardo)를 재평가하지 않을 수 없다.

아르헨티나는 월드컵에서 두 번 우승했다. 1978년 아르헨티나월드컵과 1986년 멕시코월드컵. 1978년에는 세사르 루이스 메노티(César Luis Menotti), 1986년에는 빌라르도가 지휘했다. 두 감독은 여러 면에서 비교되는데, 그만큼 특징이 뚜렷한 축구를 했기 때문일 것이다.

메노티의 축구는 좁은 공간에서 정교한 패스를 주고받으며 상대 수비를 분쇄해 나가는 스타일로, 1970년대판 '티키타카'라고 할 수 있다. 창조적인 동시에 축구 경기의 아름다움을 극한까지 추구하는 그의 축구 철학을 '메노티즘(Menottism)'이라고 부른다. 반면 빌라르도의 축구는 남미가 결코 섬이 아닌 대륙이며, 그곳에서 자란 사나이들은 이기기 위해 이탈리아 못지않게 문을 걸어 잠글 줄 안다는 사실을 증명했다. 결과, 즉 승리에 최우선의 가치를 두고 수비를 단단히 한 다음 역습으로 골을 노리는 빌라르도의 축구 철학을 '빌라디즘(Bilardism)'이라고 한다. 메노티의 '창끝'은 마리오 켐페스(Mario Alberto Kempes)였다. 그는 전방으로 운반되어 온 공을 페널티 에어리어 부근에서 해결하는 전형적인 골잡이였다. 반면 마라도나는 우리가 알고 있듯이 미드필드부터 최전방까지 거침없이 누비며 왕성한 활동량을 보였다. 1978년에 메노티즘이 이룩한 성과는 1986년 우승, 4년 뒤 이탈리아월드컵에서 준우승한 빌라디즘을 능가하지 못한다. 1978년 아르헨티나월드컵은 쿠데타로 집권한 아르헨티나 정권의 독재와 인권 탄압에 항의해 네덜란드의 요한 크루이프(Johan Cruyff)와 독일의 베켄바워, 파울 브라이트너(Paul Breitner) 등이 보이콧해버린 부도덕한 대회였다.

1978년 월드컵은 부정부패와 승부 조작으로 얼룩진 대회였다. 아르헨티나와 맞붙은 헝가리는 2명이나 퇴장을 당했다. 당시 세계 언론들은 아르헨티나 정부가 심판을 매수했다는 의혹을 제기했다. 페루와의 경기도 석연찮았다. 조별 리그를 통과하기 위해 큰 점수 차의 승리가 필요했던 아르헨티나는 이미 조 탈락이 확정된 페루를 6:0으로 대파했다. 런던의 한 신문은 아르헨티나가 페루에 3만5000t의 곡물을 무상 원조하고 5000만 달러의 차관을 보장하는 대가로 승리를 샀다는 의혹을 제기했다.[115]

그런데 영국의 '더 타임스'가 2007년 9월 13일에 게재한 '역대 최고의 축구 감독 50인(The top 50 managers of all

---

115 http://h21.hani.co.kr/arti/sports/sports_general/27552.html

time)' 명단에서 빌라르도는 30위로, 메노티(22위)보다 아래에 자리를 잡았다.[116] 이 명단은 축구 전문가와 도박사들의 의견을 종합한 결과인데, 최고 중의 최고는 리누스 미셸(Marinus 'Rinus' Micheles)이었다. '더 타임즈'는 미셸에 대해 '토털 사커의 창시자로서 아약스를 유럽 챔피언으로, 바르셀로나를 스페인 리그 우승으로, 네덜란드 대표 팀을 유럽선수권 우승으로 이끌었다'고 설명했다. 뛰어난 감독이 대개 그렇듯이 미셸도 많은 명언을 남겼는데, "축구는 전쟁이다."라든가 "우승은 어제 내린 눈일 뿐이다." 등이 대표작이다. 이 명단에서 거스 히딩크는 29위, 알렉스 퍼거슨(Alex Ferguson)은 4위, 조제 무리뉴(Jose Mourinho)는 16위였다. '더 타임스'는 순위와 감독을 나열하면서 간단한 코멘트도 곁들였다.

---

116 http://www.thetimes.co.uk/tto/sport/football/article2272772.ece

1. 리누스 미셸(Rinus Michels·네덜란드) : 2005년에 타계한 미셸은 1999년 FIFA가 발표한 '20세기의 최고의 감독'이다. 토털 사커의 창시자로 아약스에서 유러피언 컵, 바르셀로나에서 스페인 리그를 제패했으며 네덜란드의 유로88 우승을 이끌었다. 그는 1974년 월드컵에서 우승했어야 했다.

2. 맷 버스비(Matt Busby·스코틀랜드) : 독일의 올드 트래포드 폭격으로 맨체스터 유나이티드가 큰 타격을 입었지만 맷 버스비가 1946년 감독을 맡아 빠르게 재건했다. 1958년 비행기 사고로 주축 선수를 잃은 맨유는 다시 일어나 1968년 유러피언 컵을 차지했다. 퍼거슨이 더 많은 트로피를 얻었을지 몰라도 1968년 유러피언 컵의 가치에는 비할 수 없다.

3. 에른스트 하펠(Ernst Happel·오스트리아) : 네 나라(네덜란드·벨기에·독일·오스트리아)에서 리그 우승을 했다. 네덜란드를 1978년 월드컵 결승에 올렸다. 가장 인상적인 업적은 페예노르트(1970년)와 함부르크(1983년)의 유러피언 컵 우승이다.

4. 알렉스 퍼거슨(Alex Ferguson·스코틀랜드) : 오늘날의 맨체스터 유나이티드를 만들었다.

5. 빌 샹클리(Bill Shankly·스코틀랜드) : 리버풀의 위대한 개

척자. 그의 영향 아래 훗날 밥 페이즐리와 조 파간의 성공이 가능했다.[117]

6. 밥 페이즐리(Bob Paisley·잉글랜드) : 1974년부터 1983 년까지 리버풀 감독으로 일하며 리그 타이틀 여섯 번, 유러피언 타이틀 세 번을 기록했다.

7. 브라이언 클러프(Brian Clough·잉글랜드) : 더비 카운티 를 리그 챔피언에, 노팅엄 포레스트를 2회 연속 유럽 챔피언에 올렸다.

8. 벨라 구트만(Bela Guttmann·헝가리) : 그는 공격적인 4-2-4 포메이션의 개척자이고, 벤피카에서 에우제비오 를 활용해 성공적인 커리어를 쌓았다. 유러피언 컵을 두 차례 제패했다.

9. 미겔 무뇨스(Miguel Munoz·스페인) : 리그 타이틀 아홉 개, 1966년 유럽챔피언 타이틀을 따냈다.

10. 아르센 벵거(Arsene Wenger·프랑스) : 모든 클럽이 원 하는 감독.

11. 아리고 사키(Arrigo Sacchi·이탈리아) : AC밀란을 혁신 적인 전술로 역사상 최고의 팀 중 하나로 만들었다.

---

117 "컨디션은 일시적이지만 클래스는 영원하다(Form is temporary, but class is permanant)." – 빌 샹클리

12. 조크 스타인(Jock Stein · 스코틀랜드) : 셀틱을 유러피
언 컵 우승으로 이끌었다.

13. 엘레니오 에레라(Helenio Herrera · 아르헨티나) : 1960년
대 유럽축구에 큰 영향을 주었다. 인테르 밀란을 두
차례 챔피언스리그 우승으로 이끌었다.

14. 마리오 자갈로(Mario Zagallo · 브라질) : 1970년 월드컵
에서 펠레를 비롯한 호화 멤버를 이끌고 브라질을
우승시켰다.

15. 요한 크루이프(Johan Cruyff · 네덜란드) : 바르셀로나에
가장 오래 머무르며 가장 성공적인 결과를 남긴 감
독. 네 차례 리그 타이틀, 1992년에는 바르셀로나의
첫 챔피언스리그 타이틀을 이끌었다.

16. 조제 무리뉴(Jose Mourinho · 포르투갈) : 매우 뛰어난
전술가이자, 자극적이고, 때로는 소년 같은 사나이.
FC포르투와 첼시를 이끌고 많은 트로피를 수집했다.

17. 마르첼로 리피(Marcello Lippi · 이탈리아) : 유벤투스에
수많은 트로피를 안겼고 2006년에는 이탈리아를 월
드컵 우승으로 이끌었다.

18. 루이스 펠리페 스콜라리(Luiz Felipe Scolari · 브라질) :
2002년 브라질의 월드컵 우승을 이끌었다.

19. 비센테 델 보스케(Vicente Del Bosque · 스페인) : 마드리

드에 챔피언스리그 우승 트로피 두 개를 안겼다.

20. 프란츠 베켄바워(Franz Beckenbauer·독일) : 1986년 월드컵 결승에서 아르헨티나에 당한 패배를 1990년 결승에서 복수했다.

21. 파비오 카펠로(Fabio Capello·이탈리아) : AC밀란 감독 시절 세리에A 58경기 무패 기록을 남겼다.

22. 세사르 루이스 메노티(Cesar Luis Menotti·아르헨티나) : 1978년 월드컵에서 아르헨티나를 우승으로 이끌었다.

23. 엔조 베아르조(Enzo Bearzot·이탈리아) : 당연히 브라질에 갔어야 할 1982년 월드컵 타이틀을 베아르조가 이끄는 이탈리아가 가져갔다.

24. 알프 램지(Alf Ramsey·잉글랜드) : 1966년에 자국에서 열린 월드컵에서 잉글랜드를 우승으로 이끌었다.

25. 텔레 산타나(Tele Santana · 브라질) : 1982년 월드컵에서 실패해 많은 비판을 받았지만 그가 추구한 브라질의 축구는 1994년 우승을 할 때보다 인상적이었다.

26. 네레오 로코(Nereo Rocco·이탈리아) : 1960년대 AC밀란을 두 차례 챔피언스리그 우승으로 이끌었다. 이탈리아 축구에 카테나치오를 도입한 인물.

27. 에메 자케(Aime Jacquet·프랑스) : 1998년 프랑스의 월

드컵 우승 감독.

28. 지오반니 트라파토니(Giovanni Trapattoni·이탈리아) :
세리에A 우승 일곱 차례, 분데스리가 우승 한 차례
등 많은 업적을 쌓았으나 이탈리아 대표 팀에서는
성적이 좋지 않았다.

29. 거스 히딩크(Guus Hiddink·네덜란드) : 1988년 에인트
호번을 유러피언 컵 우승으로 이끌었다. 여러 팀에
서 최고의 코치임을 증명했고 한국과 호주 같은 약
팀을 맡아 도전하기를 즐기는 모습이다.

30. 카를로스 빌라르도(Carlos Bilardo·아르헨티나) : 1986
년 월드컵에서 마라도나를 이끌고 우승했다.

31. 오트마르 히츠펠트(Ottmar Hitzfeld·독일) : 알렉스 퍼
거슨과 경쟁한 감독이다. 보루시아 도르트문트와 바
이에른 뮌헨 시절 챔피언스리그에서 우승했다.

32. 발레리 로바노프스키(Valeri Lobanovsky·우크라이나) :
16년 동안 디나모 키예프를 지휘했고, 소련 대표 팀
감독을 맡아 1988년 유럽축구선수권대회(유로88)에
서 준우승했다.

33. 라파엘 베니테즈(Rafael Benitez·스페인) : 2005년 리버
풀에서 '이스탄불의 기적'으로 유명한 챔피언스리
그 우승을 달성했다.

34. 헬무트 쇤(Helmut Schön·독일) : 독일을 1966년 월드컵 준우승, 1970년 월드컵 3위, 1972년 유럽선수권 우승, 1974년 월드컵 우승, 1976년 유럽선수권 준우승으로 이끌었다.

35. 보비 롭슨(Bobby Robson·잉글랜드) : 1990년 월드컵 때 독일에 승부차기 끝에 패해 4강에 머물렀지만, 우승팀 독일도 그에 대해 인정했으리라.

36. 루이스 반 할(Louis Van Gaal·네덜란드) : 아약스에서 엄청난 성공을 거두었다.

37. 칼 라판(Karl Rappan·오스트리아) : 스위퍼 시스템을 고안했다. 그의 빗장 수비는 이탈리아에 들어가 카테나치오가 됐다.

38. 제프 헤르베르거(Sepp Herberger·독일) : 1954년 베른의 기적을 연출했다.

39. 빌 니콜슨(Bill Nicholson·잉글랜드) : 토트넘의 황금기를 장식했다. 컵 위너스 컵과 유러피언 컵 우승을 달성했다.

40. 우도 라텍(Udo Lattek·독일) : 바이에른 뮌헨에서 분데스리가 우승 세 차례를 기록하고 컵 대회와 유러피언 컵 우승도 한 차례씩 했다. 바르셀로나 감독으로 옮겼다가 돌아와 다시 분데스리가가 세 차례 제패, 컵

대회 두 차례 우승을 기록했다.

41. 조지 레이너(George Raynor · 잉글랜드) : 1958년 스웨덴을 이끌고 월드컵 결승까지 진출했다.

42. 오토 레하겔(Otto Rehhagel · 독일) : 그리스를 유로2004 우승으로 이끌었다.

43. 카를로스 알베르투 파레이라(Carlos Alberto Parreira · 브라질) : 1994년 월드컵에서 브라질을 우승시켰다.

44. 카를로 안첼로티(Carlo Ancelotti · 이탈리아) : '이스탄불의 기적'이 아니었다면 우승 메달 세 개를 목에 걸었을 것이다.

45. 돈 레비(Don Revie · 잉글랜드) : 1970년대 리즈 유나이티드의 전성기를 이끌고 1969, 1970, 1972년 잉글랜드 올해의 감독상을 수상했다.

46. 스벤 외란 에릭손(Sven-Goran Eriksson · 스웨덴) : 스웨덴, 포르투갈, 이탈리아 등 3개국 리그에서 우승했다.

47. 카를로스 비안치(Carlos Bianchi · 아르헨티나) : 올해의 남미 감독상 다섯 차례 수상. 보카 주니어스에서 성공적인 커리어를 쌓았다.

48. 알베르 바퇴(Albert Batteux · 프랑스) : 1953~1970년 스타드 렌과 생테티엔에서 일하는 동안 리그 타이틀

아홉 개를 따냈다.

49. 제시 카버(Jesse Carver·잉글랜드) : 1950년 유벤투스 감독으로 일하며 리그 타이틀을 획득했다.

50. 헤네스 바이스바일러(Hennes Weisweiler·독일) : 강력한 힘으로 클럽의 변화를 유도하고 베르티 포그츠와 권터 네처를 포함한 독일의 모든 감독들에게 큰 영향을 끼쳤다.

"

미셸은 흔히 '토털 사커'의 창시자로 알려졌다.

네덜란드어로 'Totaalvoetbal', 영어로는 '토털 풋볼'이 맞겠지만

우리에게는 토털 사커가 익숙하다.

하늘 아래 진정 새로운 것은 없다고 하듯,

미셸의 토털 사커 역시 무수한 축구 스타일로부터 영향을 받아

모습을 드러냈다.

"

23

리누스 미셸은 어떤 감독이었을까. 우리 축구의 전설 (요즘 기자들은 '레전드'라고 부르기를 좋아하는 것 같다) 차범근 은 가장 존경하는 지도자로 미셸 감독을 꼽는데 주저하 지 않았다. 그는 2014년에 포털 사이트인 'DAUM'에 '차범근의 따뜻한 축구'라는 문패를 걸고 칼럼을 게재했 다. 이 중 '상처도 아름다운 것이 인생이더라'라는 제목 으로 2014년 6월 11일자로 게재한 글에 미셸 감독이 등 장한다. 그는 존경과 사랑을 가득 담아 다음과 같이 썼 다. 외래어를 표기할 때 맞춤법은 교정했다.

돌아가신 세계적인 축구지도자 리누스 미셸은 나의 스승이다. 네덜란드 국가대표 감독이면서 최고의 지략가였다. 뇌에 종양이 생겨서 암스테르담 병원에서 수술을 할 때, 네덜란드의 모든 뇌 전문 의사들이 다 집합을 했었다. 그리고는 수술실로 들어가는 선생님에게 "당신은 아직 죽을 수 없어요. 당신에게 들어 있는 모든 축구를 다 물려주고 난 후에 가셔야 해요!"(라고 했다고 한다. 필자 주)

미셸 감독은 나에게 이 얘기를 아주 자랑스럽게 들려줬다. 선생님은 그 후에도 네덜란드 대표 팀 감독도 다시 하시고 우리 팀 바이엘 레버쿠젠 감독으로도 다시 오셨다. 내가 알고 있는 최고의 감독이다. '제독'이라는 별명처럼 강하고 무서운 분이었지만 그 역시 상처는 아프고 훈장은 자랑스러운 그런 평범한 사람이었다.[118]

미셸은 흔히 '토털 사커'의 창시자로 알려졌다. 네덜란드어로 'Totaalvoetbal', 영어로는 '토털 풋볼'이 맞겠지만 우리에게는 토털 사커가 익숙하다. 하늘 아래 진정

---

118 http://sports.media.daum.net/sports/soccer/newsview?newsId=
20140611164149943

새로운 것은 없다고 하듯, 미셸의 토털 사커 역시 무수한 축구 스타일로부터 영향을 받아 모습을 드러냈다. 미셸은 잭 레이놀즈(John 'Jack' Reynolds)의 아이디어에 기초하되 브라질의 지역방어와 헝가리의 포지션 체인지 이론을 접목했다. 그리하여 공을 빼앗긴 후에도 최종 수비 라인을 후퇴시키지 않고 오히려 전진시키는 한편 전방에서부터 상대를 강하게 압박하도록 했다. 이 전술을 채택함으로써 이전까지 수비를 할 때는 기여도가 낮았던 공격수들을 수비에 가담시키고, 공을 빼앗은 다음에는 수비수들도 공격에 적극 가담함으로써 '전원공격'과 '전원수비'가 가능해졌다. 네덜란드는 1974년 월드컵에서 요한 크루이프를 앞세운 토털 사커로 세계 축구계에 충격을 던졌다. 네덜란드의 축구는 그때까지 보지 못한 새로운 개념을 선보였다. 한 선수가 포지션을 벗어나면 그 자리를 다른 선수가 메웠다. 공격 일선과 최종 수비 라인의 간격은 15m 안팎에 불과했다. 이런 축구를 하려면 필드 플레이어 열 명의 고른 기술과 호흡, 무엇보다도 체력이 필요했다. 히딩크가 대표 팀을 맡은 다음 한국 선수들이 경험해 보지 못한 고강도 체력 훈련에 많은 시간을 투자했던 사례를 떠올려 보면 된다. 혹독한 체력훈련을 마다않은 미셸은 '철의 장군'으로 불렸다. 좁은 공간 안에서 에너지가 이글거리는 가운데 천재 크루이프는 모차르트가 되어 오렌지 빛깔의 무도회를 지휘해 나갔다. 브라질·아르헨티나·우루과이 등 남미의 강호들이 줄줄이 나가 떨어졌다. 결승에 올라갈 때까지 네덜란드는 여섯 경기에서 열네 골을 넣고 한 골만 내주었는데, 그나마 자책골이었다. 네덜란드는 결승에서 독일에 졌다. 독일 수비수 포그츠가 크루이프를 봉쇄하면서 네덜란드의 토털 사커가 난조에 빠졌다. 그러나 세계 축구계는 네덜란드 축구는 챔피언의 자격이 있었다고 평가했다. 국제축구연맹(FIFA)은 크루이프를 월드컵 최우수 선수에 선정함으로써 경의를 표했다.

지난 2005년 3월 3일, 미셸이 벨기에의 알스트에서 숨을 거두자 FIFA는 그를 "현대 축구의 가장 멋진 교향

곡을 연주한 지휘자"라고 추모했다. 미셸의 유산은 그의 지도를 받은 후계자들에 의해 미래로 이어졌다. 거스 히딩크, 딕 아드보카트, 마르코 반 바스텐(Marco Van Basten) 등이 모두 그의 영향을 받은 감독들이다. 그러므로 우리 축구도 '현대 축구의 거인' 미셸의 영향으로부터 자유롭지 못하다. 1991년에 차범근이 현대 호랑이축구단의 지휘봉을 잡았을 때, 경기도 송추에 있는 고려대학교 운동장에서 첫 훈련을 하던 모습을 생생하게 기억한다. 차범근은 선수들에게 공격과 수비 사이의 간격을 좁게 유지할 것과 패스를 한 다음 신속하게 위치를 바꾸는 움직임을 끊임없이 요구했다. 한겨울이었는데, 선수들이 뿜어내는 뜨거운 입김이 혹한조차 무색하게 했다. 엄청난 체력이 필요한 차범근식 축구는 당시 현대의 중심선수 역할을 한 정종수, 최강희, 변병주, 윤덕여와 같은 베테랑 선수들이 감당하기에 버거웠을 것이다. 이런 환경은 체력이 강하고 움직임이 활발한 신홍기와 차범근의 축구철학을 잘 이해할 뿐 아니라 경쟁심이 강하고 기술이 뛰어난 김현석 같은 선수들이 현대의 간판으로 성장하는 계기가 되었다. 키가 크고 빠르며 골 결정력이 있는 송주석은 차범근 축구에 적응하지 못한데다 부상이 잦아 대형 스트라이커로서의 가능성을 펼쳐 보이지 못하고 사라져갔다.

미셸 외에 클럽 단위의 팀에서 업적을 남긴 감독으로 빌 샹클리와 밥 페이즐리를 꼽는다. '더 타임즈'가 5, 6위에 올려놓았으니까 대단히 높은 평가라고 할 수 있다. 물론 보도를 한 매체가 잉글랜드에 있으니까 의도하지 않은 편파성이 있을 것이다. 언젠가는 알렉스 퍼거슨이나 아르센 벵거, 조제 무리뉴가 이들보다 위에 올라갈지도 모른다. 그러나 그것은 먼 미래의 일이다. 흔히 "리버풀은 빌 샹클리와 밥 페이즐리에 의해 만들어졌다."고 한다. 샹클리는 1959년 2부리그를 전전하던 리버풀을 맡아 1부리그로 끌어올리고, 1960년대에서 1970년대 초에 이르는 성공의 시대를 열어 보였다. 그가 리버풀을 맡았을 때 팀은 경쟁력을 상실한 상태였고 실망한 팬들의 인내심도 바닥이 났다. 그는 팀을 정비하는 한편 팬들과의 소통을 위해 노력했다. 샹클리는 원대한 목표를 간직한 사람이었고 그 꿈을 실현하기 위해 끈질기게 노력했다. 그는 첫 시즌에 스물네 명을 방출하는 한편 스태프를 정비했다. 리버풀은 1962년 2부리그 우승을 차지해 1부리그로 승격했다. 탄탄대로가 기다리고 있었다. 1964년 1부리그 우승, 1965년 FA컵 우승, 다음해에는 리그 우승이 이어졌다. 샹클리는 선수들에게 끝없이 동기부여를 했다. 1973년 리그우승과 UEFA컵 우승으로 더블을 이룩한 다음 이듬해 FA컵을 제패했다. 또한 샹클리는 리버풀 팬들을 언제나 최고라고 생각했다. 리버풀 축구팬들은 다시 안필드를 메워 나갔고, 응원가 '당신을 결코 혼자 걷게 하지 않으리'(You'll never walk alone)가 구장이 떠나갈 듯 울려 퍼졌다. 많은 타이틀과 더불어 팬들과의 호흡을 중요하게 생각한 샹클리는 '리버풀 축구의 아버지'라고 불렸다. 그러나 그는 리버풀이 쌓아올린 업적을 모두 팬들의 공으로 돌렸다.

1959년부터 15년간 리버풀의 감독으로 일한 빌 샹클리가 은퇴하자, 페이즐리가 바통을 이어받았다. 감독 자리를 간절히 원하지는 않았고, 오히려 피하려고 노력했던 것 같다. 페이즐리는 마지못해 감독 자리를 맡은 다음 첫 훈련을 하면서 그는 "적합한 감독이 올 때까지만 이 가게(리버풀)를 돌보겠다."고 선언했다. 1960년부터 1978년까지 리버풀의 미드필더로 활약한 이안 칼라한(Ian Callaghan)은 페이즐리에 대해 설명하기를 "밥은 감독을 맡고 싶어 하지 않았는데, 스스로가 충분하지 않다고 생각했기 때문이다. 그는 내성적이었고 조명을 받기보다는 무대 뒤를 더 좋아했다."고 했다. 그의 임기 동안 리버풀은 유럽 전체를 지배하는 빅클럽으로 성장했다. 페이즐리는 감독으로서 맞은 두 번째 시즌에 유럽축구연맹(UEFA)컵을 제패했지만 그 정도로 만족하지 않았다. 다음 시즌, 로마에서 열린 유러피언 컵 결승에서 보루시아 묀헨글라드바흐를 3:1로 꺾고 리버풀 역사상 처음으로 유러피언 컵을 들어올렸다. 리버풀은 1978년과 1981년에도 유러피언 컵을 제패했다. 페이즐리는 선수를 언제나 아들을 다루듯 했다. 절대 개인에게 초점을 맞추지 않았고 모두를 공평하게 대했다. 페이즐리의 방문은 언제나 열려 있었고 선수들은 경기장 안과 밖에서 벌어지는 모든 일들을 그에게 이야기할 수 있었다. 페이즐리는 예순네 살에 지휘봉을 내려놓았다. 리버풀의 단장이 되었을 때는 감독이 하는 일에 간섭하지 않았다. 리버풀의 전설로서 훗날 감독이 되는 케니 달글리시(Kenneth Mathieson 'Kenny' Dalglish)는 "나는 밥 페이즐리에게 가장 큰 빚을 졌다."고 했다. 페이즐리는 그의 모든 지식을 달글리시에게 아낌없이 전해 주었기 때문이다. 페이즐리는 여전히 잉글랜드 최고의 감독으로 인정받는다. 알렉스 퍼거슨이 맨체스터 유나이티드에서 27년 동안 감독으로 일하며 들어 올린 트로피가 무려 서른여덟 개나 되지만 페이즐리는 불과 9년 사이에 트로피 스무 개를 들어올렸다. 퍼거슨이 한 시즌 평균 1.46개, 페이즐리는 2.22개를 모은 것이다. 페이즐리는 1996년에 일흔일곱의 나이로 별세했다. 알츠하이머병을 앓았다고 한다.

"

선진 축구를 배우려는 젊은 지도자들이 속속 독일을 찾았고,

그 관문은 대개 레버쿠젠이었다.

일일이 이름을 열거할 수 없을 만큼 수많은 축구 선수와 코치들이

그의 자택을 거쳐 갔다.

"

24

    박지성이 잉글랜드의 맨체스터 유나이티드에서 활약할 때, 가장 인기 있는 외국 감독은 아마도 감독 랭킹 4위에 오른 알렉스 퍼거슨이었을 것이다. 그가 한창 '잘나가던' 2008년에, '동아일보'는 퍼거슨 특집 기사를 게재하는데, 제목은 '승부사 퍼거슨, 불을 뿜는 가슴 얼음 품은 머리'였다.[119] 이 기사는 퍼거슨의 성공 비결을 몇 가지 항목으로 나누어 정리하고 있다. 퍼거슨은 첫째 흉내 낼 수 없는 카리스마를 지녔고, 둘째 한번 믿으면 끝

---

119 http://news.donga.com/3/all/20080509/8576426/1

까지 가는 신의가 있으며, 셋째 심리전의 고수로서, 넷째 영건 발굴의 귀재라고 정리하였다. 퍼거슨의 카리스마는 그의 다혈질적인 성격과 더불어 선수들에게 때로는 긴장을 풀 수 없는 공포감을 준다. 데이비드 베컴은 레알 마드리드로 이적한 뒤 퍼거슨에 대해 "그는 맞서서 말하기도 어려운 매우 공포스러운 감독이다. 불과 얼마 전까지도 그의 사무실로 들어가면 입술이 떨리고 입에 침이 마를 정도였다."고 회고했다. 그러나 퍼거슨에게는 이런 무서운 면만 있지 않고 선수 개개인의 개성과 장단점을 존중하고 한번 믿은 선수는 끝까지 믿는 신뢰를 바탕으로 한 인간관계를 중시하는 따뜻한 면도 있었다고 한다. 기사는 대표적인 예로 프랑스 출신의 에릭 칸토나를 들었다. 특히 눈에 띄는 부분은 퍼거슨이 끊임없이 유망주를 발굴해 맨유의 전성시대를 영속화했다는 대목이다. 라이벌 첼시가 막대한 자금력으로 세계적인 스타 선수를 싹쓸이해 정상에 오른 반면 베컴, 게리 네빌, 라이언 긱스, 폴 스콜스, 루이스 나니, 박지성, 크리스티아누 호날두 등 재능 있는 유망주를 발굴하는 수완이 없었다면 오늘날의 맨유는 존재하지 않았으리라는 주장이다.

슈틸리케는 역사에 이름을 남긴 감독의 명단에도, 리누스 미셸의 족보에도 이름이 없다. 그의 커리어를 살펴보아도 인상적인 실적은 찾기 어렵다. 선수로서는 1982년 스페인월드컵 준우승 멤버였고, 1980년 유럽선수권대회(이탈리아) 우승 멤버였다. 그러나 스페인월드컵에서 명성을 떨친 독일 선수는 공격수 칼 하인츠 루메니게(Karl Heinz Rummenigge)·클라우스 피셔(Klaus Fischer)와 골키퍼 하랄트 슈마허(Harald Schumacher)였고, 유럽을 제패할 때의 수훈선수는 호어스트 흐루베시(Horst Hrubesch)였다. 슈틸리케는 수비 라인에서 궂은일을 하는 선수였는데, 자신이 원하지 않는 방법으로 이름을 남겼다. 다음은 슈틸리케가 우리 대표 팀 사령탑에 부임한 다음 내가 '아시아경제' 2014년 10월 13일자 스포츠 면에 게재한 짧은 칼럼 중 일부이다.

울리 슈틸리케. 이 이름을 듣고 나는 울리히 슈틸리케일 것이라고 짐작했다. 울리(Uli)는 울리히(Ulrich)를 줄인 말일 테니까. 또한 슈틸리케라는 이름은 나로 하여금 선명한 사진 한 장을 떠올리게 했다. 1982년 스페인월드컵 준결승. 독일(당시 서독)과 프랑스가 세비야에서 만나 전후반 1:1, 연장까지 3:3으로 비긴 뒤 승부차기로 결승에 진출할 팀을 가린다. 칼 하인츠 루메니게와 미셸 플라티니가 두 팀의 기둥이다. 독일의 세 번째 키커 슈틸리케는 실축을 한 뒤 두 손으로 머리를 감싸며 주저앉는다. 골키퍼 하랄트 슈마허가 그를 위로한다. 독일은 슈마허의 선방에 힘입어 승부차기 5:4로 역전승했다. 결승 상대는 파올로 로시가 이끄는 이탈리아다.

슈틸리케는 이보다 2년 전에도 아찔한 경험을 한다. 독일이 1980년 유럽축구선수권대회(EURO 1980 · 이탈리아) 결승에서 벨기에와 만났을 때다. 슈틸리케는 1:0으로 앞선 후반 30분 문전 백태클로 벨기에의 르네 판데레이켄에게 동점 페널티킥을 내준다. 슈틸리케는 독일의 보루시아 묀헨글라드바흐와 스페인의 레알 마드리드에서 전설을 쓴 스타지만 이토록 위태로운 장면도 많이 경험했다. 월드컵 준결승전에서 승부차기 실축, 유럽선수권 결승에서 동점을 내주는 문전파울. 이런 실패는 그의 선수 경력에 치명적인 불명예를 안길 수도 있었다. 그러나 그는 운이 좋은 사람으로서, 자신의 실패에도 불구하고 팀은 승리했다. 팀이 거둔 승리가 한 선수의 실수보다 훨씬 컸기 때문에 팬들은 늘 트로피를 들어 올린 슈틸리케의 마지막 사진만을 기억한다.

우리 축구는 브라질월드컵에서 맛본 쓰라린 실패를 딛고 다시 출발하면서 슈틸리케를 새 지휘자로 삼았다. 실패를 딛고 끝내 승리한다는 테마는 승부의 세계에서 언제나 감동을 준다. 승부의 세계에서는 흔히 '운도 실력'이라고 한다. 운 좋은 슈틸리케의 기운이, 우리 대표 팀에도 긍정적인 변화를 주기를 기대한다. 천안에서 열린 파라과이와의 친선경기(10일 · 2:0승)를 통해 첫 단추는 잘 꿰었다. '시작의 마무리'라고 할 코스타리카와의 두 번째 경기(14일 · 서울월드컵경기장)도 기대하겠다.

슈틸리케가 부임할 즈음, 독일의 레버쿠젠에 사는 윤성규 수원 삼성 초대 단장이 잠시 귀국했다. 축구인 윤성규는 원칙주의자이면서 몽상가 같은 면이 있다. 그는 아주 먼 곳을 바라볼 때가 있는데, 특별히 우리 축구를 걱정할 때에 그러했다. 나는 그에게 슈틸리케에 대해서 물었다. 슈틸리케에 대해 자세히 알고 싶었고, 외국인 지도자 영입에 대해 늘 부정적인 사람이지만 판단은 언제나 객관적이었기에 한국 대표 팀의 감독으로서 슈틸리케가 적당한지, 더 나은 사람은 없었는지, 어떻게 해야 효과적으로 활용할 수 있을지 의견이 궁금했다. 그러나 그의 대답은 매우 짧았고, 여전히 부정적이었다. "슈틸리케가 '밥값'은 할 것이다. 그러나 외국인 지도자는 단기 처방일 뿐, 우리 축구를 근본적으로 바꾸기 위해서는 젊은 국내 지도자들에게 투자해야 한다." 나는 '밥값'만으로도 충분하다고 생각했다. 축구 대표 팀의 사령탑이 허정무—조광래—최강희를 거쳐 오는 동안 반복되는 시행착오, 녹음기를 틀거나 복사기를 구동할 때처럼 똑같은 논란이 거듭되는 데 짜증이 난 상태였다. 허정무가 감독을 할 때는 이긴 일본에 0:3으로 나가떨어진 조광래식 축구에 분노했고, 월드컵 본선에 진출한 다음에는 클럽으로 돌아가겠다는 최강희에게 실망했다. 최강희 다음에 누가 대표 팀을 맡아야 하나? 나는 답을 찾기 어려웠다.

속으로 "1998년 프랑스월드컵 때 부당하게 권리를 빼앗긴 차범근에게 다시 기회를 주면 어떨까." 하고 생각했지만 현실성 없는 공상이었을 뿐이다. 아마 차범근에게는 대표 팀을 맡아 수많은 전쟁터를 전전할 만한 에너지가 남아 있지 않을 것이다.

윤성규는 경희대학교에서 축구를 했다. 1968년 독일정부장학금 수혜자로서 쾰른체육대학(Deutsche Sporthochschule Köln)에서 유학했다. 근대축구발전사(近代蹴球發展史)와 현대축구(現代蹴球)를 공부하여 오늘날 현대축구가 발전되어 나오는 과정과 축구가 사회에 미치는 영향을 면밀히 분석한 인물이며 축구지도자(Fußball Lehrer) 자격을 취득한 유일한 재독 축구인이다. 쾰른체대를 졸업한 그는 레버쿠젠에 있는 실업학교(Realschule)에서 체육교사로 일하며 꾸준히 국내 축구계와 교류하였다. 영어와 독일어를 자유롭게 구사하는 윤성규는 1990년 이탈리아월드컵이 열리자 이회택이 이끄는 한국 선수단의 통역을 맡기도 했다. 그러나 그가 우리 축구에 근본적으로 기여한 부분은 미래를 고민하는 젊은 축구계 후배들에게 갈 길을 열어 보이고 격려하며 방법을 조언한 점이다. 레버쿠젠의 프란츠-마르크 거리(Franz Marc Strasse)에 있는 그의 자택은 독일과 유럽에서 축구 연수를 하려는 축구인들의 베이스캠프 역할을 했다. 선진 축구를 배우려는 젊은 지도자들이 속속 독일을 찾았고, 그 관문은 대개 레버쿠젠이었다. 일일이 이름을 열거할 수 없을 만큼 수많은 축구 선수와 코치들이 그의 자택을 거쳐 갔다. 세계 축구의 중심인 유럽의 축구가 지향하는 가치와 새로운 방법론에 매력을 느낀 그들은 한국축구에 새로운 기운을 불어 넣었다. 감독이 되어 팀을 맡으면 소속팀을 이끌고 전지훈련을 할 때 유럽, 즉 독일을 최우선으로 생각했다. 또한 짧은 일정으로 출장길에 나서서 실수 없이 업무를 끝내야 하는 축구 관계자들에게는 더할 나위 없이 친절한 가이드였다. 그는 축구와 관련된 일이라면 결코 외면하지 않았다. 수십 년에 걸친 그의 헌신은 우리 축구 역사의 일부가 되었다. 해외 동포 가운데 가장 현대축구에 해박하며 우리 축구에 대한 애정이 깊은 그는 늘 주목받는 존재가 되었다.

1995년에 삼성이 프로축구난 창난을 서두를 때 윤성규를 초대 단장으로 선임했다. 삼성이 그를 블루윙즈의 첫 단장으로 결정한 배경에는 유럽 수준의 명문 클럽을 만들겠다는 의지가 깃들였다. 국내프로리그 구단들과 우승을 다투는 수준을 뛰어넘어, 적어도 분데스리가 수준의 경기력과 축구 마케팅, 나아가 축구 문화를 창출하겠다는 굳은 의지가 1995년 삼성에는 있었다는 뜻이다. 윤성규는 삼성이 기대한 만큼 기존 구단과 구분되는 방법으로 삼성 블루윙즈를 운영했다. 레버쿠젠을 비롯한 독일 구단의 노하우를 접목하여 과학적이고도 효율적인 운영기법을 도입했고, 선수들이 경기력 향상에만 전념할 수 있는 환경을 조성하기 위해 노력했다. 분데스리가 스타일의 2군을 운영하여 젊고 미숙한 선수들에게도 경쟁심을 불러일으키고 노력과 도전을 통해 선수 각자에게 숨어 있는 잠재력을 발휘할 수 있는 분위기를 조성하려 했다. 그의 구단 운영 방식은 내부에서나 외부에서나 생소하게 보였고 마찰의 소지도 있었다. 그가 한국에서 일하는 동안 삼성 구단의 동료들은 농담 반 진담 반으로 "단장님은 얼굴만 한국 사람이고 행동이나 생각은 독일 사람"이라고 했다. 그러나 그는 늘 "아니야, 나는 한국 사람이야."라고 대답했다. 그는 독일에 사는 동안 늘 한국인임을 자부하며 살아왔다. 나는 몇 가지 에피소드를 전해 들었는데, 그럼으로써 그가 얼마나 정체성에 대해 집착하는지 짐작할 수 있었다. 그는 독일 국적을 취득하라는 권유를 받고 "생긴 것만 봐도 한국 사람인데, 여권을 바꾼다고 뭐가 달라지겠는가."라며 거절했다. 외국인으로서 살면서 겪는 불편은 '외국'이니까 감수한다고 했다. 국내로 연하장을 보내는데, 우체국 직원이 한글로 쓴 서울 주소를 독일어로 쓰라며 까탈을 부릴 때는 "당신이 아니라 한국 집배원이 볼 주소"라며 30분 넘도록 버텼다고 한다.

'밥값' 이야기가 나왔으니 말이지만, 이런 표현이 외국에도 있는지 모르겠다. 우리의 '밥'은 서양의 빵과 같지 않다. '밥'을 소재로 삼아 쓴 수많은 시들이 그 남다름을 증언한다. 밥이 남다른 만큼 시도 남다른지는 모르겠다. 시인이 밥에 대해 쓸 때, '나중에 똥이 될 것을 번연히 알면서 이런 식으로 쓰나' 싶은 것도 적지 않다. 그러나 우리가 밥에 대해 말하고자 할 때, 그곳에 재주가 부족함은 있을지언정 거짓은 없을 것이라고 믿는다. 갸륵한 정성을 모두 기울이어, 불가의 기도문은 이렇게 비나리한다. "한 방울의 물에도/천지의 은혜가 스며 있고/한 톨의 곡식에도/만인의 땀과 정성과 무한한/노고의 공덕이 담겨 있습니다.//은혜로운 이 음식으로/이 몸 길러//몸과 마음 바로 하여/바르게 살겠습니다.//공양을 베푸신 임들께 감사드리며/주는 기쁨 누리는 삶이기를 서원하며/감사히 이 공양을 들겠습니다." 모름지기 쌀 한 톨에 삶의 이치가 깃들이며 솥을 데우는 것은 장작이 아니라 체온이다. 그러기에 고은은 썼다. "절하고 싶다/저녁 연기 피어오르는 먼 마을." 한때 승려였던 시인이 지나가며 바라본 먼 마을에 파릇파릇 피어오르는 저 연기는 필시 밥을 짓는 연기일 터이다. 상상하라. 아궁이 앞에 앉은 아낙의 혼신과, 한결같은 얼굴을 하고 밥상머리에 둘러앉은 거룩한 식구. 밥의 우주가 이러하건대, 어찌 '밥값'이 쉬우랴. 그렇기 때문에 나는 윤성규의 '밥값'을 예사롭지 않게 들었고, 그가 거스 히딩크에 대해 변함없이 부정적이었던 데 비하면 슈틸리케를 바라보는 시선이 그나마 유연하다고 생각하였다.

66

"300여 년 전의 한 네덜란드인처럼

나도 1년 반 전에는 한국에서 난파당한 배와 같았다.

하지만 많은 분의 도움으로 한국에 작은 기여를 할 수 있게 돼 기쁘다."

99

25

내가 생각하는 히딩크, 2002년을 전후해서 내가 기자로서 관찰하고 느낀 히딩크는 매혹적이지만 역겨운 체취도 숨긴, 그런 인물이다. 나는 언젠가 인터뷰이로서 방송 기자와 대화할 때 히딩크를 '네덜란드 상인'에 비유했다. 아직 내 생각을 바꾸고 싶지 않다. 히딩크는 2002년 7월 3일에 서울에 있는 세종대학교에서 명예 체육학 박사 학위를 받았다. 스포츠맨이니까 체육학 학위를 받을 자격은 충분하다. 세종대 김철수 총장은 수여식에서 "히딩크 감독은 리더십에 대한 비전과 일관성 있는 원칙을 통해 한국축구팀을 세계수준에 올려놓아 국민통합과 국위선양에 기여했다."고 학위 수여 이유를 설명했다. 히딩크의 답사가 걸작이다. "300여 년 전의 한 네덜란드인처럼 나도 1년 반 전에는 한국에서 난파당한 배와 같았다. 하지만 많은 분의 도움으로 한국에 작은 기여를 할 수 있게 돼 기쁘다."[120] 히딩크가 말하는 300여 년 전 난파당한 네덜란드인은 누구를 뜻했을까. 우리는 두 명을 떠올릴 수 있다. 얀 야너스 벨테브레이(Jan Jansz Weltevree)와 헨드릭 하멜(Hendrik Hamel)이다.

벨테브레이는 우리 역사에 기록된 첫 서양 귀화인이다. 네덜란드 리프 지방에서 태어나 1626년 홀란디아(Hollandia)호 선원으로 동양에 왔다가 이듬해 우베르케르크(Ouwerkerk)호를 타고 일본으로 가던 중 풍랑을 만나 표류하다가 제주도에 도착하였다. 동료 선원 히아베르츠(Gijsbertz,D.)·피에테르츠(Pieterz,J.)와 함께 음료수를 구하려고 상륙했다가 조선 관헌에게 잡혀 1628년 서울로 압송되었다. 그 뒤 동료 두 명과 함께 훈련도감에서 총포의 제작·조종에 종사하였다. 서울에서 조선 여자와 혼인해 1남 1녀를 두었는데, 이들의 거취에 관해서는 기록이 전하지 않는다. 1636년에 병자호란이 일어나자 훈련도감군을 따라 출전했다. 1653년에 하멜 일행이 표류해 도착했을 때는 제주도에 가서 통역을 했다. 이들이 서울로 압송되었다가 병영(兵營)으로 이송되기까지 3년 동안 함께 지내면서 조선의 풍속과 말을 가르쳤다고 한다. 키가 크고 머리칼은 노랬으며 눈은 푸르고 겨울에도 솜옷을 입지 않을 정도로 건장했다고 한다. 조선에서 얻은 이름은 박연(朴淵)이다.[121] 우리 기록 곳곳에 벨테브레이에 대한 기록이 보인다. 1708년에 정재륜(鄭載崙)이 쓴 수필집, '한거만록(閑居漫錄)'에는 이렇게 나온다.

위인이 뛰어나 식견이 있고 생각이 깊었다. 사물에 대해 말할 때는 저명한 사람과 동일했다. 선악화복의 이치를 말

---

120 http://news.donga.com/3/all/20020703/7839088/1
121 한국민족문화대백과, 한국학중앙연구원.

할 때마다 그는 "하늘이 갚아 줄 것."이라 말하곤 했다. 그의 말은 도를 깨친 사람과 비슷했다.

박연은 글자를 이해하지 못했다. 그는 자기 이름을 말할 때 항상 그 나라 방언으로 '박연'이라 했으나, 어떻게 쓰는지 애매한데다 또 어음(語音)도 달라서 어느 것이 성이고 이름인지 구별할 수 있는 사람이 없었다. 따라서 그는 자기 이름을 우리나라 속음으로 쓰게 되었다.

누가 그 나라의 풍토와 풍속을 물어보면 박연은 이렇게 대답했다. "그 곳은 따뜻하오, 겨울에도 눈과 서리가 내리지 않으니, 면으로 된 옷은 입지 않소. 날이 흐려 습기가 옷 속으로 스며들면, 나이 든 사람들은 이것은 오늘 중국에서 눈이 내리기 때문이라고 말하곤 했소."

또 그는 변두리에 살았기 때문에 자기 나라의 수도에 가 본 일이 없으며, 군주의 위의를 알지 못한다고 말했다. 그러나 국법은 도둑질하는 자를 죄의 경중을 묻지 않고 반드시 참수해 버리기 때문에 그 나라엔 도적이 없다고 했다. 이것은 왜(倭)의 풍속과 같은 것으로 보인다.

또 그는 자기 나라에 날씨를 잘 알아맞히는 사람들이 있다고 했다. 그들은 어느 날 바람이 불고 어느 날 비가 내리는지를 능히 아는데 조금도 어긋나지 않았다. 항해자는 반드시 그들에게 묻고 기록하여 그것을 길잡이로 삼는다. 그러나 그가 배를 탔을 때는, 그 가르침을 따르지 않았기 때문에 표류하게 되었다. 언젠가 북창 정염이 황도(북경)에 갔을 때, 중국에 들어온 안남(베트남) 사람이 있었다. 그는 작은 책을 하나 갖고 있었는데, 그 책에 따라 날씨가 춥고 더운 것, 바람이 불고 비가 오는 것을 점칠 수가 있었다. 날씨를 점치는 남만인도 그 안남 사람과 같은 부류일 것이다.

연은 본국에 있을 때, 물건을 판매하기 위해 일본, 유구, 안남 등지를 왕래했다. 그는 소인국을 본 일이 있는데, 그 나라 사람은 키가 8, 9살 난 중국 아이들만 했지만, 머리는 보통 사람만 하며 비단을 잘 짰다. 또 그는 자기가 본국에 있을 때, 고려인은 인육을 구워 먹는다고 들었다고 했다.

그가 제주도에 표류했을 때, 마침 날이 어두워졌기 때문에 병사들이 횃불을 준비하여 찾으러 왔다. 배 안에 있던 사람들은 모두 '이 불은 우리를 구워 먹으려는 도구임에 틀림없다'며, 하늘이 뚫어져라 엉엉 울었다. 그러나 잠시 후 그렇지 않다는 것을 깨닫기 시작했다. 대저 남만인의 풍습은 야행에 모두 등화를 사용하고 횃불을 사용하지 않는 까닭이다. 이것을 보아도 알 수 있듯이 어떤 나라가 이러이러하더라고 우리에게 전해진 이야기는 모두 상상이며 공허한 이야기에 지나지 않는다.

박연은 우리나라에 온 뒤로 엄동설한이 되더라도 무명

옷을 입지 않았다. 그는 본국에 있을 때부터 습관이 되어 그렇다고 말했다. 박연은 몸집이 크고 살이 쪘다. 눈이 파랗고 얼굴은 희었다. 금발의 수염이 배까지 늘어져 있어, 보는 사람마다 기이하게 생각했다. 박연은 우리나라 여자를 얻어 아들 하나와 딸 하나를 낳았다. 박연이 죽은 뒤 그들의 존부는 알려진 것이 없다.

벨테브레는 훗날 하멜 일행을 만난다. 조선 후기의 문신 윤행임(尹行恁)의 시문집인 '석재고(碩齋稿)'에 다음과 같은 기록이 나온다.

효종 4년, 진도군에 난파한 선박이 한 척 있었다. 선중(船中)의 36인은 옷과 모자가 기이하며 코는 높고 눈은 쑥 들어갔다. 언어와 문자가 통하지 않자, 어떤 사람은 그들이 서양인이라 했고, 어떤 사람은 남만인이라고 했다. 조정에서는 연(박연)에게 가서 알아보라고 명했다. 연은 그 사람들을 만나 이야기를 나눠 본 뒤에 눈물을 떨어뜨리며 자기 옷깃이 다 젖을 때까지 울었다.

조선 후기의 문신이자 학자인 성해응(成海應)이 쓴 '연경재전집(研經齋全集)'에는 하멜이 표류하여 박연을 만날 때까지의 과정이 다음과 같이 기록되었다.

효종 4년 계사년에 서양 배가 표류하여 머문 채 돌아가지 않았다. 서양인들은 모두 눈이 파랗고 콧수염이 붉었으며, 코가 높고 몸이 길었다. 길게 기른 머리카락은 어깨를 덮었다. 그들은 양털 모자를 썼고, 뒤가 높은 가죽신을 신었다. 웃옷은 여러 가지 색깔로 무릎까지 늘어지며, 옷깃과 소매에는 단추들이 일렬로 죽 달려 있는데 안쪽으로 잡아당기면 한 번에 풀리게 되어 있었다. 버선은 무릎까지 올라오며 바지의 안쪽에 연결되었다.

절을 할 때는 모자와 신발을 벗고 손으로 땅을 짚은 채 무릎을 꿇고 머리를 숙인다. 노래는 중국인의 음조를 닮았다. 그들은 울지만 곡을 하지는 않는다. 밥을 모르며, 술과 고기와 과자와 국수를 먹고 마시며 또 뱀을 능히 먹는다.

그들의 통속 글자는 대충 오랑캐 글자와 비슷하나, 옆으로 글자를 써 나가며, 왼쪽에서부터 쓰기 시작한다. 숫자는 그 수대로 작대기를 하나씩 그려나가지만, 10은 X로 5는 V와 같이 만든다. 6이상은 V자 옆에 그 숫자대로 작대기를 하나씩 덧붙인다. 그들의 언어나 문자는 모두 통하지 않는다.

"서양 크리스천이냐?" 하고 왜나라 말로 물어보자, 그들 모두가 기뻐하며 "야! 야!" 하고 대답했다. "야! 야!"라 하는 것은 "예! 예!"와 같은 것이다. 각자 이름과 나이를 써 보라하고 이를 언문으로 옮겨 보니 머리는 배계이고 음은 사이은이었다. 나머지 사람의 이름도 역시 사이은이라 칭하는 자가 많았다. 사이은이라는 것은 중국의 성씨와 같은 것임에 틀림없다.

목사 이원진은 이 문제를 조정에 보고했고, 비변사는 박연에게 내려가 알아보라고 했다. 박연 또한 서양인이다. 십수 년 전 바다를 표류해 와 훈련도감에 배치되었는데, 본명인 호탄만을 박연이라 고쳤다. 박연은 표류 만인들을 만났을 때, 먼저 말하는 것을 삼가고 그들의 언행을 지켜보았다. 표류 만인들은 박연을 한참 쳐다보더니 말했다.

"이 사람은 우리의 형제와 같아."

한편 이성규는 2015년 5월 12일자 '사이언스 타임즈'에 '조선 최초의 서양인 외인부대장'이라는 제목으로 기고한 글에서 각종 사서를 자료로 제시하며 박연에 대해 자세히 서술하였다.

　왕실과 조정의 대신들에게서 인품과 자질을 인정받고 있던 박연은 급기야 조선의 무과에 장원 급제하기에 이른다. 1648년(인조 26년) 8월 25일 인조실록의 기록을 보면 "정시를 설행하여 문과에 이정기 등 9인을, 무과에 박연 등 94인을 뽑았다."고 되어 있다. 또 '증보문헌비고'의 '본조 등과총목'에도 박연이 장원으로 급제했다는 기록이 있는데, 박연의 활동시기를 감안할 때 무과에 급제한 박연이 바로 조선 최초의 외인 부대장이었던 벨테브레이임이 거의 확실하다.

　박연이 조선왕조실록에 다시 등장한 것은 1653년(효종 4년) 8월 6일이다. 기록을 보면 제주목사 이원진이 "배 한 척이 고을 남쪽에서 깨져 해안에 닿았기에 대정현감 권극중(權克中)과 판관(判官) 노정(盧錠)을 시켜 군사를 거느리고 가서 보게 하였더니, 어느 나라 사람인지 모르겠으나 배가 바다 가운데에서 뒤집혀 살아남은 자는 38인이며 말이 통하지 않고 문자도 다릅니다."라고 보고하고 있다.

　이에 조정은 박연을 보내 그들을 조사하게 했다. 직접 제주도로 내려가 그들과 대면한 박연은 몇 마디 이야기를 나눈 후 바닷가에 주저앉아 하루 종일 옷소매가 다 젖도록 울었다. 제주도의 말이 통하지 않는 이국인들은 바로 자신의 고국인 네덜란드 선원들이었기 때문이다. 조선에 표착한 지 27년 만에 박연이 만난 그 네덜란드인들은 바로 '하멜 표류기'로 유명한 하멜 일행이었다.[122]

하멜도 벨테브레이를 처음 만나던 광경을 '표류기'에 기록으로 남겼다.

10월 29일 오후에 서기와 일등항해사, 그리고 하급 선의가 제주 목사에게 불려갔다. 거기 가 보니 붉은 수염을 길게 기른 사람이 서 있었다. 제주 목사가 그를 가리키며 어떤 사람이냐고 묻기에 "우리와 같은 네덜란드 사람"이라고 대답했다. 제주 목사는 웃으며 "그는 조선 사람이다."라고 설명해 주었다.

이때 벨테브레이는 네덜란드 말을 거의 다 잊어서 하멜 일행은 처음에 그의 말을 알아듣기가 어려웠을 정도라고 한다. 또한 제주 목사가 벨테브레이를 '조선 사람'

이라고 한 것으로 보아 이 시기에는 이미 조선인으로 살면서 주변의 신망을 얻었던 것 같다. 나는 벨테브레이의 말이 '도를 깨친 사람'과 비슷했으며 그가 '선악화복의 이치'를 말하고 자주 "하늘이 갚아줄 것."이라고 한 것으로 보아 기독교도가 아니었을까 생각한다. 소설가 박수영은 2012년 1월 '월간중앙'에 하멜을 비롯해 근대 이전에 서구인이 바라본 한국인(조선인)의 이미지에 대해 고찰하는 에세이를 발표했다. 인터넷으로도 읽을 수 있는데, 제목은 '잔혹한 한국인? 서양인 열광 하멜 표류기 보니'이다.[123] 박수영은 1890~1930년대에 한국을 방문한 서구인들이 남긴 여행기를 구체적으로 살펴보고 그들이 '한국인들과 어떤 교류를 나누었는지' 그리고 상호교류에 따라 '어떻게 한국을 인식했는지'를 심도 깊게 탐구한다. 이 에세이에서 그는 이렇게 지적했다.

---

122 http://www.sciencetimes.co.kr/

123 http://article.joins.com/news/article/article.asp?total_id=7224894

한국인을 주의 깊게 관찰했던 서구인들은 이전의 텍스트가 뭐라 하던 자신이 보고 느낀 대로 썼다. 이들은 한국이 식민 지배를 받을 만큼 열등한 종족이 아니라고 확신했다. 도리어 화살을 돌려 세계와 일본이 한국에 대해 쏟아내는 편견에 맞서고, 힘으로 한국을 지배하는 일본의 식민주의에 저항했다. 반면에 한국 사람들을 섬세하게 경험하지 않고 돌아간 서구인들은 한국에 대해 판에 박힌 인상을 남겼다. 영국의 정치인 조지 커즌은 한국인들과 교류하지 않고도 한국인은 '나태하고 무기력하며 부도덕하다'고 썼다. 훗날 인도 총독이 되는 커즌이 한국을 찾은 것은 한국인과 일일이 교류하기 위해서가 아니었다. 한국을 누가, 어떻게 지배하는 게 좋을지 세계지도를 분할하는 문제만이 중요했던 그에게 조선인들의 기질이나 개성을 포착하는 일은 관심 밖이었다. 조선인이 '나태하고 무기력하다'는 표상은 그로부터 30여 년 후, 영국인 소설가 헨리 드레이크에게서도 그대로 나타난다. 영국 제국주의의 우월감과 인종주의에 사로잡혀 있는 이 두 사람은 한국에 대해 어떠한 새로운 견해도 산출하려고 노력하지 않았다.

하멜 일행은 조선을 탈출해 일본을 경유하여 고국으

로 돌아간다. 그리고 하멜은 1668년에 네덜란드에서 '하멜 표류기'를 쓰는데, 이 책은 유럽에 '코리아'를 소개한 최초의 단행본이다. 하멜이 이 책을 쓴 이유는 조선에 억류돼 지낸 13년 동안의 일지를 적어 그동안 받지 못한 봉급을 동인도회사에게 청구하기 위해서였다고 한다. '조선 사람'이 되어 벼슬을 살고 아내를 얻어 가족까지 거느린 벨테브레이와 달리 끊임없이 탈출할 기회를 엿본 하멜이 자신을 억류한 조선에 대하여 호의적으로 기술했으리라고 기대하기는 어렵다.[124] 그는 이 책에서 조선과 조선인에 대해 쓸 때 매우 혼란스러운 태도를 보인다. 박수영은 하멜이 한국인의 생활상에 대해서 가끔은 꼼꼼하게, 또 가끔은 성의 없는 태도로 혹은 피로하고 억울한 기분으로 쓰고 있다는 인상을 받는다. 전체적으

---

124 벨테브레이와 하멜은 1973년에 나온 영화 '빠삐용(Papillon)'의 두 주인공, 빠삐용(Henri 'Papillon' Charriere: 스티브 맥퀸 분)과 드가(Louis Dega: 더스틴 호프만 분)를 연상시킨다. 하멜이 빠삐용만큼 강인하고 매혹적인 개인이었는지, 그의 책만 읽어서는 알기 어렵다. 근사한 사람이라는 느낌을 주지는 않는다.

로 하멜의 조선인에 대한 묘사는 횡설수설하고 있다. 그는 조선인이 "물건을 훔치고 거짓말하고 속이는 경향이 농후해서 지나치게 믿어서는 안 된다."라고 했다가도 "기독교도인 우리 유럽인이 부끄러울 정도로 선한 사람들"이라고 평가한다. 한 곳에서는 조선 사람이 "남에게 해를 끼치고도 부끄럽게 생각하지 않고 오히려 영웅적인 행위를 한 양 우쭐댄다."고 했다가, 다른 곳에서는 "성품이 착하고 매우 곧이 잘 듣는 사람들이어서 원하는 대로 속여먹을 수 있다."고 썼다. "한국 사람들은 연장자를 공경하고, 아이들은 밤낮으로 독서를 하며, 어린애들이 책을 이해하고 해석하는 것을 보면 정말 경탄할 만하다."고 했다가 "양반이나 중들은 절에서 유흥을 즐기는 무리로, 한국의 사찰은 '매춘굴' 내지 '술집'과 같다."고 쓰기도 했다.

박수영이 썼듯이, 19세기 말 외국인들이 쓴 텍스트에 등장하는 한국인은 주로 '더럽고 게으르며 미개'했다. 이후에도 계속해서 비슷한 표상이 덧붙여졌다. '겁이 많고 무기력하다'거나 '만사태평하고 유약하며 아둔한 한국인', 그리고 '부도덕하며 정신적으로 정체'되어 있고 '스스로 통제하는 자질이 없는 한국인' 같은 표상이 등장했다. 하멜의 표류기는 '코리아'에 대한 자료가 전무하거나 제한적이던 시대에 부정적인 이미지를 재생산하는 재료 가운데 하나였다. 그리고 아이러니컬하게도 이러한 이미지는 부메랑처럼 돌아와 한국인들에게 자학의 도구로 악용되기도 한다. 한때 국무총리 후보로 지명된 문창극이 '기독교적 자학사관'과 '친일사관'을 비판받으면서 낙마한 사례에서 보듯이 숙명처럼 한국인의 사고 속에 기생하며 끊임없이 분열과 자해의 소재이자 모티브가 된다. KBS 뉴스가 보도한 문창극의 발언 내용은 충격적이지만, 그다지 새롭지는 않다.[125]

문창극 후보자는 2012년 설교에서 "하나님은 왜 이 나라를 일본한테 당하게 식민지로 만들었습니까, 라고 우리가

125 http://www.mediaus.co.kr/news/articleView.html?idxno=42437

항의하겠지요. 속으로. (거기에) 하나님의 뜻이 있는 거야. 우리한테 너희들은 이조 500년을 허송세월로 보낸 민족이다. 너희들은 시련이 필요하다."라고 말했다. 그러면서 "독립을 한 것도 하나님의 뜻"이라고 전했다.

2011년에는 "조선 민족의 상징은 아까 말씀드렸지만 게으른 거야. 게으르고 자립심이 부족하고 남한테 신세 지는 것 이게 우리 민족의 DNA로 남아 있었던 거야.", "(하나님이) 남북 분단을 만들게 해 주셨어. 그것도 저는 지금 와서 보면 하나님의 뜻이라고 생각합니다. 그 당시 우리 체질로 봤을 때 한국한테 온전한 독립을 주셨으면 우리는 공산화될 수밖에 없었습니다."라며 민족을 비하하는 뉘앙스의 발언을 했다.[126]

---

126 'KBS 뉴스9'는 2014년 6월 11일 문창극 총리 후보자 검증 보도로 첫 번째부터 세 번째 꼭지까지 채웠다. 첫 번째와 두 번째는 문창극 후보자가 과거에 했다는 '말'이었고, 세 번째는 '중앙일보'에서 써 온 칼럼 문제였다.

66

한국의 기자들은 해외 출장을 나가면

첫 기사에 인상적인 내용을 담아 송고하려는 의욕이 강하다.

독자들의 시선을 한눈에 사로잡고,

국내에서 기사를 기다리는 부서장 등

선배들에게 좋은 인상을 주기 위하여

멋진 소재와 세련된 기사를 얻어내기 위해 최선을 다한다.

이 때 가장 쉽고도 효과적인 방법은 스타 선수를 인터뷰하는 일이다.

99

26

　당연한 일이지만, 히딩크도 한국에서 성공을 거둔 다음 수많은 무용담을 지어냈다. 재미있는 사실은 히딩크 자신이 쓴 책보다는 그를 소재로, 또는 주제로 삼아 쓴 책이 많고, 하나같이 상업적으로 실패하지 않았다는 점이다. 그리고 내가 살펴본 히딩크 관련 서적들 가운데 상당수는 일부 현상과 에피소드에 엄청난 의미를 부여하고 그것을 근거로 한국축구, 나아가 한국을 비판하고 바로잡겠다는 야심에 불타는 선언문들이다. ‘오마이뉴스’는 2002년 7월 3일에 ‘히딩크·홍명보 책, 서점가 인기

폭발'이라는 제목으로 두 사람과 관련한 책이 쏟아져 나오는 현상을 보도하였다. 이 매체는 "최근 히딩크와 관련, 출간된 책자만 해도 무려 6권에 달한다. 또한 지난달에 펴낸 '세계가 놀란 히딩크의 힘'은 지난 달 내내 교보문고 베스트 1위를 달리고 있고 (중략) '세계가 놀란 히딩크의 힘'은 교보문고에서 지난 달 4주 주간 베스트셀러 비소설 1위에 이어, 같은 달 4주 주간 베스트셀러 종합 1위를 차지하고 있으며, '영원한 리베로'는 지난 달 4주 주간 베스트셀러 비소설 2위와 역시 같은 달 4주 주간 베스트셀러 종합 2위를 차지하고 있다. 히딩크와 관련, 지난달에 출간된 서적만 해도 무려 6종이다. 히딩크 관련 서적은 지금 베스트 1위를 달리고 있는 '세계가 놀란 히딩크의 힘' 이외에도 '히딩크 아저씨 사랑해요', '월드컵 히딩크 유머', '히딩크 리더십', 'CEO 히딩크: 게임의 지배', 'CEO 히딩크'가 그것들"이라고 보도하였다.[127]

'히딩크처럼 생각하라'는, (출판사 자체 서평에 따르

면) "2002 월드컵의 뜨거웠던 열기와 감동, 그리고 온 국민이 보여주었던 저력을 발휘해, 우리의 발전 저해요 인과, 현 체제의 문제점, 그리고 개성을 없애고 오히려 개인 능력 발전을 저해하는 학연, 지연, 혈연 중심의 체제의 모순을 고쳐나갈 방법과 또 그 개선책은 무엇인지를 진지하게 고민하고 이를 통해 새로이 자라나는 세대들의 성장을 지원할 수 있는 교육, 정치, 경제, 사회, 문화 인프라를 구상하는 책"이다. 저자가 말하는 히딩크식 지도력의 기본 틀이란 바로 전인교육, 인성교육의 기본이다. 거미줄처럼 얽힌 학연·지연·혈연 등의 연줄에서 벗어나 소신껏 행동하라, 기초부터 단단히 하라, 머리를 쓰는 창의력을 길러라, 항상 묻고 도전하라, 자신감을 가져라, 강자와 경쟁하라, 쉬어 가며 즐겁게 공부하라, 칭찬하라, 논리적이고 과학적으로 접근하라 등이다. 그런데 이러한 것들은 결코 새로운 것이 아닌 우리 모두 잘 알고

---

127 http://www.ohmynews.com/NWS_Web/View/at_pg.aspx?CNTN_CD
A0000080197

있던 상식이다. 다만 이를 실천하려는 사람들이 이기적이고 배타적인 기존 세력에 밀려 중심에 서지 못했을 뿐이다. 그러니 이제 그들을 인정하고, 찾아내어 국가 발전의 중심에 세워야 한다는 것이다. 출판사 서평을 쓴 필자는 마치 꿈을 꾸듯, 아니 홀린 듯 써 나간다. 그러나 놀랄 것은 없다. 한국인 모두 비슷한 느낌과 감정을 경험한 시기가 분명히 있으므로.

히딩크라면 시청 앞, 광화문을 붉게 물들였던 우리의 청소년에게, 우리의 젊은이들에게 방향 제시를 할 수 있을 것 같다. 아니, 영리한 우리의 젊은이들은 이미 그의 생각과 뜻을 감지했는지도 모른다. 그래서 그렇게 놀라운 질서가 700만 군중 속에서 나올 수 있었고, 세계로 향한 열린 마음을 가질 수가 있었고, 배타성이 없는 친절하고 신선한 모습을 보여 줄 수 있었는지도 모른다. 히딩크와 우리의 젊은 세대는 이미 여섯 번째의 교감을 통해, 이심전심을 통해 교류를 이었던 것인지 모른다. 세계인 히딩크를 보면서 우리는 우리도 모르는 사이에 세계인으로서의 자리를 찾아가고 있는지도 모른다.[128]

'히딩크 현상'은 우리 사회 곳곳에 영향을 미쳤다. 기업에서는 히딩크의 리더십을 배우자며 워크숍을 하거나 외부 강사를 초청해 조찬 강연을 열기도 했다. 신문에서는 걸핏하면 히딩크를 기사 속에 끌어들여 논리를 전개하는데 근거로 삼곤 했다. 예를 들어 '경향신문'은 2005년 7월 13일자 칼럼 '사랑의 체벌'에서 히딩크의 자서전을 인용하여 우리 교육의 체벌 문화를 언급한다. 이 칼럼은 "거스 히딩크 전 국가대표 축구팀 감독의 자서전 '마이웨이'에 나오는 일화"라며 히딩크가 2002년 월드컵 대회를 앞두고 경기도 미사리 부근에서 청소년 축구팀이 코치에게 구타당하는 모습을 목격하고는 크게 놀랐으며, 당장 쫓아가 코치의 팔을 잡아채고는 '만약 내 앞에서 아이들을 때리면 정식으로 문제 삼겠다'고 경고했다는 내용으로 서두를 시작한다. 칼럼은 "히딩크가 한국의 '체벌문화'를 이해할 수 없었던 것은 당연하다."면서

---

128 http://ebook.yjlib.go.kr/0_ebook/index.php?p=book_view&cc_no=
15&cc_parent=13&book_code=02070139

"요즘에는 구타나 회초리 대신에 벌을 세우고 기합을 주는 등 다양한 방식의 체벌이 학교 현장에서 이뤄지는 모양이다. 하지만 이 역시 '인격의 존중'이 전제되지 않으면 감정적 학대, 폭력적 체벌로 흐를 수밖에 없다."고 훈계한다. '사랑의 체벌' 운운하지만 만약 자기 자식이었더라도 그런 행위를 할 수 있었겠느냐며. 그러나 내가 보기에 히딩크는 축구를 갖고 들어온 하멜이고 한국의 속살은 제대로 보지 못한 채 축구장 일부분을 한국의 전부라고 믿은 21세기의 마르코 폴로였다. 어쩌면 히딩크 자신도 그렇게 생각했을지 모른다. 내가 그런 생각을 하게 된 결정적인 계기는 월드컵 기술 분석관을 지낸 얀 뢸프스(Jan Roelfs)가 월드컵 1주년을 맞아 쓴 '6월 이야기'를 읽고 나서였다. '프레시안'은 이 책을 '월드컵 기술 분석관 뢸프스가 말하는 월드컵 비사'로 소개했다. 얀 뢸프스는 머리글에서 "이 책은 외국에서 영입된 히딩크라는 감독이 한국과 네덜란드, 미국 출신의 코칭스태프들을 지휘했던 일 년 반 동안 불가능한 일들을 이루어낸 과정이다"라며 "나는 한국인들의 가치 기준으로부터 많은 것을 배웠고, 그러한 경험들은 이곳 네덜란드로 돌아와 생활하는 지금도 나의 사고에 많은 영향을 미치고 있다."라고 썼다.[129] 하지만 나는 이 책에서 충격적인 대목을 발견했다.

안정환과 송종국의 취재가 끝나자 히딩크의 차례가 되었다. 그는 50명 가까이 되는 기자단을 향해 힘차게 성큼성큼 걸어갔다. 가자마자 곧바로 A스포츠에서 나온 젊은 여기자, 즉 제피(최용수)에 관한 짓궂은 기사를 썼던 기자에게 시선을 돌렸다. 문제를 일으키는 언론들이 여전히 못마땅한 듯 히딩크는 여기자의 모자를 들어 올려 얼굴을 대면하고 말할 필요가 있다는 뜻으로 무어라 큰소리로 투덜거렸다. 그는 여기자의 취재 허가서를 들어 살펴보고는 모두가 들으라는 듯이 말했다. A스포츠는 쓸모없는 넝마조각이라고. 그 기자가 충격을 받았음을 그의 눈에서 읽을 수 있었다.

히딩크는 몇 마디 말로 자기가 그 신문을 비난하는 이유

129 http://m.pressian.com/m/m_article.html?no=71876

를 설명했다. 그는 어제 선수들에게 했던 말을 반복했고 그 자들은 그의 말에 귀를 기울였다. 여기자는 손에 마이크를 쥐고 눈에는 눈물을 글썽이며 허공을 주시한 채 히딩크의 옆에 서 있었다. 현명한 외국인인 히딩크는 'A스포츠'의 억측 기사에 반발하는 자신의 뜻을 명확히 밝혔다. 한국의 주요 방송사 카메라들이 국가 대표 감독의 이런 통렬한 평가를 기록하고 있었다. KBS의 한 기자가 내 귀에 대고 속삭였다.

"아, 이거 뉴스감인데요. 정말 우리 뉴스에 내보내기 딱 좋습니다. 고마워요 히딩크 감독! 얀, 당신도 알다시피 'A 스포츠'는 좋은 신문이 아니에요!"

하지만 그의 미소는 히딩크가 한국의 모든 언론에 대해 일반적인 비판을 계속하자 사라지고 말았다. 히딩크는 한국의 언론들이 좀 더 전문적으로 자신들의 일에 임하기를 기대했다고 말하면서 선수들을 분열시키는 보도 방식에 대해 비판을 했다. 기자단 사이에서 다소의 불평이 나왔다.

히딩크의 말이 끝나자 기자들은 그날 일정에 대한 취재로 넘어가 이영표의 부상 상태를 포함한 여러 가지 질문을 했다. 이 기자회견 이후 히딩크의 발언에 대해 놀랐다는 반응이 일었다. 히딩크의 호된 비난은 한국 언론에서 뉴스의 가치가 있었다. 이미 월드컵 대회 이전부터 히딩크의 말은 널리 받아들여질 만큼 그는 영향력의 절정에 있었다. 훈련이 끝난 뒤 1시간 이내에 나는 대한축구협회 언론 담당관에게서 'A스포츠'의 여기자가 해고됐다는 소식을 들었다. 이 신문에 대한 히딩크의 거침없는 발언으로 신문사로서도 어쩔 수 없다는 결정이었다. 아직 월드컵이 시작되지도 않았는데 말이다.

이 대목은 참을 수 없을 만큼 역겹다. 저자는 이 에피소드를 책의 마지막 챕터에 '스포츠 신문 여기자 해고 사건'으로 소개했다. '사건'이라고 썼지만 사실은 히딩크와 그가 이끄는 집단의 승전보이자 전리품과도 같다. 이 책은 '21세기의 하멜 표류기' 가운데 하나라고 나는 생각한다. 유럽 무대에서 실패를 경험하고 '난파'한 채 대한민국에 상륙한 네덜란드 사나이 히딩크는 미개한 아시아의 축구 후진국에서 마치 소인국에 간 걸리버와도 같은 위력을 떨치고 신과 같은 존재가 되었다. 'A스포츠'의 여기자는 히딩크가 쌓아올린 승리의 제단에 알몸으로 던져진 제물에 지나지 않는다. 그리고 그 날 그 자리에 있었던 대한민국의 미디어들은 살쾡이처럼 여기자가 당하는 수모를 즐기고 그 살점을 얻어먹으려 들다가 싸잡아 욕을 먹고 의기소침해지는 청소동물에 합당한 대접을 받고 말았다. 나는 어떻게 그 날 그 자리에 있었던 한국의 스포츠 기자들이 그러한 수모를 묵묵히 받아들이고 그토록 비신사적인 폭력에 노출된 동료 가운데 한 사람(더구나 여성)을 방치했는지 이해하지 못한다. 이것은 업보인가. 슈틸리케가 당한 것처럼, 우리 언론의 보도는 이따금 경계를 넘나드는 경우가 있다. 돌이켜 보면 나 역시 스포츠를 취재하는 기자로서 실수가 적지 않았고, 그럼에도 불구하고 운 좋게 비판을 모면한 경우가 적지 않았다. 나는 아직도, 1991년 6월에 있었던 부끄러운 기억을 지워내지 못하고 있다.

나는 1992년 바르셀로나올림픽 축구 아시아 지역 1차 예선을 취재하기 위해 말레이시아의 쿠알라룸푸르에 출장을 갔다. 그 해 6월 29일부터 7월 5일까지 네 경기가 열렸는데, 모두 1992년 같은 장소에서 열리는 최종예선에 진출하기 위한 관문이었다. 당시 한국은 독일의 저명한 지도자 데트마르 크라머(Dettmar Cramer)가 이끌고 있었고, 김삼락이 보조하였다.

　보조라고는 했지만 크라머의 원칙주의와 김삼락이 떨칠 수 없었던 국내 축구인으로서의 '체면 의식'이 맞부딪쳐 조화로운 모습은 보기 어려웠다. 한국의 기자들은 해외 출장을 나가면 첫 기사에 인상적인 내용을 담아 송고하려는 의욕이 강하다. 독자들의 시선을 한눈에 사로잡고, 국내에서 기사를 기다리는 부서장 등 선배들에게 좋은 인상을 주기 위하여 멋진 소재와 세련된 기사를 얻어내기 위해 최선을 다한다. 이 때 가장 쉽고도 효과적인 방법은 스타 선수를 인터뷰하는 일이다. 당시 한국 올림픽 축구 대표 팀의 인기 선수는 서정원·곽경근·노정윤·이임생 등이었다. 이들 가운데 서정원·노정윤·이임생은 나중에 대한민국 굴지의 스타가 되어 월드컵 무대를 밟는 영광을 누렸다.

　나는 서정원과 곽경근을 골라 인터뷰하였다. 그런데

그 방법이 몹시 비상식적이고 강압적이었다. 요즘의 기준에 비추어 본다면 있을 수 없는 일을 쿠알라룸푸르에서 했다. 나는 이른 아침 사진 기자와 함께 그들이 묵고 있는 호텔에 찾아갔다. 그리곤 곧바로 서정원과 곽경근이 사용하는 방의 문을 두드린 다음(그 다음 기척을 기다리지 않고 문을 밀고 들어갔지만) 그들을 깨워 호텔 지붕으로 데려갔다. 선수들은 아무 불평 없이 취재에 응했다. 서정원은 즐거운 표정까지 지으며 이것저것 묻고 농담을 하기도 했다. 나와 사진기자는 선수에게 경기를 앞둔 각오와 같은 몇 가지 틀에 박힌 질문을 하면서 사진을 찍었다. 불편한 동작이 많이 들어간 '연출 사진'이었다. 선수들이 침대에서 막 일어나 아침 식사도 하기 전에 하기에는 적당하지 않았다는 생각이 든다. 기사와 사진을 묶어 오전 기사를 전송하고 아침 식사를 마친 다음 올림픽대표 팀의 훈련장에 나갔다. 훈련 분위기는 평소와 다름이 없었다. 그러나 훈련이 끝난 다음 점심 식사를 하는 자리에 축구협회의 직원이 찾아왔다. 그는 완곡한 어조로 크라머가 몹시 화가 났으며, 다시 이런 일이 재발할 경우 정식으로 문제를 삼겠다고 했다는 말을 전했다. 당시 나의 솔직한 심정은 '상식을 벗어난 취재를 했으니 참으로 미안하고 다음부터는 그러지 말아야겠다.'는 반성과는 거리가 멀었다. 심한 불쾌감, 그리고 "싹수머리 없는 외국인 코치가 어디다 대고 이래라 저래라야? 내일 한 번 더 해야겠구만. 이번에는 노정윤이를 불러낼까?" 같은 오기 어린 심사에 사로잡혔다.

나는 잘못을 인정하고 사과하는 대신 함께 출장을 간 타사의 동료 기자들에게 이 사실을 알렸다. 그들의 반응은 한결같았다. "싹수없다.", "혼을 내줘야겠다.", "기자가 취재하는데 감독이 왈가왈부하게 방치해서는 안 된다." 대충 이런 식이었다. 당시 한국은 쿠알라룸푸르에서 벌어진 네 경기를 모두 이겼고, 이듬해 1월 같은 장소에서 열린 최종예선에서도 3승 1무 1패를 기록해 바르셀로나로 가는 티켓을 따냈다. 크라머가 좋은 성적을 거두었기에 망정이지, 그러지 못했다면 한국의 언론이 그를 그냥 두지 않았을 것이다. 물론 크라머는 한국축구계와 언론의 집요한 배척을 견디지 못하고 얼마 지나지 않아 감독에서 고문(또는 총감독)으로 밀려났다. 최종예선이 끝난 다음에는 올림픽 팀에서 완전히 손을 떼었다. 선수들이 그를 '할아버지'라고 부르며 100% 신뢰하고 사랑했지만 그런 점은 고려되지 않았다. 나의 경우에는 쿠알라룸푸르에서 경험한 불쾌감에도 불구하고 크라머의 인격과 능력은 신뢰했기에, 그의 퇴진을 기분 좋게 바라보지는 못했다. 그리고 오랜 시간이 지난 다음 나는 당시에 혼이 나야 할 사람은 크라머가 아니라 나 자신이었으며 쿠알라룸푸르에서 얼마나 부끄러운 행동을 했는지를 깨닫게 되었다. 그 깨달음을 얻기까지 꽤 긴 시간이 필요했다. 만약 지금이라면 절대로 그와 같은 방식으로 선수들을 인터뷰하지 않았을 것이다. 또한 선수들도 그런 식의 인터뷰 요구에 절대 응하지 않았을 것이다. 아마도 나는 많은 비난에 직면했을 것이고, 기자단이나 협회로부터 징계(또는 불이익)를 받았을 수도 있다. 히딩크라면? 내 멱

살을 잡았을지도 모르겠다. 그러나 나나 우리 동료 기자들도 'A스포츠'의 그 여기자나 그곳에 있었던 대한민국 기자들처럼 당하고만 있지는 않았을 것이다.

아, 여기서 신태용 얘기를 슬쩍 하고 지나가야겠다. 나는 2015년부터 '아시아경제'에 '축구와 사람'을 연재했다. 조광래, 허정무, 최강희, 홍명보 등에 대해 썼다. 나의 게으름 때문에 진행이 느려 12회에 최강희를 주제로 쓴 뒤 오래 쉬었다. 13회째를 쓸 생각을 하지 않고 있었는데 올림픽 최종예선을 관전한 다음 급히 쓰게 되었다. 2016년 2월 1일자이다. 사실 신태용은 계획에 없었다. 그러므로 이 글은 외전(外傳)이라고 해야겠다. 이 연재는 13회를 마지막으로 중단되었다. 내가 쓰지 않기 때문이다. 언젠가 다시 쓸 것이다.

25년 전이다. 대한민국 올림픽축구대표 팀은 1991년 1월 15일부터 테네리페에서 전지훈련을 하고 2월 10일에 귀국했다. 테네리페는 대서양에 있는 카나리아군도에 속한 섬으로 스페인령이다. 훈련의 목적은 1992년에 열리는 바르셀로나올림픽 최종예선에 대비하는 데 있었다. 올림픽 팀은 최종 엔트리를 정하기 전이었다.

전지훈련은 데트마르 크라머 총감독이 지휘했다. 서정원·곽경근·노정윤·최문식·이임생·김봉수 등 당대의 유망주들이 주요 선수였다. 이 가운데 신태용도 있었다. 그때 나이 스물한 살. 그는 나중에 프로축구 리그에서 명성을 떨치지만 이때는 스타가 되기 전이었다. 정확하게 말하면 바르셀로나에 갈 수 있을지 없을지 알 수 없는, 경계에 선 선수였다.

선수단은 1월 13일에 김포공항을 통해 출국했다. 축구팬들의 관심은 매우 컸다. 젊은 기자들은 출국 인터뷰를 하기 위해 공항으로 몰려갔다. 나도 '똑딱이' 필름 카메라와 수첩, 녹음기를 들고 나갔다. 다른 기자들처럼 크라머 총감독과 서정원·노정윤·곽경근 등 스타 선수들을 인터뷰했다. 이 무렵 곽경근은 대형 스트라이커 재목으로 주목을 받았다.

필요한 인터뷰를 마칠 무렵엔 올림픽 팀의 출국 시간이 거의 다 됐다. 녹음기를 끄려는데 누군가 다가와서 나를 불렀다. "진석이 형!" 두 눈이 반짝거렸다. 분명히 기억한다. 신태용이었다. 선수가 기자에게 '형'이라고 해서 깜짝 놀랐다. 그는 내가 묻지도 않았는데 "잘 다녀오겠다. 다녀와서 인사 드리겠다."고 했다. 나는 그때까지 신태용을 인터뷰해 본 적이 없었다.

그런데 신태용은 갑자기 바짓단을 들어 올리더니 양말을 반쯤 벗어 보이면서 말했다. "제가 지금 발목이 아프거든요. 사실은 부상 때문에 뛸 수 없는 상태인데 정신력으로 버티는 거예요." 그의 말이 신문에 기사가 되어 나가기를 원하는 것 같았다. 예나 지금이나 '부상 투혼'은 기자를 꾀기 좋은 키워드다. '머리 좋은 친구'라고 생각했지만 나는 곧 그를 잊었다.

지난 31일 새벽, 카타르 도하에서 열린 2016 리우올림픽 최종예선을 텔레비전 중계로 보고 나서 문득 그를 생각했다. 한국은 일본에 2:3으로 역전패했다. 두 골을 먼저 넣고 세 골을 내리 빼앗겼다. 한국의 축구 대표 팀이 이런 경기를 하는 경우는 매우 드물다. 축구팬들이 충격을 받을만했다. 나와 함께 경기를 본 아들도 말없이 제 방에 들어갔다.

이튿날 신문을 살피니 비판 보도가 여럿 눈에 띄었다. "이기고 있는데 공격만이 최선이었나.", "자만심", "정신력 부족", "한일전의 의미", "축구 팬과 국민들의 분노" 같은 기사가 보였다. 나는 공감하지 않았다. 기자가 화가 나서 쓴 기사는 아닐까. 나는 자존감이 강하고 집요한 신태용, 승부에 강한 신태용, 그가 지휘하는 팀이 언론에서 비판하는 것과 같은 이유로 일을 그르쳤다고 보지는 않았다.

우세한 경기에서는 당연히 골을 더 넣기 위해 노력해야 한다. 그것이 페어플레이다. 2006년 독일월드컵에 나간 대표 팀은 토고와의 첫 경기에서 2:1로 앞선 후반 막판에 얻은 프리킥을 뒤로 돌렸다. 얼마나 야유를 받았는지, 그날 프랑크푸르트에서 경기를 본 나는 생생히 기억한다. 낯이 뜨거울 정도였다. 올림픽 팀은 옳은 경기를 했다. 한 골을 더 넣어 3:0을 만들었다면 4:0이나 5:0도 가능했을지 모른다.

아무리 그래도 올림픽 티켓을 따고 돌아온 팀이 "죄송하다"고 사과를 하다니, 신태용과 선수들이 안됐다. 2014년 브라질월드컵을 망치고 돌아온 대표 팀에 날아간 '엿'은 이번 일에 비하면 약과다. 하지만 신태용은 생명력 강한 사나이다. '난놈'을 자처하는 승부사의 속이 누구보다 상했

---

130 나의 기대와 달리 신태용은 일본과의 경기에서 드러난 문제점을 해결하지 못했다. 그는 그 뒤로도 여러 차례 같은 실패를 반복했다. 2016년 브라질의 리우데자네이루에서 열린 올림픽에서도 판에 박은 듯한 패배를 당했다. 같은 과정을 통해 실패를 반복하면 실수라고 보기 어렵다. 지도역량과 축구에 대한 안목, 깊이, 통찰력이 부족하다는 뜻이다. 나는 신태용이 이 문제를 해결하지 못한다면 지도자로서 큰 성취를 이루기 어렵다고 본다.

으리라. 그가 가만히 있을 리 없다. 나는 신태용과 올림픽 팀이 이 모든 비판과 수모를 딛고 일어서리라고 본다. 우리 팀은 더 강해질 것이다.[130]

66

슈틸리케의 어록을 히딩크의 어록과 비교하면

두 사람이 전혀 다른 종류의 인간이라는 사실을 확인할 수 있다.

99

27

　감탄과 혐오감이 뒤범벅되어 있는 나의 감정과 무관하게 히딩크는 강력한 사나이였다. 실패에 대한 공포를 접어둘 줄 아는 그가 2002년에 대한민국에서 거두고 돌아간 성취는 경탄할 만하다. 그는 또한 충돌을 두려워하지 않는 사람이었다. 슈틸리케는 히딩크와는 다른 종류의 인간인 것 같다. 사람은 그가 하는 말을 통하여 내면을 짐작할 수 있는데, 슈틸리케가 구사하는 언어는 함축적이라고 보기는 어렵지만 재치가 있고 무엇보다도 이해하기가 쉽다. 그는 취임 기자회견(2014년 9월 8일 보도)

에서 "(한국 대표 팀은) 브라질월드컵에서 알제리에 지고 어려운 상황을 극복하는 부분이 부족했다. 어려운 결과를 어떻게 극복할지를 잘 준비하면 도움이 될 것이다."라고 말했다. 슈틸리케는 누구나 할 수 있을 것 같은 '보통말'을 한다. 예를 들면 다음과 같은 말이다.

> "한국 팀은 브라질월드컵에서 알제리에 지고 어려운 상황을 극복하는 부분이 부족했다. 어려운 결과를 어떻게 극복할지를 잘 준비하면 도움이 될 것이다."
> "경기가 끝나면 점유율이 몇 %인지 패스를 몇 번했는지는 중요하지 않다. 승리가 중요하다. 어떤 날에는 티키타카가 승리의 요인이 될 수 있고, 어느 날에는 공중 볼이 중요하다. 이기는 경기를 해야 한다는 사실이 중요하다."
> "외국인이 오면 편견이 있다. 대부분 돈이나 명예 때문에 다른 나라에 간다. 나는 매 경기 이길 것이라 약속할 수 없다. 하지만 열심히 할 것을 약속한다."
> "한국축구에 희망이 없었다면 취임하지 않았다."
> "한국축구에는 처방이 필요하다. 어떤 약을 줘야 할지는 모르겠다."

"한 경기 졌다고 죽는 것은 아니다. 한국을 더 알아야 한다. 시간이 필요하다."

"축구 팬들의 가슴에 와 닿는 축구를 해야 한다. 훈련을 성실히 하고 경기마다 이겨야 할 것이다."

"점심때 만난 선수들의 첫인상이 좋았다. 한 명도 늦지 않았다는 게 좋았다. 대표 팀의 중요성을 잘 인지하는 것을 의미한다."

"공격이 좋다면 경기에서 승리하지만 수비를 잘하면 우승을 한다."

"누구든 지붕을 먼저 올리지 않고 기초를 닦는다."

"대표 팀은 열정이 있는 선수를 원한다. 그렇다면 나이는 문제되지 않을 것이다."

"스물여덟 명 중에는 최초로 선발된 선수들이 많았는데 여러 차례 경기력을 확인하고 뽑은 것이다. 이정협은 상주 경기를 다섯 번이나 보고 뽑았다."

"1:0보다 2:1이 좋다. 내가 좋아하는 더 공격적인 축구다. 2:1 승리에는 실점했다는 사실, 선수들도 인간이라서 실수를 할 수 있다는 의미가 담겼다. 또 그 스코어에는 나머지 선수들이 합심해서 감싸주면 실점해도 이길 수 있다는 의미까지 함께 포함돼 있다."

"대표 팀은 말 그대로 대한민국을 대표해서 경기에 나간다. 나라를 위해 희생하고 경기장 위에서 좋은 모습을 보여주겠다. 국민들의 많은 지지와 성원을 부탁한다."

"이정협은 아직 대표 팀 경험이 없는 어린 선수이기 때문에 (…) 어떤 모습을 보여주든 모든 책임은 내가 지면 된다."

"좋은 성적을 내는 게 중요하지만 우리가 어떤 스타일의 축구를 하는지도 중요하다. (…) 대표 팀이 좋은 축구를 하면 팬들이 즐거워 할 것이다. 적극적이고 과감한 축구를 통해 우리 선수들이 변화의 선봉에 설 것이다."

"K리그 경기의 내용과 결과를 보면 상당히 많은 팀이 지지 않기 위한 경기를 하고 있다는 사실을 부인할 수 없다. 우리에게는 수비수가 많다. 그러나 공격수의 부재는 아쉽다."

"대표 팀 감독으로서 내가 바꾸고 싶은 게 있다면 K리그 우승팀에서 상당히 많은, 4~5명의 선수가 대표 팀에 합류했으면 한다. 그렇게 대표 팀이 이뤄질 수 있도록 클럽의 수준이 올라갔으면 좋겠다. 그렇게 되려면 선수 육성이나 K리그의 경쟁력 강화가 중요하다. 대표 팀과 K리그의 선순환 연결 고리를 만드는 게 내가 한국축구에 남기고 싶은 족적이다."

"선수들에게 가장 중요한 관심은 필드 위에 있을 때 관중이 얼마나 많은가이다 (…) 선수들이 해야 할 역할도 있다. 축구는 오케스트라이고 축구 경기는 공연으로 볼 수 있다. 관중을 즐겁게 해주는 게 우리 선수들의 역할이다."

"(손흥민 역할에 대한 질문에) 축구는 개인적으로 할 수 있는 게 아무것도 없다. 우리는 최고의 선수를 배출하려고 여기에 온 게 아니라 최고의 팀이 되려고 여기에 왔다."

"(월드컵 때 실망이 컸는데 선수들에게 어떤 것을 주문하느냐는 질문에) 변화해야 한다. 우리는 그냥 텔레비전에서 한번 나오고 마는 그런 축구를 해서는 안 된다. 지켜보는 팬들의 마음을 사로잡는 좋은 축구를 해야 한다."

"내게는 열정이 있고, 배가 고픈 선수가 필요하다. 경험과 나이에 관계없이 발탁했다. 이 팀은 굉장히 젊고 미래가 있기 때문에 지켜봐 주면 좋겠다. 이 선수들이 능력을 100% 보여준다면 우리는 1월 31일 결승에서 살아남을 거라고 믿는다."

"(아시안컵에서 쿠웨이트와 경기한 뒤) 오늘 경기에서 두 가지 좋은 점(two good things)이 있다. 첫 번째는 두 경기를 치르고 승점 6점을 땄다는 것이고, 다른 하나는 우리가 우승후보에서 제외됐다는 점이다. 이런 축구를 하면 우승할 수 없다."

"(4강 진출을 확정한 뒤) 나는 그 때(쿠웨이트전) 펼쳐진 경기를 분석했을 뿐이다. 꿈을 꾸기만 하면 안 된다. 꿈은 우리를 결승으로 데려다 주지 않는다. 과거는 과거일 뿐 현재가 중요하다."

"가장 부족한 것은 정신력이다. 모국에서 기대감이 매우 크다. 국민들은 오만과 쿠웨이트를 크게 이길 것으로 봤을 것이다. 이겼지만 이기지 못할 경기를 했다."

"그라운드에 나서면 승리를 위해 싸워야 한다. 나는 비긴다는 생각을 하는 사람이 아니다."

"좋은 축구를 관중에 선보일 것이다. 비싼 입장료 내고 관중이 오는데 좋은 축구를 보여줘야 한다."

"상대가 원톱, 스리톱을 쓰는 게 중요한 게 아니라 어떤 상황에도 대처할 수 있는 자세가 중요하다. 이런 부분을 선수들에게 강조하고 있고, 직업선수인 만큼 변화에 대한 적응력이 뛰어나야 한다."

"경기 중의 상황 변화에 따라 매번 선수들에게 감독이 지시해서는 안 된다. 선수들의 대응 능력이 일차적으로 필요하다. 그런 면을 강조하며 많은 훈련을 하고 있다."

"꿈은 자유롭게 꿀 수 있지만 꿈이 우리를 결승까지 데려다 주지는 않는다. 우리는 필드에서 벌어지는 현실을 분석해야 한다."

"나도 내 축구 인생에서 볼 때 말년을 지나고 있다. 한국을 이끌면서 젊은 선수들과 함께하고 있다. 20대 어린 선수들을 데리고 축구를 접하는 사고방식을 변화시키려는 시도는 많이 한다. 나 자신이 돋보이고 싶은 생각은 없다."

"(아시안컵에서) 우승을 하더라도 한국축구는 발전하기 위해 노력해야 한다. 많은 노력이 필요하다."

"우리가 실점한 적이 없어 실점하면 허둥대다가 질 수도 있다. 실점에 대응하는 능력을 키우자는 주문을 했다."

슈틸리케의 어록을 히딩크의 어록과 비교하면 두 사람이 전혀 다른 종류의 인간이라는 사실을 확인할 수 있다. 다음은 인터넷에서 얼마든지 찾아 읽을 수 있는 히딩크의 어록이다.

"외국 강팀에 열등감을 가져서는 안 된다. 한국은 어떤 팀과도 해 볼 수 있는 가능성을 지녔다."
(2001년 2월 15일 두바이 4개국 대회)

"창피하지 않다. 좋은 경험이었다. 한국 선수들은 투쟁심을 더 길러야 한다."
(2001년 5월 30일 컨페더레이션스컵 프랑스전 0:5 대패 뒤)

"반드시 이긴다는 잔인한 마음가짐이 중요하다. 때론 사고뭉치가 필요한데 아무도 악역을 떠맡지 않는다."

(2001년 8월 16일 체코전 0:5 대패 뒤)

"최악의 편성은 피했지만 약한 팀이 없다. 어느 팀도 겁나지 않는다. 어느 팀도 쉽게 생각하지 않는다."

(2001년 12월 1일 조 추첨 결과를 두고)

"킬러 본능이 필요하다. 이 나이에 내가 그라운드에 나설 수는 없는 일 아닌가."

(2002년 1월 24일 골드컵 쿠바전에서 득점 없이 비긴 뒤)

"앞으로 16강 진출 가능성을 매일 1%씩 높여나갈 것이다. 6월초 우리 팀의 모든 힘이 폭발하게 될 것이다."

(2002년 4월 11일 2002년 월드컵 대회 개막 D-50일
기자회견에서)

"제대로 하기 위해 어려운 길을 돌아왔다. 비난도 많이 받았지만 결국 틀리지 않았다."

(2002년 5월 21일 잉글랜드전 1:1 무승부 뒤)

"강팀과 대등한 경기를 펼쳐 만족한다. 한국축구는 목표했던 수준에 이르렀다."

(2002년 5월 26일 프랑스전 2:3 선전한 뒤 가진 기자회견에서)

"우리는 분명 세계를 놀라게 할 것이다. 모든 것은 월드컵에서 알게 될 것이다. 나는 한국 선수들을 대단히 사랑한

다. 그들의 순수함은 나를 들뜨게 한다."

(2002년 5월 26일 프랑스와의 평가전 뒤

네덜란드 '데 텔레그래프' 지와의 인터뷰에서)

"2002 월드컵에서 네덜란드라도 맞붙게 된다면 반드시 이기겠다."

(2000년 12월 18일 취임 기자회견에서)

"한국 선수들은 마치 시종 4000~5000rpm으로 달리는 차와 같다. 자동차가 계속 같은 속도로만 갈 수는 없다."

(2001년 1월 15일 첫 연습경기를 평가하며)

"신진급 선수들을 기용하며 실험하고 있다. 뜻하는 대로 결과가 나오지 않더라도 꾹 참아 달라."

(2001년 9월 14일 나이지리아와 평가전 뒤)

"나는 영웅주의(heroism)를 좋아하지 않는다. 다만 내가 해야 할 일을 하고 내가 하는 일을 좋아할 뿐이다."

(2002년 6월 5일 폴란드전 승리로 '국민적 우상으로 떠올랐다'는 평가에)

"나는 조별리그뿐 아니라 16강전 이후도 대비해 왔다."

(2002년 6월 14일 포르투갈전 승리로 16강전을 확정지은 뒤)

"나는 아직도 배가 고프다."

(2002년 6월 15일 16강전 승리에 대한 의지를 드러내며)

"한국 선수들에게 아무 이유 없이 지금 당장 나무에 올라가라고 지시한다면 그렇게 하겠는가."

(2000년 12월 당시 대한축구협회 가삼현 국제부장이 그를 영
입하기 위해 처음 만났을 때)

"1998년 프랑스월드컵에서 내가 감독으로 있던 네덜란
드에 0:5로 패했을 때 한국 팀은 부분적인 전술차원에 문제
가 있었다. 한국 팀의 스피드와 체력 그리고 정신적인 면에
서는 어느 팀에 못지않았다."

(2000년 1월초 네덜란드에서 한국으로 부임하기 전 인터뷰)

"나에게 신사적이라는 평가는 선수들이 규칙과 규율을
지켰을 때는 맞는 말이지만 그렇지 않을 때는 아니다. 규율
과 규칙이 나를 여기까지 있게 했다."

(2001년 1월 신사적이고 유머가 넘친다는 말에)

"내 취미는 음악과 축구다. 남들은 직업이 어떻게 취미
일 수가 있느냐고 하지만 나는 원래 그런 사람이다."

(2001년 2월 두바이대회 회견에서)

"난 한국 선수들에게 두 가지 점에서 놀랐다. 하나는 유
럽의 어떤 선수들보다 한국 선수들은 양발을 모두 잘 쓴다
는 것이고, 또 한 가지는 왜 한국 선수들은 볼을 잡기만 하
면 그렇게 흥분하는가 하는 것이다."

(2001년 3월 어느 모임에서)

"선수들끼리 형이라는 호칭을 쓰지 말라."

(2001년 12월. 나이에 따라 지나치게 서열을 따지면 경기 중 의
사소통에 문제가 생긴다며)

"엘리자베스는 팀 훈련에 절대 방해가 되지 않을 것이
다. 선수단과는 함께 밥도 먹지 않을 것이다. 훈련에 간여
하지도 않을 것이다. 하지만 그녀가 어디에 가든 그것은 그
녀의 프라이버시다."

(2002년 1월 미주전지 훈련 중 그의 연인인 엘리자베스에 대한
물음에)

"오늘과 같은 상태라면 한국은 월드컵이 끝난 이후에도
아시아를 지배할 것이다. 세계는 우리를 얕잡아 보지만 우
리는 세계를 놀라게 할 준비가 돼 있다."

(2002년 5월 16일 스코틀랜드와의 평가전에서 4:1로 대승한
뒤)

"16강에 오를 수 있다면 에베레스트 산이라도 오르겠
다."

(2002년 1월, 북한산 산행 도중 각오를 묻자)

"축구는 테니스가 아니다. 때로는 터프한 플레이가 필요
하다."

(2002년 4월 16일, 대구 훈련 도중)

"스타플레이어는 외부에서 만드는 것이 아니라 그라운
드에서 발휘하는 실력으로 만들어지는 것이다."

(2002년 5월 1일, 고종수와 이동국을 대표 팀에서 제외한데 대
해)

"안정환은 기어를 변속할 때 꼭 필요한 선수다."

(2002년 5월 16일, 스코틀랜드와의 평가전에서 스트라이커로
기용한 안정환에 대해)

"부담은 없고 적당한 긴장만 있다."

(2002년 6월 9일, 미국과의 조별리그 2차전을 앞두고)

"페널티킥을 실축하는 것도 경기의 한 부분이다."

(2002년 6월 10일, 미국전에서 이을용이 페널티킥을 실축하자)

"수비에 치중하는 소극적인 경기는 하지 않을 것이다.
비기려 하는 것은 곧 패한다는 것을 의미한다."

(2002년 6월 11일, 포르투갈과의 조별리그 3차전을 앞두고)

"나는 일본을 의식하지 않는다."

(2002년 6월 12일, 일본에 라이벌 의식을 갖고 있느냐는 질문
에)

"선수들이 최선을 다하는 한 나는 언제나 그들을 보호하
고 지지할 것이다."

(2002년 6월 13일, 포르투갈전을 앞두고)

"비겨도 16강에 진출하지만 우리는 그런 경기를 원하지
않았다."

(2002년 6월 14일, 포르투갈에 1:0으로 승리를 거둔 뒤)

"와인 한 잔을 마시며 자축했을 뿐이다."

(2002년 6월 15일, 16강 진출을 확정지은 뒤 축하파티를 했느냐는 질문에)

"역사를 만들어보자(Let's make a history)."

(2002년 6월 17일, 이탈리아와의 16강전을 앞두고)

66

히딩크의 어록은 짧고, 위트 있고,

직설적이었던 데 비해 슈틸리케의 어록은

현란하고 장황하다는 비교도 했다.

다양한 은유와 비유를 섞어가면서

메시지를 전달하는 슈틸리케가 취임 기자회견에서

한 '슈틸리케 스타일'에 대한 답변도 소개했다.

99

28

2015년 1월 27일자 '연합뉴스'는 '말이 현실로! …
슈틸리케 족집게 어록'이라는 제목으로 재미있는 기사
를 게재했다. 이 매체는 슈틸리케가 대표 팀 사령탑으로
부임한 이후 기자회견을 통해 팬들에게 전달한 말들을
되돌아보면서 "그의 책임감과 실천율이 얼마나 뛰어난
지 보여준다."고 했다. 슈틸리케가 기자회견을 통해 공언
했던 내용이 '퍼즐이 맞춰지듯 들어맞고 있다'는 것이
다.[131]

---

131 http://www.yonhapnews.co.kr/bulletin/2015/01/27/0200000000AK
R20150127135600007.HTML

＊슈틸리케 감독은 지난해 9월 취임기자 회견 자리에서 지지 않는 축구의 중요성을 강조했다. 그는 "경기가 끝나고 팬들은 점유율이 얼마였는지 패스 슈팅 몇 번이었는지 중요하게 생각하지 않는다." 면서 "승리가 중요하다. 승리의 요인은 어떤 날은 티키타카일 수도, 다른 날은 공중볼일 수도 있다. 하지만 이길 수 있는 경기를 해야 한다." 고 강조했다. 슈틸리케 감독의 말은 4개월 만에 아시안컵에서 현실이 됐다. 대표 팀은 조별리그 세 경기와 8강, 4강전까지 내리 이기면서 전승으로 결승에 올랐다.

＊슈틸리케 감독은 누구보다 수비를 강조했다. 지난해 10월 파라과이와의 평가전을 앞두고 취재진과 만나 수비 훈련에 많은 시간을 쏟은 이유에 대해 "집을 지을 때 지붕을 먼저 올리지 않고 기초를 닦게 마련" 이라면서 "그래서 수비를 먼저 집중적으로 연습했다." 고 밝혔다. 슈틸리케 감독은 미국프로농구(NBA)의 '격언'을 이야기하면서 "공격을 잘하는 팀은 승리하지만 수비를 잘하는 팀은 우승을 차지한다." 며 "대표 선수를 선발할 때에도 수비에 중점을 뒀고 수비 안정을 증명할 수 있는 유일한 길은 '무실점'으로 경기를 마치는 일" 이라고 했다. 무실점 승리를 약속한 슈틸리케 감독은

이번 아시안컵에서 공약을 그대로 이행하고 있다.

* 슈틸리케 감독은 지난해 12월 제주도 전지훈련에 참가할 선수를 발표하기에 앞서 "우리는 배가 고픈 선수가 필요하다."며 "열정과 의욕이 있는 선수가 있다면 경험, 나이와 관계없이 발탁할 수밖에 없다."고 공언했다. 그렇게 뽑은 선수가 바로 '신데렐라' 이정협이다. 이정협은 이번 아시안컵에 나선 슈틸리케호의 최고 스타 중 한 명으로 떠올랐다. 이정협은 호주전에 선발 출격해 결승골을 잡아내더니 이라크와의 준결승전에서도 결승골의 주인공이 됐다. 슈틸리케 감독의 선수 선발에 대한 안목이 돋보이는 장면이다.

비슷한 뉴스를 'SBS'도 텔레비전을 통해 내보냈다. 이 방송은 "슈틸리케 감독이 취임 4개월 만에 한국축구를 아시안컵 결승으로 이끌면서 마치 예언처럼 맞아 들어가는 그의 과거 발언이 일명 '족집게 어록(語錄)'으로 화제가 되고 있다."고 보도했다. "역사적으로 명장은 명언을 남긴다고 하는데, (슈틸리케가) 명장의 조건을 갖추고 있는 것만은 확실하다."고 했다. 한국축구에서 '어록'하면 빼놓을 수 없는 명장은 히딩크라면서, 그가 2002년 월드컵 4강 신화를 이루는 과정에서 남긴 명언들을 소개했다. SBS는 히딩크가 박지성을 발굴하면서 '멀티 플레이어'라는 말을 유행시켰고, "축구는 테니스가 아니다."라는 말로 몸싸움과 체력의 중요성을 강조했으며, "세계를 놀라게 하겠다."며 당당히 출사표를 던진 다음 16강에 진출하자 "나는 아직도 배고프다."며 거침없이 진격했다고 설명하였다. 히딩크의 어록은 짧고, 위트 있고, 직설적이었던 데 비해 슈틸리케의 어록은 현란하고 장황하다는 비교도 했다. 다양한 은유와 비유를 섞어가면서 메시지를 전달하는 슈틸리케가 취임 기자회견에서 한 '슈틸리케 스타일'에 대한 답변도 소개했다. SBS는 한국축구의 가능성에 대한 그의 확신을 주목했다. "한국축구에 도약의 가능성과 희망이 없다면 저는 감독을 맡지 않았을 겁니다. 저는 선수들의 마음속으로 들어가고 싶습니다. 영혼을 울려야 된다고 생각합니다." 첫 소집 훈련에서 남긴 포부에 대해서는 '낭만적'이라고 평가했다. "오늘부터 한국축구는 새롭게 출발합니다. 저와 함께 새로운 여행을 떠날 겁니다."[132]

감독의 언어를 이야기하면서 우리 언론은 브라질월드컵에서 '실패'하고 돌아온 홍명보와 슈틸리케를 냉혹하게 비교했다. '이데일리'는 '히딩크·슈틸리케는 있고 홍명보에겐 없는 것'이라는 2015년 2월 2일자 기사에서 "K리그서 최고의 선수들이라면 유럽에선 B급일 수밖에 없다."는 홍명보의 말을 물고 늘어졌다. 이 신문은 홍명보의 말이 "전후 맥락을 살펴봐도 리더가 할 말은 아니었다."면서 홍명보가 2014 브라질월드컵이 끝난 지 보름쯤 뒤에 서울 종로구 신문로 축구회관 사퇴 기자회견서 한 말을 비판했다. "리더는 냉철하고 신중해야 한다. 말과 행동은 간결하면서도 이성적이어야 한다. 진정성은 기본"이라면서. 이데일리는 "외국인 감독의 선임은 한국축구를 현실적 관점에서 바라볼 수 있는 토대를 마

132 http://news.sbs.co.kr/news/endPage.do?news_id=N1002808391

런했다."면서 외국인 감독들은 서열과 정(情), 의리로 점
철된 한국축구의 체질을 개선하고자 노력했다고 평가했
다. 히딩크는 호칭과 존대를 중요시하는 한국 문화를 그
라운드에서 만큼은 없애려고 애썼고, 슈틸리케는 '의리
축구' 논란을 완전히 잠재웠다는 것이다. 이 매체가 보기
에 브라질월드컵에서 한국이 실패한 가장 큰 이유는 홍
명보가 신인 선수와 무명 선수를 눈여겨보기보다는 이
름값 있는 선수들과 측근들을 대거 대표 팀에 발탁하는
우를 범했기 때문이었다. 클럽에서 이렇다 할 경기력을
보여주지 못하고 있던 박주영의 대표 팀 발탁은 이해할
수 없는 행보였으며 브라질월드컵 조별리그에서 부진을
거듭한 정성룡을 계속 기용하자는 주장도 눈살을 찌푸
리게 했다는 것이다. 그러나 슈틸리케는 박주영 대신 이
정협을 뽑았고, 이정협은 아시안컵에서 두 골을 터뜨리
며 한국 대표 팀의 준우승에 크게 기여했다. '고인 물'을
철저히 버리는 슈틸리케의 실험이 27년 만의 아시안컵
준우승이라는 결과물을 냈다고 평가했다. 그러면서 이

데일리는 "히딩크와 슈틸리케 감독에겐 있고 홍명보 전 감독에겐 없는 것이 무엇인지 한국축구는 곱씹어야 할 것."이라는 과제를 제시했다.[133]

선수를 보는 눈에 대해 다시 말하자면, 통념에 사로잡히거나 기득권을 존중하는 데서 벗어나 자신만의 시각으로 바라본다는 공통점도 있다. 히딩크가 대표 팀 감독이 된 다음 거세된 선수들 가운데 고종수-김병지-이동국 등은 대표선수 급이다. 세 선수는 적어도 한동안 우리 축구계에서 기득권을 유지할 자격이 있는 선수였지만 그런 대접을 받지 못했다. 이 가운데 히딩크 시대나 슈틸리케 시대나 변함없이 논쟁의 중심에 서 있는 선수가 이동국이다. 히딩크가 그를 대표선수 명단에서 지웠을 때 적잖은 놀라움과 더불어 논쟁이 뒤따랐다. 히딩크가 감독이 아니었다면 이동국이 대표 팀 명단에서 제외되지 않았으리라고 단언하기 어렵다. 이 무렵 이동국은 과소

---

133 http://starin.edaily.co.kr/news/NewsRead.edy?SCD=EB12&newsid=
  015776866609266584&DCD=A20203

평가되기 어려운 선수였고, 황선홍을 방불케 하는 파란 만장한 대표 팀 커리어를 써나가리라고 예상하기도 어려웠다. 황선홍은 1988년 아시안컵에서 혜성과 같이 등장한 대형 스트라이커였다. 나는 그가 뛰는 모습을 1990년에야 처음으로 경기장에서 보게 되었다. 인조잔디가 깔린 서울의 효창운동장이었는데, 비가 내리는 날이었다. 당시 그는 건국대학교 선수로서 정종덕 감독의 지도를 받고 있었다. 늘씬한 체격에 두상은 크지 않았고 얼굴은 잘생겨서 직감적으로 스타임을 알아볼 수 있었다. '역시 스타로구나!' 내가 처음 황선홍의 경기를 보았을 때는 불행히도 허리가 아파 경기 도중에 벤치에 교체를 요청하고 골라인 뒤쪽으로 퇴장해 버렸다. 선수 교체를 관리하는 보조심이 있는 쪽을 향해 손을 흔들어 보이고 물러나는 그를 향해 '건방지다'는 수군거림도 없지 않았던 것으로 기억한다.

아시안컵에서 드라마틱하게 등장한 대표 팀의 스트라이커는 이후 좋은 쪽으로든 나쁜 쪽으로든 숱한 이야기를 남기며 애증의 커리어를 쌓아 나간다. 황선홍에게 최악의 월드컵이 어느 대회였는지 물어본 적은 없다. 황선홍은 1990년 이탈리아월드컵, 1994년 미국월드컵, 2002년 한일월드컵에 참가했다. 이탈리아월드컵은 우리 축구가 촌티를 드러낸 채 망신만 당해서 1986년 멕시코월드컵 때 보여준 만만찮은 일면을 조금도 보여주지 못한 채 철수해야 했다. 1986년 승점 1점, 네 골을 기록한 데 비해 이탈리아에서는 승점 0점에다가 골이라고는 스페인과의 경기에서 황보관이 먼 거리에서 차 넣은 한 골이 전부였다. 1994년에는 한국이 조별리그에서 스페인, 볼리비아, 독일과 한 조에 편성된 가운데 볼리비아를 이기고 스페인과 독일 중 한 팀 또는 두 팀 모두와 비기면 토너먼트에 진출할 수 있으리라는 희망을 간직한 채 참가했다. 황선홍은 골잡이로서 무르익었을 때였고, 김호 감독이 그에 대해 충분히 이해하고 활용법도 적절히 준비했기 때문에 기대를 모았다. 그런데 스페인과의 첫 경기는 2:2로 드라마와 같은 무승부를 기록했지만 황선홍이 기여한 부분은 미미했고 홍명보와 서정원이 눈부시게 활약했다. 문제는 볼리비아와의 경기였는데 비교적 유리한 판정의 흐름과 긴 잔여시간 등으로 해서 반드시 이겼어야 할 경기였다는 평가가 뒤따랐다. 이 경기에서 황선홍이 허공을 향해 날려버린 수많은 슈팅들은 태업을 하는 게 아닌가 싶을 정도로 터무니가 없었고, 당연히 비난이 쏟아졌다. 독일과의 경기에서 한 골을 만회했지만 0:3으로 뒤진 가운데 나온 콘솔레이션 골이어서 환영받지 못했다. 두 번째 골을 넣은 홍명보가 미국 대회를 계기로 슈퍼스타의 반열에 오른 반면 황선홍의 빙하기는 언제 끝날지 기약하기 어려웠다. 황선홍은 2002년에야 명예회복에 성공했는데 폴란드와의 조별리그 첫 경기에서 선제골이자 결승골을 넣으면서 비로소 '죄의 사함'을 받았다. 그러나 이 대회를 통틀어 황선홍의 득점은 한 골이 전부였고, 미국과의 조별리그에서 동점골, 이탈리아와의 16강전에서 골든타임에 결승골을 터뜨린 안정환과 견실한 수비를 보여준 수문장 이운재가 수훈선수로 떠올랐다. 그러나 내가 보기에 황선홍에게 가장 지옥과 같았던 월드컵은 그가 출전하지 못한 1998년 프랑스월드컵이 아니었을까 싶다. 그는 의문의 여지없이 대표 팀의 최전방을 지켜 주어야 할 선수였고 컨디션도 나쁘지 않았다. 그러나 불행은 예상치도 않았던 순간에 찾아왔다. 축구협회는 대표 팀의 출국 전 마지막 평가전을 서울에서 중국과 하도록 기획했는데, 이 경기에서 황선홍의 다리가 결딴났다. 기영노는 "황선홍의 전성기는 30대 초반이던 98년 프랑스월드컵 때였다. 당시 황선홍은 체력적 기술적 정신적으로 절정의 순간을 맞고 있었다. 그러나 프랑스월드컵 때는 본선을 앞두고 치른 중국과의 친선경기에서 왼쪽 무릎을 다쳐 결국 한 경기에도 출전하지 못한 채 초라하게 귀국해야 했다. 만약 황선홍이 98년 프랑스월드컵 무대를 밟을 수만 있었다면 분명히 한국축구의 역사가 바뀌었을 것이다. 멕시코에 그렇게 허무하게 역전패하지 않았을 것이고, 네덜란드 전에서도 이기지는 못했을망정 대패하지는 않았을

것이다."라고 했다.[134]

66

우즈베키스탄과의 8강전에서 무득점에 그친 이정협에게

슈틸리케는 "넌 항상 하던 대로 편하게 부담 없이 해라.

잘하든 못하든 책임은 내가 진다." 라고 말했다.

99

29

이정협은 슈틸리케의 선수를 보는 안목과 불편부당한 리더십을 증명하는 상징적인 존재다. 그의 발탁은 '의리 축구'와 '이름값 축구'로 대변된 한국축구의 환골탈태를 의미한다. 2015 아시아축구연맹(AFC) 아시안컵 결승전에서 호주에 1대2로 패한 대표 팀에 팬들이 박수를 보낸 이유는 슈틸리케의 '용인술'을 인정했기 때문이다. 주목받지 못했던 선수들을 발굴하고 선수들과 호흡하는 슈틸리케의 모습에서 우리 사회는 깊은 감동을 받았다. 그는 준우승으로 대회를 마친 다음 한국어로 말했다. "대한민국 국민 여러분, 우리 선수들 자랑스러워해도 됩니다."라고. "국내에서는 눈을 씻고 찾아봐도 박주영, 이동국, 김신욱 말고는 스트라이커가 없을 것."이라는 국내 전문가들의 주장은 슈틸리케가 이정협을 찾아낸 다음 '아무 것도 모르고 하는 소리'가 됐다. 무능하고 실력 없는 무리로 전락해 버린 것이다. 이정협의 발탁은 또한 슈틸리케의 모험심을 보여주었다. 아시안컵이 진행되는 동안 슈틸리케의 말은 매번 화제를 모았다. '슈틸리케 어록' 중 백미는 대회 도중 이정협에게 건넨 한 마디다. 우즈베키스탄과의 8강전에서 무득점에 그친 이정협에게 슈틸리케는 "넌 항상 하던 대로 편하게 부담 없이 해라. 잘하든 못하든 책임은 내가 진다."라고 말했다. 이정협은 이라크와의 4강전에서 선제 결승골을 터뜨렸다.[135] 슈틸리케는 이정협을 통하여 상징적인 승리를 거두었다. 한국축구 팬들을 만족시킨 것이다. 슈틸리케는 '승리

---

[135] http://news.mk.co.kr/newsRead.php?no=105103&year=2015

가 중요하다'고 했지만 한국의 축구 팬들처럼 가혹하게 승리를 요구하는 집요한 집단도 흔치는 않을 것이다. 그런데, 슈틸리케는 이정협의 성공이 반드시 박주영이나 지동원을 포기해도 좋다는 신호라고는 생각하지 않는 것 같다. 슈틸리케는 박주영·지동원과 관련해서 중요한 인터뷰를 했는데 귀담아 들을 필요가 있다.

'연합뉴스'는 2015년 3월 11일자로 '슈틸리케 감독 "박주영, 경기장서 실력 입증하길."'이라는 제목으로 기사를 게재했다. 슈틸리케는 이 기사에서 "아시안컵에서 준우승했지만 냉철한 분석이 필요하다. 기술이 더 발전해야 한다."고 말했다. 유럽과 중동을 떠돌다 돌아온 박주영에 대해서는 경기장에서 실력을 입증해주기를 기대했다. 그는 이날 파주 국가대표트레이닝센터(NFC)에서 열린 대한축구협회의 유소년 육성 프로그램 '2015 KFA 골든에이지' 출정식에 참석한 뒤 기자들을 만나 "박주영이 새 팀을 찾아 새로운 도전을 하는 것은 축하하고 싶다. (대표 팀 발탁은) 그의 활약 여부에 달렸다."

고 했다.[136] 박주영이 3월 10일 친정팀인 FC서울과 3년 계약을 맺고 K리그로 복귀한 시점이었다. 그는 슈틸리케 부임 이후 2014년 11월 요르단, 이란 원정 평가전에 나섰으나 이렇다 할 활약이 없었고 아시안컵에는 나가지 못했다. 슈틸리케는 "박주영이 앞으로 경기장에서 어떤 실력을 보여주느냐가 가장 중요하다."고 강조했다. 또 2015년 3월 30일자 연합뉴스는 슈틸리케가 뉴질랜드와의 평가전(2015년 3월 31일 오후 8시·서울월드컵경기장)을 하루 앞두고 파주 NFC에서 기자회견을 열고 뉴질랜드와의 경기에 '원톱' 선발 선수로 이정협이 아닌 지동원을 세울 계획이라고 발표했다는 보도를 했다. 이 무렵 지동원은 소속팀 경기에서 발목을 다쳐 몸 상태가 완전하지는 않았다. 슈틸리케는 "일단 오늘 훈련을 지켜본 뒤 괜찮다면 지동원을 내일 9번(원톱) 자리에 선발로 뛰게할 예정"이라고 했다. 그러나 그는 "이정협이 보여준 지금까지의 활약에 만족한다. 우즈베키스탄전에서 그를 교체한 것은 모두가 알다시피 부상 때문일 뿐."이라는

말로 이정협이 원톱 경쟁에서 가장 앞섰다는 사실을 확인해 주었다.[137]

그런데 슈틸리케에게 있어 이정협의 발탁은 또 다른 의미를 지닌다. 그는 2015년 3월 17일에 3월 평가전에 나설 대표선수 스물세 명을 발표하면서 강력한 메시지를 던졌다. "대표 팀의 문턱이 낮아져서는 안 된다. 대표 팀은 자격이 되어야 들어올 수 있다." 전례 없이 단호했다. 국가 대표 팀의 위상은 그의 한 마디를 통해 한껏 높아졌다. 이날 발표한 명단은 그가 발표 전부터 공언한 대로 호주 아시안컵에 나선 선수 위주로 짜였다. 새로운 얼굴은 여섯 명에 불과했다. 이날 발표를 앞두고 이동국과 김신욱의 복귀 여부가 관심을 모았다. 이동국은 슈틸리케 감독 부임 초 최전방 공격수로 뛰었고, 김신욱은 국내 리그 경기에 나가 슈틸리케가 보는 앞에서 골을 터뜨리

136 http://www.yonhapnews.co.kr/bulletin/2015/03/11/0200000000AK
R20150311098500007.HTML

137 http://www.yonhapnews.co.kr/bulletin/2015/03/30/0200000000AK
R20150330156400007.HTML?input=1179m

고 대표 팀에서 뛰고 싶다는 의사도 강하게 표현했다. 그러나 슈틸리케는 그들을 뽑지 않았다. 이동국은 명단에서 제외했고 김신욱은 대기명단에만 넣었다. 그런데 슈틸리케는 "어떤 상황이 발생하면 조영철을 먼저 부르겠다."고 말함으로써 김신욱을 사실상 배제한다는 의사를 드러냈다. 기자들이 이동국을 뽑지 않은 이유를 물었다. 슈틸리케는 기자들에게 "이동국이 올 시즌 몇 분이나 뛰었는가."라고 반문했다. 김신욱에 대해서는 "(김신욱이) 계속 교체선수로 나오는 건 몸 상태가 온전치 않기 때문일 것이다. 그래도 대기명단에 넣은 것은 긍정적인 메시지를 주고 싶었기 때문이다. 그러나 만약 대기명단 중 공격수 하나를 우선적으로 선택해야 한다면 대표 팀에 꾸준히 나온 조영철이 김신욱보다 우선순위에 있다."고 잘라 말했다. 또한 대표 팀에 단골로 뽑히던 이근호에 대해서는 "아시안컵에서 기대만큼 활약하지 못했다. 사실 이근호는 예의 바르고 인간적인 면에서 나무랄 데 없지만 대표 팀에 들어오기 위해서는 경기장에서 능력을 보여

쥐야 한다."고 했다. 기존의 정서가 유효했다면 이동국이
나 김신욱, 이근호 등은 아무리 출전시간이 부족하더라
도 선발되었을 가능성이 큰 선수들이다. 그러나 슈틸리
케는 가장 최근, 그리고 앞으로 무엇을 보여줄 수 있는지
에 초점을 맞췄다. 그래서 이들에게 대표 팀 선발기준의
기본인 '출전 시간 확보'라는 엄격한 잣대를 들이댔
다.[138] 그는 대표 팀이 조금만 잘하면 누구나 들어갈 수
있는 문턱 낮은 공간이 아니라는 점을 재확인했다. 그 동
안 평가전이 열릴 때마다 많은 선수가 소집되고 그들 대
부분이 훈련만 하다 소속팀으로 돌아가는 과정을 반복
하지 않겠다는 의지가 강했다. 슈틸리케는 필요한 선수
만 뽑겠다고 했다. 그의 마음을 사로잡는 방법은 하나뿐
이었다. 꾸준히 경기에 나가 좋은 모습을 보이는 것. 그
렇기에 그에게는 제2, 제3의 이정협이 없었다. 슈틸리케
는 신신당부하듯 "이정협은 정말 예외적인 케이스다. 만

---

138 http://sports.hankooki.com/lpage/soccer/201503/sp201503180600
    3498040.htm

421

약 매달 제2, 제3의 이정협을 발굴한다면 그것은 K리그에 부정적"이라고 했다. 노력하고 최고의 경기력을 보이는 선수만이 대표 팀에 들어갈 수 있다는 높은 기준이 슈틸리케에게는 있었다. 그는 말했다. "대표 팀은 특별하고 영광스럽고 자격이 되어야 함께 할 수 있다. 이번 평가전에 30명 정도 괜찮은 활약을 한 선수들을 모두 소집해서 하면 모두를 만족할 것이다. 하지만 난 그렇게 하고 싶지 않다. 대표 팀을 쉽게 들어오게 하면 안 된다."[139] 그럼에도 불구하고 슈틸리케는 새로운 가능성을 모색하는 데 인색하지 않았다. 3월 평가전에 나갈 대표 선수를 발표한 다음에도 분주하게 움직였다. 2015년 3월 18일에는 파주 NFC(축구 대표 팀 트레이닝센터)를 찾아가 올림픽대표 팀과 서울 이랜드FC의 비공개 평가전을 관전했다.[140] 대한축구협회 관계자는 "슈틸리케 감독은 이전 올림픽

139 http://sportalkorea.mt.co.kr/news/view.php?gisa_uniq=2015031712
    111013&section_code=10&key=&field=&cp=se&gomb=1

140 http://www.xportsnews.com/

대표 팀의 경기도 간간이 직접 확인했다. 이번에는 이랜드도 확인할 겸 방문한 것 같다."고 했다. 슈틸리케는 흐린 날에 찬바람까지 불어 두꺼운 외투를 입어도 추위가 사무치는 가운데 두 팀의 경기를 지켜보며 수석코치 카를로스 아르무아(Carlos Armua)와 대화를 나눴다. 이 모습이 보도되면서 그에 대한 신뢰는 한층 더 두터워졌다.

66

슈틸리케가 선수를 바라보는 눈은 독특한 일면이 있다.

선수에 대한 애정과 관심은 더할 나위 없다.

그러나 자신이 정한 기준을 흔들려 하지 않는다.

99

30

슈틸리케는 모든 사고를 한국축구 대표 팀을 기준으로 하고 있다. 그러한 사실을 제대로 보여준 사례가 호펜하임의 김진수 차출 자제 요청에 대한 그의 거절이다. '골닷컴'은 2015년 3월 19일자 기사에서 독일 분데스리가 팀 호펜하임이 '혹사 논란'을 부른 김진수를 사실상 차출하지 말아 달라고 한 요구를 슈틸리케가 거절했다고 보도했다.[141] 호펜하임은 슈틸리케가 김진수를 대표 팀에 차출하자 그가 팀에 합류한 올 시즌 초반부터 친선

---

141 http://www.goal.com/kr/news/1805/germany/2015/03/19/9958292/

경기, 아시안게임, 그리고 아시안컵에 출전하며 지나칠 정도로 많은 장거리 여행과 경기수를 소화했다며 불만을 드러냈다. 독일의 축구 매체 '키커'는 "호펜하임이 김진수가 지난 1월 아시안컵에 참가한 이후부터 장기적으로 체력에 문제를 드러낼 가능성을 우려하고 있다. 그래서 호펜하임은 이달 말 한국대표 팀의 평가전에 그가 차출되지 않기를 원했지만, 슈틸리케 감독은 그들의 바람을 들어주지 않았다."고 보도했다. 슈틸리케는 '키커'를 통해 반격했다. "호펜하임과 (김진수 차출 여부를 두고) 대화한 건 맞다. 그러나 나는 대표 팀에 속한 선수 한 명에게만 예외를 둘 수는 없다." 원칙에 어긋나는 이유로 선수 차출을 안 할 수는 없다는 입장을 재확인한 것이다. 그러나 그는 "선수의 상황에 따라 개개인의 출전 시간은 조절할 수 있다."며 김진수의 피로가 누적됐다면 출전 시간을 줄이는 방안으로 그를 배려할 계획이라고 여유를 두었다. 결국 김진수는 분데스리가 전반기 일정을 마친 2014년 12월 말 바로 한국대표 팀에 합류해 아시안컵에서 약 3주 사이에 여섯 경기 연속 선발로 출전했다. 더욱이 그가 출전한 여섯 경기 중 두 경기는 연장까지 했다. 그런데도 김진수는 그를 제외하면 왼쪽 측면 수비수로 뛸 선수가 없는 호펜하임의 요청을 수용해 호주와의 아시안컵 결승전에 출전한 지 3일 만에 베르더 브레멘과의 분데스리가 경기에서 풀타임을 뛰었다. 호펜하임은 김진수가 아시안컵에서 복귀한 뒤 특별 관리를 시작했다. 마르쿠스 기스돌 호펜하임 감독은 김진수를 배려해 매주 화요일 팀 훈련에서 김진수를 제외하겠다고 했다. 그러나 슈틸리케의 원칙을 흔들지는 못했다.

슈틸리케가 선수를 바라보는 눈은 독특한 일면이 있다. 선수에 대한 애정과 관심은 더할 나위 없다. 그러나 자신이 정한 기준을 흔들려 하지 않는다. 그의 기준은 때로 고지식함으로 나타나지만 차두리의 아시안컵 출전과 은퇴라는 감동적인 이벤트처럼 유연함을 드러낼 때도 있다. '연합뉴스'의 2015년 3월 30일자 보도에 따르면, 슈틸리케는 이튿날 오후 8시 서울 월드컵경기장에서 열리는 뉴질랜드와의 친선경기를 통해 은퇴하는 차두리는 '레전드'이므로 그에 걸맞은 박수를 보내달라고 팬들에게 당부했다.[142] 파주 NFC에서 열린 기자회견에서였다. 그는 "차두리는 아직 현역이므로 관중석에 있다가 하프타임 때 잠깐 내려오기보다는 경기를 뛰다가 은퇴식을 하는 게 옳다고 판단해 이번 대표 명단에 포함시켰다." 고 설명했다. 슈틸리케는 또 "관중들도 차두리같은 '레전드'를 보내는 법을 알아야 한다. 그에게 레전드로서 합당한 응원과 박수를 보내달라."고 팬들에게 당부했다.

이제 이 책도 막바지에 다다랐다. 나는 슈틸리케가 2015년 3월 11일 '문화일보'와 한 인터뷰를 갈무리함으로써 독자와 작별하고자 한다.[143] 인터뷰를 한 기자 김인구는 전북과 성남이 프로축구 리그 개막경기를 한 3월 7

---

142 http://www.yonhapnews.co.kr/bulletin/2015/03/30/0200000000AK R20150330156400007.HTML?input=1179m

143 http://www.munhwa.com/news/view.html?no=2015031101033539 179001

일에 전주월드컵경기장에서 슈틸리케를 만났다. 슈틸리케는 스페인 알메리아에서 휴가를 즐기고 3월 4일에 인천공항으로 귀국했다. 감기몸살을 앓고 있었다고 한다. 그는 이 날 기자에게 "한국축구가 발전하려면 K리그가 강해야 한다. 또 유소년 선수를 잘 길러야 한다. '제2의 이정협'은 앞으로 계속 K리그를 다니면서 찾아보겠다." 고 했다. 기자는 "슈틸리케 감독의 말을 듣고 있으면 가끔은 그가 외국인인지 '토종'인지 헷갈릴 때가 있다."면서, 그 이유로 "한국축구가 나아가야 할 방향에 대해 누구보다 걱정하는 모습"을 들었다. 김인구는 슈틸리케가 "6개월을 지낸 사람이라고 볼 수 없을 만큼 한국축구에 대한 이해도가 빠르다."면서 '마치 K리그 홍보대사라도 된 듯 이리 뛰고 저리 뛰는' 모습을 보고 "역대 외국인 사령탑 중에 이렇게 K리그에 관심을 가진 감독은 없었다." 고 감탄했다. 그는 슈틸리케에게서 '진정성'을 발견했다. 인용한 슈틸리케의 말은 정성이 묻어난다.

나는 어떤 자리에도 대한민국 코칭스태프의 대표로 나선다. 아시안컵을 통해 코치진, 선수들과 함께할 수 있는 시간이 많았는데, 그들과 얘기하면서 그들이 돈 때문에 온 게 아니라 스스로 증명하기 위해 왔다는 사실을 알았다. 무엇보다 중요한 것은 프로다운 모습을 보여주는 것이다. 코칭스태프가 먼저 보여주지 않으면 선수들은 따라오지 않는다. 아시안컵에서 준우승했다고 해서 내가 다른 지도자보다 뛰어나다고 생각하지 않는다. 그러나 한국축구를 위해 최선을 다하고 싶다.

기자는 슈틸리케의 개인적인 불행을 언급한다. 2008년 초에 일어난 슈틸리케의 비극, 아들 미하엘의 죽음이다. 슈틸리케는 당시 아프리카 네이션스컵 2주 전에 코트디부아르 감독직에서 물러났다. 스물세 살 먹은 아들 미하엘이 폐섬유종으로 투병하다가 혼수상태에 빠졌기 때문이다. 슈틸리케는 고향으로 돌아가 아들과 마지막 시간을 보냈다. 2008년 1월 8일자 독일 '디벨트'에 당시 상황이 보도됐다고 한다. 슈틸리케의 말이 인용되었다.

"나는 기다릴 수밖에 없었다. 하노버의 대학병원 중환자실에서 의식불명 상태의 아들과 함께 아침을 맞이했다. 새로운 장기 기증자가 나타나길 고대하지만 아들의 상태는 점점 더 악화되고 있다. 하루빨리 수술이 이뤄져야 한다. 그러나 시간이 없다. 가슴이 찢어진다. 아내 도리스와 의논해야 할 것 같다." 그리고 얼마 후 미하엘이 죽었다. 아들의 죽음은 슈틸리케의 삶과 축구에 큰 변화를 일으켰다. "아무리 스트레스를 많이 받고 주위 환경이 어렵더라도 이젠 두렵지 않다. 아마도 그때 이후로 많은 것을 깨닫게 됐기 때문일 것이다."

에필로그

1

공은 인간을 매혹한다. 문명의 새벽부터 '둥근(round)' 물체는 인간을 매혹했다. 인간은 해와 달을 바라보며 우주를 살폈고 그들이 원을 그리며 운동한다는 사실도 알게 되었다. 하늘의 운동은 종교와 철학을 거쳐 과학으로 진화했다. 그리고 '완벽한 동그라미'일 공은 명실 공히 고대와 현대를 통틀어 가장 경쟁적인 스포츠 경기의 핵심에 자리 잡았다. 공 없이 축구, 야구, 농구, 배구, 테니스, 골프 따위의 운동은 없다. 월드컵도 메이저리그도 마이클 조던도 타이거 우즈도 없는 것이다.

지난 2002년에 한국인을 그토록 흥분하게 만든 축구, 이 운동 경기에 얽힌 전설은 끔찍하다. 흔히 영국을 축구의 종주국이라고 하고, 축구는 해골을 차는 데서 시작됐다는 것이다. 11세기의 영국은 덴마크·노르웨이·스웨덴에서 밀어닥친 바이킹에 침략 당했는데, 그중 덴마크 바이킹들은 영국인들을 매우 포악하게 지배했다고 한다. 덴마크인들이 물러가자 영국인들은 덴마크인의 무덤을 파헤쳐 해골을 꺼낸 다음 발로 차고 다녔다는 것이다.

하지만 스포츠 사학자들의 연구에 의하면 축구는 기원전 6~7세기경 고대 그리스에서 유행한 하패스톤(Harpaston)에서 발달했다고 한다. 영국이 축구의 종주국이라는 것은 하패스톤을 근대 스포츠로 발전시켰다는 데 있다. 축구의 기원을 16~17세기에 유행한 '헐링 앳 골'과 '헐링 오버 컨트리'에서 찾는 학자들이 있다. 헐링 앳 골은 가까운 거리에 골을 설치해 놓고 서로 상대방의 골에 공을 들고 뛰어들어 점수를 내는 경기였고, 헐링 오버 컨트리는 먼 거리에 돌이나 나무 등으로 표시한 목표물을 향해 공을 들거나 차고 달리는 운동이었다. 두 종목은 공통점을 지니고 있다. 헐링 앳 골과 헐링 오버 컨트리의 경기 공간은 마을과 마을 사이의 큰길이나 툭 트인 벌판이었다. 그렇다면 축구의 고향은 거리이고 광장이며, 열린 대지인 셈이다. 하지만 이 판단은 단지 물리적인 기준에 따른 것이다. 축구의 고향은 거리와 광장과 대지이기에 앞서 인간의 가슴속에 있다. 그렇기에 골목이나 광장, 대지가 아니라 바로 인간이 흥분하고 마는 것이다.

2

"You base football player."

윌리엄 셰익스피어의 비극, '리어왕'에 등장하는 대사다. 1막의 4장. 리어왕의 충신 켄트 백작이 무례한 하인 오스왈드를 넘어뜨리며 이 대사를 한다. 대사 중의 '축구선수(football player)' 부분은 번역가들을 곤란하게 한다. 보통 "축구나 하는 이 천한 놈아."라고 번역한다. "이런 버릇없는 놈" 정도로 의역하기도 한다. 아무튼 이때의 '축구선수'란 욕이다.

셰익스피어의 작품 대부분은 사후에 헨리 콘델과 존 헤밍이 정리했다. 그것이 퍼스트 폴리오(first folio) 판이다.

셰익스피어는 2035개의 단어를 '만들어' 사용했는데 '햄릿'에서만 약 600개나 된다. 셰익스피어가 만든 단어 가운데 800여 개는 아직도 사용된다. 셰익스피어는 흥행을 위해 연극 대본을 썼다. 그가 만든 단어는 그 시대의 보통 사람들이 저자에서 사용하던 말이었을지 모른다. 1608년 발표된 리어왕에 쓰인 '축구선수'는 거칠고 상스러운 인물을 뜻했으리라. '이런 깡패 같은 놈' 정도? 당시의 축구는 거칠었을 것이다.

1605년 옥스퍼드의 보들리언 도서관이 소장한 약 6000권의 책 가운데 영어로 쓰인 책은 36권에 불과했다. 셰익스피어 시대에 영어는 신분 상승을 이룬다. 셰익스피어 연구자 스탠리 웰스는 "셰익스피어의 출생 기록은 라틴어로 돼 있지만 사망 기록은 영어로 돼 있다."고 지적했다. 토머스 칼라일은 '영웅 숭배론'에서 셰익스피어를 인도와도 바꾸지 않겠다고 외쳤다. 그러나 셰익스피어가 살아 있다면 다르게 말했을지 모른다. "축구를 나의 작품 전부와도 바꾸지 않겠다."고.

영국은 인도를 잃었다. 대영제국에도 해는 진다. 그러

나 축구의 제국에는 일몰이 없다. 영국은 축구의 고향이며 세계 축구의 지배자다. 잉글랜드 프리미어리그(EPL)는 그 권력의 상징이고 심장이다. 이제 축구선수란 욕이 아니라 돈과 명성의 다른 이름일 것이다. 셰익스피어 작품의 배경은 상당수가 르네상스 시대의 도시다. '베니스의 상인' '베로나의 두 신사'는 제목에 이탈리아의 도시가 등장한다. '로미오와 줄리엣'은 베로나, '말괄량이 길들이기'는 파도바, '오셀로'는 베니스가 배경이다. 셰익스피어는 르네상스의 세례를 받은 인물이다. 르네상스 시대는 도시의 시대였다. 도시들은 자유롭게 교역했다. 그럼으로써 르네상스는 유럽을 가슴에 품었다. 또한 피렌체는 니콜로 마키아벨리의 도시이고, 단테 알리기에리는 이곳 방언을 사용하여 '신곡(神曲·La divina commedia)'을 썼다.

'셰익스피어의 이탈리아 기행'을 쓴 리처드 폴 로는 셰익스피어(그가 실존 인물이 아니라는 주장도 있다. 그래서 로는 책에서 '작가'라고 쓰기도 했다)가 틀림없이 이탈리아를 여행했으리라고 생각했다. 그는 "셰익스피어의 희곡에 등장하는 이탈리아의 장소와 문화에 대한 언급은 매우 독특하고 구체적"이라며 "셰익스피어가 이탈리아에 대한 지식을 현장에서 얻었음을 증명하고도 남는다."고 했다. 그렇다면 '리어왕'에 등장하는 축구는 난폭하기 짝이 없는 그 당시 이탈리아의 축구일 가능성도 없지 않다. 격투기와 다름없는 살벌한 육탄 축구, 셰익스피어도 혀를 내둘렀을 이 축구는 르네상스 시대 피렌체의 명물이었다.

1555년부터 피렌체 귀족들의 후원을 받은 구기 경기가 있다. 이 경기를 칼치오 피오렌티노(Calcio Fiorentino·이하 칼치오)라고 한다. 피렌체의 지배자 피에로 데 메디치는 칼치오를 얼마나 좋아했던지 국정을 소홀히 했을 정도였다. 칼치오는 1530년 2월 17일 역사에 선명한 기록을 남긴다. 신성로마제국의 황제 카를 5세가 피렌체를 포위했을 때, 시민들은 산타 크로체 광장에서 칼치오를 했다. 상품으로 암소를 걸었다. 적이 지켜보는 가운데 피렌체의 패기와 자신감을 과시하기 위해 벌인 운동판이 어땠을지 짐작하고도 남음이 있다. 이 날 이후 칼치오는 피렌체의 축제에서 빠진 적이 없다. 요즘도 피렌체에서는 매년 6월 셋째 주에 칼치오 피오렌티노 경기가 열린다.

나는 2015년 9월 9일 피렌체에 가서 산타 크로체 광장에 섰다. 뜨거운 태양이 쏟아져 내렸다. 시인 단테 알레기에리의 조각이 산타 크로체 성당 앞에 우뚝 서서 광장을 내려다보고 있었다. 나는 광장과 거기서 벌어지는 칼치오 피오렌티노를 상상하다가 문득 셰익스피어가 '리어왕'에 쓴 '축구선수 같은 놈'이 무슨 뜻인지 이해할 수 있었다. 셰익스피어는 대학생 대표자 회의에서 규칙을 정하려 노력한 영국의 축구가 아니라 아마도 르네상스 시대 이탈리아의 어느 곳에서 벌어졌을 칼치오를 염두에 두었을 것이다. 폴 로의 생각이 맞는다면 정말 피렌체에 가서 산타 크로체 광장에서 벌어지는 칼치오 피오렌티노를 관전했을지도 모른다. 나는 한동안 할 말을 잃은 채 서서 광장의 포석 위로 이글이글 솟아오르는 한낮의 열기, 그 황홀한 백일몽에 정신을 빼앗겼다.

3

21세기의 유럽은 하나가 돼 간다. 그러나 축구는 고전의 시대를 산다. 자치와 독립, 교류라는 르네상스적 가치에 충실하다. EPL은 르네상스적 전통의 계승자이며 에센스다. 맨체스터 유나이티드(맨유)·첼시·아스널 같은 빅클럽은 '폴리스'이며 현대의 베네치아, 밀라노, 나폴리다. EPL의 본질은 간단명료하다. 기술과 돈과 경영이 폴리스의 운명을 좌우한다. 맨유, 첼시, 아스널 같은 클럽은 이 구성 요소를 갖춘 강력한 폴리스들이다. 경영과 경기력은 같은 카테고리다. 강한 용병을 사들여 전력을 강화하면 패권을 잡을 수 있다. 세계의 일등 기업들이 그들의 이름을 클럽 문장 아래 새기기를 열망한다.

우리는 '빨갱이'가 무슨 뜻인지 잘 안다. 색깔은 인간이 지각하는 강한 자극 가운데 하나로서 사람에게 사용하면 강력한 낙인효과를 발휘한다. 너새니얼 호손의 '주홍글씨(The Scarlet Letter)'가 좋은 예다. 초등학교 운동회가 열리는 운동장에서 어린이들은 '청군' 아니면 '백군'에 속한다. 대한민국 축구 대표 팀은 '태극전사'와 함께 '붉은 악마'라고도 부른다. 국제축구연맹(FIFA)의 홈페이지도 우리 대표 팀을 'Taegeuk Warriors'와 'the Red Devils' 두 가지로 부른다. 우리는 비잔틴제국의 수도 콘스탄티노플에서 시민들의 가슴에 불을 지른 전차경주에 대해, 또 관중이 청색과 녹색 팀으로 나뉘어 응원했으며 이들이 정치 집단화했다는 사실에 대해 안다. 두 집단의 충돌이 정치상황과 맞물려 니카의 반란으로 번졌음도.

신성로마제국의 황제 카를 5세가 포위한 피렌체의 산타 크로체 광장에서 도시의 힘과 용기를 과시하기 위해 열린 칼치오 피오렌티노 역시 스포츠의 숙명과도 같은 색과 선의 인연을 떨쳐버리지 못했다. 후기 르네상스 시대의 화가 지오반니 스트라다노가 그린 '축구 경기(Gioco di Calcio)'는 서기 1562년에서 1572년 사이에 피렌체의 광장 산타 마리아 노벨라에서 열린 칼치오를 보여준다. 그림 속에서 선수들은 붉은색과 노란색(또는 연두색)으로 구분된 옷을 입고 격돌한다. 현대에 재현되는 칼치오 경기에서도 참가 선수들은 서로 다른 색으로 정체성을 드러낸다. 현대 칼치오에 출전하는 네 팀은 피렌체의 특정 지역을 대표한다. 로쏘(Rosso·빨강)는 산타 마리아 노벨라, 비앙코(Bianco·흰색)는 산토 스피리토, 아주로(Azzurro·파랑)는 산타 크로체, 베르데(Verde·녹색)는 산 지오반니 팀이다.

칼치오 경기 규칙은 이렇다. 경기 시간은 50분, 경기장은 모래가 깔린 길이 80~100m의 직사각형이다. 한 팀은 스물일곱 명으로 구성되고 보통 골키퍼 네 명, 폴백 세 명, 하프백 다섯 명, 포워드 열두 명이 진용을 짠다. 주심은 한 명이고 선심은 여섯 명이다. 상대팀 엔드라인을 따라 설치된 높이 1m 남짓한 골에 공을 넣으면 득점이 인정된다. 경기는 거칠기가 짝이 없어서 격투기를 방불할 정도다. 주먹을 상대 선수 얼굴에 날리기는 예사. 급기여 몇몇 선수는 모래바닥에 나뒹굴고, 그 결과 장정들이 득실거리던 경기장이 한산하다 싶을 즈음 본격적인 공방전에 불이 붙는다. 난장 싸움판 같은 경기지만 엄격하게 금하는 행동도 있다. 사나이의 심볼이나 머리에 발길질을 해서는 안 된다. 그러나 그런 반칙을 하지 않아도 경기가 끝난 뒤에는 너나없이 만신창이가 된다. 이긴 팀에 주는 상품은 키아니나 소(Chianina牛)다.

4

오늘날 피렌체는 이탈리아 축구의 중심이 아니다. 이탈리아는 FIFA월드컵에서 네 차례(1934, 1938, 1982, 2006년)나 우승한 축구강국으로, 세리에 A라는 굴지의 프로축구 리그를 운영한다. 이 리그의 중심 클럽은 통산 30회 우승에 빛나는 유벤투스 토리노와 각각 열여덟 번 우승한 밀라노의 라이벌 AC밀란과 인테르 밀란이다. 밀라노의 두 클럽은 한 도시를 연고로 한 두 클럽이 모두 한 차례 이상 유럽축구연맹(UEFA)의 챔피언스리그를 제패한 드문 기록을 보유했다. AC밀란은 일곱 번, 인테르 밀란은 세 번 챔피언스리그에서 우승했다. 인테르는 1908년 3월 9일에 AC밀란에서 떨어져나온 팀이다. 이탈리아인과 영국인만을 받는 AC밀란의 선수 영입 정책에 반대하여 모든 외국인들에게 문호를 개방하는 클럽을 만들었다. 인테르는 인테르나치오날레(Internazionale)의 줄임으로 '국제'를 뜻하는 이탈리아어다. 두 팀은 스타디오 주세페 메아차(산시로라고도 한다)를 공유하며, 두 팀의 라이벌전은 데르비 델라 마돈니나(Derby della Madonnina)라고 부른다. 두 클럽을 한눈에 구분하는 표식도 색깔이다. AC밀란은 빨강과 검정 세로줄, 인테르 밀란은 파랑과 검정 세로줄 경기복을 입는다.

현대의 EPL을 떠올려 보자. 축구로 세계를 녹이고 다시 분배한다. 세계 곳곳에서 재능 있는 선수들이 모인다. 엄청난 이종교배가 이뤄지는 축구의 쇼 케이스, 극강의 리그로 돈이 모인다. 돈이 모이는 리그가 최강의 리그다. 이들의 퍼포먼스는 미디어를 통해 세계에 공급된다. 축구의 '폴리스'는 굳건한 성을 쌓고 계약에 따라 거래한다. 폴리스를 옹위하는 철옹성은 '올드 트래퍼드' '화이트 하트레인' '안필드' '스탬퍼드 브리지' 같은 대형 스타디움들이다.

성은 누가 지키는가. 르네상스는 용병과 그 대장의 시대이기도 했다. 그들은 높은 급료를 받고 대포, 즉 캐넌(Canon)으로 성루를 두들겼다. 현대의 캐넌들은 빅 클럽이 제시하는 엄청난 몸값을 따라 이동한다. 그들이 크리스티아누 호날두, 리오넬 메시 같은 슈퍼스타다. 르네상스 시대의 사람 마키아벨리는 용병의 시대에 시민군을 꿈

꿨다. 스타디움에 시민군은 없는가? 프랜차이즈 스타? 아니다. 그들도 성공하면 또 한 명의 용병이 돼 더 많은 급료를 주는 클럽으로 떠날 뿐이다. 호날두는 리스본에서 자라 맨체스터에서 성공했고 지금은 마드리드에 있다. 그리고 슈틸리케는 서울에 산다.

그러나 결코 그들의 성을 떠나지 않을 충성스러운 시민군이 있다. 태어난 고향, 그 고장 축구와의 사랑을 배신할 수 없는 사람들. 서포터가 그들이다. 스탠드를 메운 그들이 폴리스의 진정한 주인이다. 작가 닉 혼비는 '피버 피치'에서 그가 사랑하는 아스널의 경기를 처음 보고 난 뒤의 일을 이렇게 기록했다. "나는 축구와 사랑에 빠지고 말았다. 마치 훗날 여자들을 만나 사랑에 빠지게 될 때처럼, 느닷없이, 이유도 깨닫지 못한 채 맹목적으로 축구에 빠져들고 만 것이다." 혼비의 자리에 한국축구팬을, 아스널의 자리에 'FC코리아'를 넣으면 모든 것을 이해할 수 있다. 나는 '피버 피치'에서 많은 영감을 받아 이 책을 썼다.

참고문헌

▶ 김민철(2003). 압축적 근대성과 한국 엘리트스포츠의 재인식. 한국체육학회지. 16(1). 111-123.

▶ 남균·장현익(2006). 독일축구 이야기. 파주: 효형

▶ 니시베 겐지(2012). 축구 전술 70. 김정환 역. 서울: 한스미디어.

▶ 대한축구협회(2003). 한국축구 100년사. 서울: 대한축구협회.

▶ 이은호(2004). 축구의 문화사. 서울: 살림.

▶ 조기상(2007). 한민족유럽연대, 이주노동운동사례. 한국과 독일의 이주정책과 이주운동, 미래를 향한 연대. 26.

▶ 중앙일보(2005). 아 대한민국. 서울: 랜덤하우스중앙.

▶ 천정환(2005). 끝나지 않는 신드롬. 서울: 푸른역사.

▶ 하야시 마사토(2011). NEW 축구교본. 조미량 역. 서울: 삼호미디어.

▶ 한국축구연구소(2006). 완전정복 4·4·2. 서울: 북젠.

▶ Ball, Peter(1989). Soccer the World Game. London: Hamlyn Publishing Group.

▶ Bausenwein, Christoph(1995). Geheimnis Fußball-Auf den Spuren eines Phänomens. Göttingen: Die Werkstatt.

▶ Bausenwein, Christoph(1999). Fußball-Vergnügen für die Gentlemen. Frankfurt am Main: Suhrkamp.

▶ Bianz, Gero & Gerisch, Gunnar(1980). Fußball-Training, Technik, Taktik. Hamburg: Rowohlt.

▶ Harris, Paul(1992). Soccer Handbook. Indianapolis: Masters Press.

▶ Rollin, Jack(1994). World cup 1930-94. London: Guinness Publishing Ltd.

▶ Roth, Jürgen(2001). Die Tränen der Trainer. Münster: Oktober-Verlag.

▶ Stemmler, Theo(1998). Kleine Geschichte des Fußballspiels. Frankfurt am Main-Leipzig: Insel.

▶ Suzuki Takeshi(1997). World Cup Story. Tokyo: Kyodo News Publication Department.

휴먼 피치

초판 1쇄 발행 2016년 12월 20일

지 은 이 허진석
펴 낸 이 최종숙
펴 낸 곳 글누림출판사

책임편집 이태곤
디 자 인 안혜진
편   집 이홍주 권분옥 홍혜정 고나희
마 케 팅 박태훈 안현진

주   소 서울시 서초구 동광로 46길 6-6(반포4동 577-25) 문창빌딩 2층(06589)
전   화 02-3409-2055(대표), 2058(영업), 2060(편집)
팩   스 02-3409-2059
전자메일 nurim3888@hanmail.net
홈페이지 www.geulnurim.co.kr
등록번호 제303-2005-000038호.(2005. 10. 5)

정가 16,000원
ISBN 978-89-6327-366-2 03690

출력·인쇄·성환C&P 제책·동신제책사

＊잘못된 책은 바꿔 드립니다.
＊이 도서의 국립중앙도서관 출판예정도서목록(CIP)은 서지정보유통지원시스템 홈페이(http://seoji.nl.go.kr)
  와 국가자료공동목록시스템(http://www.nl.go.kr/kolisnet)에서 이용하실 수 있습니다.
  (CIP제어번호: CIP2016030345)

＊이 제작물은 아모레퍼시픽의 아리따글꼴을 사용하여 디자인 되었습니다.